HIEBELER · MATTERHORN

Toni Hiebeler

Matterhorn

Von der Erstbesteigung bis heute

BERTELSMANN LEXIKON-VERLAG

Redaktion: Dr. Wilhelm Trappl
Layout: Eckhard Jacobsen

© Verlagsgruppe Bertelsmann GmbH/
Bertelsmann Lexikon-Verlag
Gütersloh · Berlin 1976/A
Gesamtherstellung Mohndruck Reinhard Mohn OHG, Gütersloh
Alle Rechte vorbehalten
Printed in Germany
ISBN 3-570-01677-3

Inhalt

Erste Begegnung 7
Der Absturz 9
Das Gericht 14
Die Große Zeit 28
Die ersten in der Nordwand 31
Die kühne Erkundung 38
Die Eroberung 45
Der Tod schlägt zu 83
Der Bann wird gebrochen 87
Herr und Führer 96
Zehn ruhige Jahre (1936–1946) 100
Erfolge, Fragwürdigkeiten, Erfolge 104
Allein? 121
Mehr Glück als Verstand 124
In fünf Stunden! 128
Im Schneesturm 134
Das Nordwandjahr 137
Das Ringen um die eisige Wand
und Sprint in 6 Stunden 149
Winterliche Nachzügler 198
Die schnellste Durchsteigung
und weitere Winterbegehungen 201
Die ersten Frauen 207
»Direttissima« 216
Nordwand-Begehungen 228
Die Toten der Nordwand 243
Matterhorn-Chronik 245
Ein Dankeschön der Bergrettung 249
Literatur, Bildquellennachweis 250
Register 253

Erste Begegnung

Als Bergsteiger das Matterhorn nicht bestiegen zu haben ist in den Augen der Menschen, die auf dem Flachland wohnen und nur selten in die Alpen kommen, Begriff bergsteigerischer Unvollkommenheit. Freilich gründet diese Einstellung nicht in einem besonderen Problem, das der Berg bietet, sondern vielmehr in seiner bezwingenden Form, in der Schönheit seiner klaren Linien.

Ein Berg, dessen Gestalt ich als ABC-Schütze unbeholfen skizzierte, ohne von seinem Bestehen zu wissen, denn das Matterhorn ist schlechthin der Inbegriff »Berg«.

Col de Valpelline. Das ist für den skitouristischen Haute-Route-Fahrer – dem Begeher der längsten und großzügigsten Skiwanderung vom Montblanc-Gebiet durch die Walliser-Alpen – der letzte vergletscherte Hochpaß vor Zermatt, vor dem Matterhorn. Das Matterhorn erstmals zu sehen ist für jeden Bergfreund ein besonderer Augenblick.

Meine Freunde Rudi, Fritz und Hans sind weit vor mir. Ihr Tempo scheint gegen den Col de Valpelline schneller zu werden, sie wollen den Berg sehen, obschon er für sie ein alter Bekannter ist. Auf dem Col oben warten sie auf mich, den Trödler. Und ich gehe absichtlich langsam, denn die Vorfreude ist immer schön, gleichwo. – Meine Augen hängen an den dahingleitenden Skispitzen, das Gelände wird flacher, der Col.

»Sieht man es schon?« frage ich meine Freunde, denn ich will den Berg nicht Stück um Stück erschauen, will seine ganze Größe, seine Gewaltigkeit vom ersten Augenblick an erleben.

»Schau halt auf!« sagt Hans, der mein Spiel vermutet. Wir sehen das Matterhorn von Westen, um den Gipfelaufbau wallen Nebel, allein die zerfurchte Westwand, mit dunklen, schmutzigen Steinschlagrinnen, ist zu sehen. Links, noch zaghaft im Nebel, eine ungebrochene Linie. Die Nordwand. Ein edles Profil, ringsum nur wildes Ödland, Hängegletscher, Eisbrüche. Und nicht der kleinste Wunsch, den Berg zu besteigen, regt sich in mir; sonderbar. Vielleicht deshalb, weil er dunkel und düster vor mir steht. Der Tiefmattengletscher, den wir dann erreichen, gleicht einer Urlandschaft. Dann wandert der Blick hinauf zur Nordwand.

Wie ein riesiger, gestauchter Türkensäbel nimmt sich das Horn mit seiner Nordwand von hier aus. Die haltlose Fläche starrt in eintönigem Grau herab, kein Licht, kein Punkt, an dem sich das Auge ausruhen könnte.

Wir stehen beisammen und schauen hinauf. »Gefällt sie dir, Toni?« fragt Hans herausfordernd, nicht wissend, daß in mir ein Gefühl aufkommt, das weit weg ist von ungestümer Vorbehaltlosigkeit. Eine erdrückende Last. Ich wiege mit dem Kopf und sage nur, daß man mit dem Berg zuerst »warm« werden müsse, um sich dann für seine dunkelste Seite begeistern zu können. Was mich belastet, ist das Wissen um diesen haltlosen Nordwand-Abbruch, meine Gedanken an die vier Menschen, deren Herzen vor fast hundert Jahren in dem Dunkel dort oben zu schlagen aufhörten: Lord Francis Douglas, Charles Hudson, D. Hadow und Michel Croz. Ihr tödlicher Absturz über den furchtbaren Abbruch verhalf der Nordwand zu trauriger Berühmtheit.

In Zermatt, wo im Mai eine wunderbare Ruhe herrscht, beginne ich mich anzufreunden mit dem Horn. Schaut man von den engen Gassen zwischen braunverwitterten Holzhäusern hinauf, so überragt der Berg alles, was ernst und traurig ist an ihm. Die Nordwand ist vom Dorf aus nur als schmaler Schattenstreifen zu erkennen.

Einige Jahre später veranstaltete ich unter den bekanntesten Bergsteigern der Erde eine Umfrage nach dem »schönsten Berg der Erde«. Das Matterhorn bekam gleich nach dem K 2 im Karakorum die meisten Stimmen, gefolgt von Bergen wie Fitz Roy in Patagonien, Siniolchu und Machhapuchharé im Himalaya. Der Schweizer Edouard Wyss-Dunant, Leiter einer Everest-Expedition, schrieb im Rahmen der Umfrage über das Matterhorn: »Der eleganteste Berg, ein Symbol. Er gehört zu den hochgelegenen Stätten, die eine ganz eigene Anziehungskraft ausüben (Symbol); ist zugänglich für alle Alpinisten, je nach ihrer Fähigkeit und Technik; ragt in seiner Einsamkeit über alle Berge; einigt die physische Zufriedenheit mit dem psychischen Streben nach oben und erzeugt dadurch eine Fülle von Lebensfreude.«

Der Absturz

Sieben Männer stehen am 14. Juli 1865 auf dem Gipfel des Matterhorns – 4477 Meter über dem Meer –, die ersten Menschen auf dieser hohen Warte, die mit heißer Leidenschaft Jahre hindurch belagert, dann endlich erobert wurde: Edward Whymper, der 25 Jahre alte, kühle, berechnende Engländer; Charles Hudson, ebenfalls von der großen Insel nach Zermatt gereist, kann mit 37 Jahren bereits auf eine zwölfjährige Bergsteigerlaufbahn zurückblicken; der schmalgesichtige, entschlossen dreinschauende Engländer D. Hadow, von einem brennenden Ehrgeiz durchdrungen, aber ein sehr schlechter Kletterer; Lord Francis Douglas, der englische Jüngling mit 18 Jahren, aber nur dem Alter nach, denn außergewöhnliche Willensstärke zeichnet ihn aus. Das sind die »Herren«, die Touristen.
Die Führer: Michel Croz aus Chamonix am Montblanc, mit 35 Jahren eine der erfolgreichsten Führergestalten in den Alpen, stämmig, breit im Gesicht; Peter Taugwalder Vater, 45 Lenze zählend, einer der anerkanntesten Führer von Zermatt. Schließlich Peter Taugwalder Sohn, der spätere »Matterhorn-Peter«, 22 Jahre alt, an Vaters Seite mit den Bergen vertraut geworden.
Hudson und Croz sind die praktischen Könner, Whymper ist der Kopf des abenteuerlichen Unternehmens. Ihre Begeisterung kommt einem Siegestaumel gleich. Whymper, der stille Denker, sitzt da, konzentriert sich auf seine Meßgeräte, macht Notizen; die unermeßliche Aussicht berührt ihn nur am Rande.
Um so mehr sind Croz und die anderen erfüllt von Jubel.
Es ist warm, eine Gipfelstunde, wie sie schöner nicht sein könnte. Frei im Raum verweilen die sieben, erlöst von der Spannung, wie man sie auf jeder großen Bergfahrt empfindet. Glücklich, die Strapazen und Entbehrungen nicht umsonst auf sich genommen zu haben. Für sie ist das große Bergabenteuer, dem sich spätere Generationen ergeben, noch keine Aussage oder Begriff.
Allein der Sieg ist verlockend, freilich auch klingende Münze für die Führer, denn vom Sieg allein können sie nicht leben. Ein Sieg über

9

alles, den Aberglauben der Einheimischen – daß auf dem Horn böse Geister hausen –, Sieg über die menschlichen Schwächen, auch über die Italiener, denen sie zuvorgekommen waren; nur kein Sieg über den Berg, das wäre zu vermessen. –

Taugwalder Vater mahnt nach der sonnigen Stunde auf dem Gipfel zum Abstieg. Der Grat ist lang und nicht weniger schwierig als im Aufstieg, das Gegenteil liegt näher.

Und außerdem ist in Zermatt ein großes Fest für die Sieger zu erwarten, denn die »Matter«, wie die Leute des Dorfes vor hundert Jahren noch genannt wurden, können einer ›Goldenen Zukunft‹ entgegenschauen. Alpenfreunde aus aller Herren Länder werden hineinziehen durch das wilde Nikolaital nach Zermatt, um die Stätte der kühnen Tat zu bewundern. Das weiß Alexander Seiler, der weitsichtige Hotelkönig des Dorfes.

Die sieben Männer verlassen den Gipfel. Michel Croz als erster, gefolgt von Hadow, Hudson, Douglas, Vater Taugwalder, Whymper, Taugwalder Sohn, so ist die Reihenfolge. Zurück bleibt eine Flasche mit einem Zettel, auf dem die Namen der Erstbesteiger stehen. Allein die Tatsache, daß Croz für ein schnelles und sicheres Auffinden des Abstieges bürgen kann, ist als Vorteil dieser Reihenfolge zu werten. Croz, Hadow, Hudson und Douglas sind an ein etwa 60 Meter langes, gedrehtes Manilahanfseil (etwa 11 mm Durchmesser) gebunden; ein dünneres Seil bildet die Verbindung nach oben zu Vater Taugwalder; und am dritten schließlich – von Vater Taugwalder ausgehend – befinden sich Whymper und Taugwalder Sohn.

Sieben Menschen bilden eine Kette. In der Mitte zwischen Douglas und Vater Taugwalder – ist das schwächste Glied der Kette: das dünne, alte Seil. Eine Kette ist so stark wie ihr schwächstes Glied, und das ist innerhalb der sieben Männer am Horn beängstigend schwach: Reißwert von rund 350–400 Kilogramm. Heutige Seile sind mit einer Seilbruchlast bis zu 2400 kg angegeben.

Meter für Meter, nur langsam bewegt sich die Gruppe auf dem langen Nordostgrat nach unten. Der Grat ist 2000 Meter lang und hat einen durchschnittlichen Neigungswinkel von 39 Grad. Und dort, wo sich von der »Schulter« der Gipfelgrat aufschwingt, ist er ganz besonders steil.

Hadow, den Hudson als »Renner« kennt, jedoch im ersten Jahr seiner bergsteigerischen Laufbahn steht, wird zum Bremsklotz der langen Seilgruppe. Seine Bewegungen sind langsam, umständlich, unsicher. Michel Croz sieht das. Er hilft, wo er Hadow zu helfen in der Lage

10

ist. Das geht so weit, daß Croz Hadows Beine lenkt, um jeweils sichere Tritte für seine Füße zu finden. Eine mühevolle Arbeit, und gefährlich! Aber Croz hat sich dem Führerberuf verschrieben, und es ist seine Pflicht, über das Wohlbefinden und die Sicherheit seines Touristen zu wachen.

Hadow, der durch die Anstrengungen gleichgültig geworden ist, läßt alles mit sich machen. Croz, der Hadow auf sicheren Tritten weiß, wendet sich von ihm, will seinen beiseite gelegten Pickel (Beil) ergreifen, um dann den Abstieg fortzusetzen – da geschieht das Furchtbare: Hadow gleitet aus, stürzt mit ganzer Wucht gegen Croz . . . ein entsetzlicher Aufschrei von Croz macht die anderen fast starr vor Schrecken . . . ein Schrei, wie ihn nur größte Todesangst hervorbringt, und ohne Echo, die Schatten der kalten Nordwand schlucken es. Im Sturz, die Arme weit ausgestreckt, will Croz nach seinem Pickel greifen, aber die Kraft, die ihn hinabreißt in den todbringenden Abgrund der Nordwand, ist zu groß.

Croz ist verloren, ein Opfer seines geliebten Berufes. Und nicht genug damit: Hudson, zu den besten Alpinisten zählend, wird aus dem Stand gerissen, einen Augenblick später stürzt auch der junge Lord Douglas – eine grausame Kettenreaktion. Hudson und Douglas bringen keinen Laut über ihre Lippen, alles ereignet sich zu schnell, zu unerwartet und furchtbar. Vor Stunden noch waren sie mit einem glücklichen Gefühl im Herzen auf dem Gipfel gestanden. Mit einem Gefühl des Glückes. Und nun stürzen sie hinab über die düstere Nordwand, die haltlos ist, ohne Vorsprung, eine Rutschbahn des Todes. Sie endet auf dem Matterhorngletscher, der heraufgähnt wie ein Leichentuch, weiß und kalt. Das Seil! Zwischen Douglas und Vater Taugwalder. Das schwächste Glied der Kette. Es reißt. Der alte Taugwalder spürt gar keinen Ruck, kann ihn nicht spüren, denn in den Sekunden des Schreckens warf er das Verbindungsseil um einen kleinen Felsturm, der dem gewaltigen Ruck der vier Stürzenden standhält. Aber nicht das Seil, die Wucht ist zu groß, mehr als die von vier Tonnen.

Noch können Whymper und die beiden Taugwalder das Geschehen nicht ermessen, denn immer noch hängen ihre Augen an den vier Unglücklichen, in denen zwar noch Leben ist, die aber nichts mehr wissen können von dieser Welt. Dann schluckt sie die große Rinne.

Ein Absturz ist für die zurückbleibenden Augenzeugen schrecklich. Sie müssen in vollem Bewußtsein miterleben und sehen.

Der Stürzende – besonders, wenn erstmals der Schrecken über ihn kommt – verliert meist nach den ersten Metern sein Bewußtsein. Dann

11

ist nur noch eine lähmende Schwere in ihm; dumpfer Schmerz. Aber in den ersten Schrecksekundenbruchteilen des Sturzes vermag man das ganze abgelaufene Leben zu übersehen, besonders die schönen, sonnigen Situationen des Erdendaseins. –

Die Taugwalder und Whymper stehen da, als wären sie angefroren, das Angesicht des Todes macht sie starr; eine halbe Stunde lang, ohne einen Schritt zu wagen. Den beiden Zermattern droht das Herz zu brechen. Sie weinen wie kleine Kinder.

Harte Männer, denen der dunkelgraue Granit genauso vertraut ist wie sprödes Eis, sie weinen, schluchzen im Schmerz um ihre toten Herren. Nichts ist mehr da von dem Jubel, der sie auf dem Gipfel erfüllte. Nichts, nur Trauer, Angst und der große Berg, der sie noch gefangenhält.

»Chamouny . . . was wird Chamouny sagen!?« stöhnt der alte Taugwalder, der weiß, daß man es in Chamonix nicht begreifen können wird, daß der große Chamoniarde Michel Auguste Croz gestürzt ist und nicht mehr kommt. Und der junge Taugwalder kann nur noch ausrufen, aufschreien: »Wir sind verloren, wir sind verloren!« Immer wieder werden diese Worte der Verzweiflung laut, aber niemand kann sie hören, nur Whymper.

In ihm, auf dem nun die ganze Verantwortung lastet, kommen Bedenken auf. Wie soll er mit den beiden Verzweifelten den Gefahren, die noch zu erwarten sind, heil entkommen? Aber es wäre nicht der kühle Engländer Whymper, würde er sich mitreißen lassen von dem seelischen Tiefstand der beiden Taugwalder. Er gibt Anordnungen und besteht darauf, das abgerissene Seil mitzunehmen.

»Wir werden es brauchen«, sagte er.

Im Abstieg, der sich durch die Unsicherheit der Taugwalder weiterhin gefährlich erweist, läßt Whymper größte Achtsamkeit walten.

»Ich kann nicht mehr! Ich kann nicht mehr!« jammert der junge Peter Taugwalder, wenn er sicheren Stand hat. Nicht mehr können, das ist an jedem großen Berg gleichzustellen mit einem trostlosen Ende. Deshalb geht Whymper auf die Klagen gar nicht ein, geht konsequent den Weg, der zum Leben führt.

Zwei Tage später, am 16. Juli 1865, ein Sonntag, steigen acht Männer auf in Richtung Matterhorngletscher, um die Abgestürzten zu bergen: Whymper, seine Landsleute Robertson und Phillpotts und fünf Führer. Die Zermatter Bergführer müssen im trauernden Dorf bleiben, denn die sonntägliche Frühmesse nicht zu besuchen bedeutet Exkommunikation.

Ein schwerer Gang ist es für die acht Männer, die wissen, daß – wenn überhaupt – nur noch Körper ohne Leben aufgefunden werden können. Acht Totengräber, die kaum ein Wort sprechen. Jeder ist mit dem Aufstieg vertraut, sich der Aufgabe bewußt. Auf dem Matterhorngletscher, am Fuße der Nordwand liegen sie. Croz etwas voraus, Hadow nahe bei Croz; Hudson hinter Hadow, von Douglas sind nur die Handschuhe und sein Ledergürtel zu finden, sonst nichts. Er blieb in der Nordwand oder stürzte in den Bergschrund (= Abreißkluft zwischen festliegendem und fließendem Gletschereis).

Am Fuße der Nordwand, die durch das furchtbare Geschehen traurige Berühmtheit erlangt, werden die drei kalten Körper begraben, im Schnee, kein Kreuz kennzeichnet die Stelle. – Aber nur drei Tage bleiben sie oben in dem eisigen Grab, dann werden sie von einundzwanzig Zermattern heimgeholt ins Dorf. Hadow und Hudson finden an der Nordseite des Friedhofes ihre Ruhe, Michel Croz auf der anderen Seite.

»Dann drängt sich die letzte trübe Erinnerung heran und vertreibt wie ein wogender, die Sonne verfinsternder und kältender Nebel das Andenken glücklicher Zeiten. Ich habe Freuden genossen, die zu groß sind, um in Worten beschrieben werden zu können, und habe Kummer gehabt, an den ich nicht gern denke, und mit diesen Erfahrungen vor Augen sage ich: Ersteige die Hochalpen, wenn du willst, aber vergiß nie, daß Mut und Kraft ohne Klugheit nichts sind und daß eine augenblickliche Nachlässigkeit das Glück eines ganzen Lebens zerstören kann. Übereile dich nie, achte genau auf jeden Schritt und denke beim Anfang immer, wie das Ende sein kann.«

So schreibt später der gesetztere Edward Whymper.

Das Gericht

Peter Taugwalder Vater ist ein gebrochener Mann. Das Verlassen des Friedhofes, der nun die drei vom Horn hat, ist nicht das Ende des Dunkels, das vom Augenblick des Sturzes an über ihn hereingebrochen war. Schmerz und Trauer sind noch in ihm. Und Angst. Angst vor den Menschen, die an ihm Makel suchen. Und Schuld. Im Dorf wird nicht von dem Triumph gesprochen, in den Augen der Zermatter ist es eine furchtbare Niederlage. –

Joseph-Antoine Clemenz, der Untersuchungsrichter des Distriktes Visp, übernimmt den Fall Matterhorn. Der große Erfolg am Berg, der Sieg, ist zu einem Fall geworden. Joseph Clemenz, von Natur ein umständlicher Mann, der vom Bergsteigen nichts versteht, ist der Fall nicht geheuer. Dennoch ist der 21. Juli 1865 für ihn, der bisher nur Grundstücksrechte und abgerissene Landstreicher zu untersuchen hatte, ein wichtiger Tag.

Alpinisten und Bergführer vor Gericht. Das hatte es bis zu diesem Fall noch nie gegeben. Das Erstmalige, das Außergewöhnliche erregt Aufsehen, das ist immer so.

Auch die Räumlichkeiten, in denen die Verhöre durchgeführt werden, sind außergewöhnlich: im Hotel Mont Cervin des Alexander Seiler.

Außer dem Untersuchungsrichter, der den Ort des tragischen Geschehens nur selten zu Gesicht bekommen hatte – aus der Ferne, sind noch der Beisitzer César Clemenz, der Schriftführer Donat Andenmatten aus Visp in den hintersten Winkel des Tales gekommen.

Das Amt des Gerichtsdieners ad hoc wird dem Zermatter Jean Julen aufgetragen. Die Arbeit ist den Dorfleuten an diesem Tag weit weniger wichtig als das, was im Hotel Mont Cervin zu erwarten ist. Aber nur wenige dürfen zugegen sein.

Edward Whymper ist die Tatsache, daß er sich dem Gericht zu stellen hat, zuwider, aber als Mann, dem harte Korrektheit eigen ist, weiß er um die Notwendigkeit. Nur so hat er die Gewähr, künftig vor Verdächtigungen bewahrt zu bleiben.

Der breitschultrige Mann steht vor den Vertretern des Gesetzes. Er,

14

der in die Schweiz gekommen war, um das Geheimnis des schönsten Berges in diesem Land zu lüften, muß Rechenschaft abgeben.

Und es scheint, daß ihn die Situation nicht zu bewegen vermag. Mehr Zivilisationsabneigung als psychische Überlegenheit gibt ihm die Kraft, über der Sache zu stehen. Seine großen Augen, die kalten Glanz tragen, der breite, zwingende Mund mit den schmalen Lippen, und die vollen, auffallenden Ohren, allein diese äußeren Merkmale kennzeichnen den Fünfundzwanzigjährigen als eine unbestechliche Persönlichkeit.

Joseph-Antoine Clemenz, der Untersuchungsrichter, beginnt mit dem Verhör, für das er sich nicht weniger als vierundsechzig Fragen säuberlich notiert hatte. Hoch über dem Dorf thront das Matterhorn, klar, ohne eine Wolke, als sei nichts gewesen.

»Geben Sie Ihren Namen, Ihr Alter, Ihren Familienstand, Beruf und Wohnsitz an«, fragt der Untersuchungsrichter in einer Sprache, die sich aus Schriftdeutsch und hartem Walliser Dialekt zusammensetzt.

»Edward Whymper, 25 Jahre alt, wohnhaft in London, Kunstmaler, unverheiratet«, antwortet der Engländer mit knappen Worten, deren Ton keine Höhe hat und keine Tiefe, nur Sachlichkeit, Kälte.

»Waren Sie Teilnehmer des Unternehmens, das am 13. dieses Monats stattfand und die Besteigung des Matterhorns zum Ziel hatte?« wird monoton weiter gefragt, um ein lückenloses Protokoll zu bekommen.

»Ja«, sagt Whymper, sonst nichts.

Dann muß er berichten, wer an dem Unternehmen teilgenommen hatte, die Namen, wann und wo aufgebrochen wurde, und wie lange die Gipfelrast dauerte, und ob die Aufstiegsroute auch für den Abstieg benützt worden sei.

»Genau denselben.« –

»Waren die vier Touristen und die Führer durch Seile miteinander verbunden?«

»Ja, in folgender Reihenfolge und Weise:

An der Spitze der Seilschaft war der Führer Michel Croz, danach kamen die Herren Hudson, Hadow, Lord Douglas, der Führer Taugwalder der Vater, ich selbst und schließlich Taugwalder der Sohn. Zwischen Lord Douglas und Vater Taugwalder war das Seil weniger dick als zwischen Michel Croz und Lord Douglas einerseits, Taugwalder Vater und Taugwalder Sohn andererseits.«

Diese Whymperschen Worte haben Gewicht, sie geben die Grundlage, die Zweckmäßigkeit des richtigen Anseilens zu untersuchen.

»Wie ist es zu der unglücklichen Katastrophe gekommen?«

Whymper holt tief aus nach Luft, die in dem teppichbeladenen Raum nicht so rein und frei ist wie droben am Berg. Er sammelt seine Gedanken, in denen die schrecklichen Augenblicke noch lebendig sind. Er schaut zuerst den Untersuchungsrichter an, dann starrt er auf einen Punkt am Tisch, um nicht abgelenkt zu werden, und beginnt mit der Darstellung des furchtbaren Ereignisses:

»Wir befanden uns in der angegebenen Reihenfolge im Abstieg. In einer Entfernung von etwa 300 Fuß (= 91,5 m, Verf.) vom Gipfel kamen wir an eine schwierige Stelle, die aus Fels und Schnee bestand. So weit ich weiß, war im Augenblick, in dem der Unfall stattfand, Herr Hadow der einzige, der sich in Bewegung befand.

Besagter Herr Hadow hatte ganz offenbar große Schwierigkeiten, den Abstieg zu bewältigen, und sicherheitshalber nahm und setzte Michel Croz darum Schritt für Schritt die Füße von Herrn Hadow.

Ich kann nicht mit Gewißheit sagen, was die wirkliche Ursache des Unfalles war. Aber ich glaube, Michel Croz hatte eben die Füße von Herrn Hadow auf Felszacken gestellt und ihm wieder den Rücken gewendet, um selbst einen Schritt weiterzugehen, als Herr Hadow ausrutschte und im Fallen Michel Croz umwarf.

Das doppelte Gewicht der beiden riß auch Herrn Hudson und danach Lord Douglas mit. Die paar Augenblicke, in denen das geschah, gaben den dreien, die sich dahinter befanden, Zeit, festen Stand zu fassen, in der Tat so fest, daß das Seil zwischen Lord Douglas und Vater Taugwalder riß.

Zwei oder drei Augenblicke lang sahen wir die vier Unglücklichen auf dem Rücken dahingleiten und die Arme ausstrecken, um sich zu retten, dann verschwanden sie völlig. Kein Schrei war zu hören nach dem ersten Ausruf der Überraschung von Michel Croz. Ich selbst und die beiden Taugwalder sind ohne weiteren Unfall auf demselben Weg, auf dem wir heraufgekommen waren, abgestiegen, wobei wir alle nur mögliche Vorsicht gebrauchten und überall nach Spuren unserer unglücklichen Gefährten Ausschau hielten. Aber wir haben nur zwei Pickel gesehen, die im Schnee staken.

Diese Vorsicht und unser Suchen hatten zur Folge, daß wir auf einer Höhe von etwa 13 000 englischen Fuß (= 3965 m, Verf.) von der Nacht überrascht wurden. Wir biwakierten dort auf einer Fläche von ungefähr zwölf Quadratfuß, gingen am nächsten Morgen, Samstag, dem 15., weiter und kamen in Zermatt um halb elf Uhr vormittags an.«

Whymper ist erleichtert und zufrieden, den Ablauf der furchtbaren

Ereignisse so kurz und präzise umrissen zu haben. Der Untersuchungsrichter und seine Getreuen sehen sich, was diesen Punkt betrifft, hinreichend aufgeklärt. Aber:

»Haben Sie der Gemeindeverwaltung Zermatt Mitteilung gemacht, daß Sie die Körper der drei Opfer gefunden haben?« fragte der schmächtige Mann hinter dem Richtertisch forschend weiter; er weiß, daß hier dem Gesetz nach eine Unterlassung vorliegt. Doch Whymper antwortet ruhig:

»Nein, nicht offiziell, aber bei meiner Rückkehr nach Zermatt am Samstagmorgen habe ich den Bürgermeister von der Gemeinde Zermatt von dem traurigen Unfall in Kenntnis gesetzt und gleichzeitig darum gebeten, Helfer zum Unfallort zu senden, für den Fall, daß dennoch der eine oder andere meiner unglücklichen Gefährten noch am Leben sein sollte.

Diese Bitte wurde mir gewährt, und eine Anzahl Führer machte sich auf den Weg. Sie kamen sechs Stunden später zurück und sagten, sie hätten die Körper von weitem gesehen, es sei aber unmöglich gewesen, an diesem Tage noch bis zu ihnen zu gelangen. Andererseits lehnten dieselben Zermatter Führer es allesamt ab, am darauffolgenden Sonntagmorgen sich auf die Suche nach den Verunglückten zu begeben, und aus eben diesem Grunde brach ich ohne amtliche Erlaubnis auf, um die Körper der Verunglückten zu finden, und glaubte nach meiner Rückkehr keinen amtlichen Bericht schuldig zu sein. Jedoch wurde die Tatsache, daß die drei Körper aufgefunden worden waren, inoffiziell jedem mitgeteilt, der an dieser traurigen Angelegenheit Anteil nahm.«

»Haben Sie keine Spuren von Lord Douglas gefunden?«

»Ich bin auf ein Paar Handschuhe gestoßen, die ich ihm selbst in Zermatt gegeben hatte, und den Ledergürtel, den er während der Besteigung trug«, sagt Whymper. Mehr nicht. Der Berg hat den Körper behalten. Eine beklemmende Stille herrscht in dem Raum. Sie wird gebrochen durch Joseph-Antoine Clemenz' Schlußwort:

»Haben Sie an Ihrer Aussage etwas zu ändern oder hinzuzufügen?«

Whymper wirft einen Blick auf das kleine Stück Papier, auf dem einige Notizen stehen, schaut auf zu den Herren des Gerichts und sagt:

»Ich füge hinzu, daß vom Morgen des 14. an der Sohn Taugwalder, der uns bis dahin als Träger begleitet hatte, als Führer diente.«

Warum hat er das gesagt? Donat Andenmatten, der Schriftführer, hält auch diese Aussage im Protokoll fest; sie liegt vor, obwohl sie den Sachverhalt kaum ergänzt.

17

Und keiner im Raum kann ermessen, welchen Edelmut diese Worte zum Ausdruck bringen, welche Überwindung zu dieser Großzügigkeit notwendig war.

Gewiß, Whymper und Douglas hatten sich, nachdem Vater Taugwalder gegen eine Entlassung seines Sohnes als Träger protestierte, geeinigt, auch den jungen Taugwalder mitzunehmen und ihn gleichzeitig zum Führer zu ernennen. Zweifellos eine schätzenswerte Handlungsweise.

Whympers Erinnerung an die beiden Taugwalder hängt vor allem mit einem peinlichen Zwischenfall im Abstieg zusammen.

»Monsieur«, begann der junge Taugwalder, alle Gefahren und Schwierigkeiten, die ihn mehrmals fast verzweifeln ließen, wohl hinter sich wissend.

»Nun?« forschte Whymper, froh, den Ängstlichen auf sicherem Boden zu haben.

»Wir sind arme Leute«, hob des Jünglings Stimme an, »und haben unseren Herrn verloren; wir werden keine Bezahlung bekommen und können sie schwer entbehren.«

»Halt!« sagte Whymper, überrascht, daß es kurz nach so harten Stunden am Berg, noch die ganze Schwere im Herzen, schon galt, sich mit der Kleinlichkeit anderer auseinandersetzen zu müssen. »Das ist Unsinn; ich werde Sie natürlich bezahlen, als wenn ich Ihr Herr wäre.«

Aber dieses Zugeständnis schien die beiden Taugwalder nicht zu befriedigen. Nachdem sich Vater und Sohn im Dialekt ausgesprochen hatten, sagte der junge Peter:

»Wir wünschen nicht, daß Sie uns bezahlen. Schreiben Sie lieber in das Fremdenbuch zu Zermatt und in die englischen Zeitungen, daß wir nicht bezahlt worden sind.« Das war selbst für Whymper stark:

»Was schwatzen Sie da für dummes Zeug? Ich verstehe Sie nicht.«

Dann kam des jungen Taugwalders hintergründige, berechnende Erklärung – mit naiven Worten:

»Nun, nächstes Jahr werden viele Fremde nach Zermatt kommen und dann erhalten wir mehr Reisende.«

Und mehr Geld, hätte der Sprecher noch hinzufügen können. Darüber vermerkt Whymper später:

»Ich gab ihnen keine Antwort, aber sie sahen, wie empört ich war. Ich sprach auch später, solange wir zusammen waren, nur so viel mit ihnen, als unbedingt nötig. Sie füllten den Kelch bis zum bitteren Überfließen . . .« Über das alles haben die Leute im Raum kein Wort er-

18

fahren. Nur der alte Taugwalder, auf sein Verhör wartend, weiß es. Zu gut. –

Whymper setzt kraftvoll die Feder an das Protokollende, unterschreibt, geht. Und er weiß, daß Joseph-Antoine Clemenz fast eine Scheu hatte, mehr von ihm zu erfahren. Er, Whymper, ist Engländer, die anderen sind Schweizer, Walliser. –

Am gleichen Tag noch hat Vater Taugwalder die Fragen des Untersuchungsrichters zu beantworten:

»Ich heiße Peter Taugwalder, 45 Jahre, verheiratet, Bergführer, wohnhaft in Zermatt.«

Schwer und abgehackt ist die Stimme »Geppis«, wie Taugwalder im Dorf genannt wird. Hart und schwer. Denn vor einem Gericht gestanden zu haben, das werden die im Dorf nicht so schnell vergessen. Sein sauberes Gewissen ist für sie nicht ausschlaggebend. Hat er eines? Das Gericht will es wissen:

»Haben Sie vor der Besteigung des Matterhorns schon Bergfahrten mit Lord Douglas gemacht?«

Die Frage bereitet »Geppi« kein Kopfzerbrechen:

»Ja, ich habe Lord Douglas als Führer auf Zinal und auf das Gabelhorn begleitet.«

Allein das schon legt Zeugnis ab für seine Gewissenhaftigkeit und Umsicht. Aber die Fragen des Joseph-Antoine Clemenz sind auch diesmal notiert; sie wollen ausgesprochen sein. Und sie lassen Zweifel aufkommen über den Verdacht, der Untersuchungsrichter nütze jede Gelegenheit, mit Vater Taugwalder schonend umzugehen. Im Gegenteil. Die Fragen werden eindringlicher fortgesetzt:

»Sind Sie vor dem Aufbruch zur Matterhornbesteigung über die Personen informiert worden, die daran teilnehmen sollten, und haben Sie Einwände erhoben, sei es gegen den einen oder anderen der Teilnehmer, sei es gegen das Mißverhältnis zwischen der Zahl der Touristen und der Zahl der Führer?«

Peter Taugwalder, der geistig zwar nicht so beweglich und schlagfertig ist wie Whymper, wohl aber von reichlicher Bauernschläue durchdrungen, klärt das Gericht auf:

»Jawohl, man hat mir gesagt, aus wieviel Personen die Gruppe bestehen würde. Ich habe meine Einwände gegen die Teilnehmer der Gruppe erhoben. Ich habe zu bedenken gegeben, daß im Verhältnis zur Zahl der Touristen zu wenig Führer dabei seien. Die Herren Whymper und Hudson antworteten mir, daß sie ebensogut wie Führer gingen, worauf ich keine weiteren Einwände machte.«

19

Kannte er Edward Whympers Fähigkeiten am Berg persönlich? Nein. Nur von den acht Matterhorn-Besteigungsversuchen, die der Engländer in den vier Jahren vor dem Sieg mit anderen Führern unternommen hatte. Offenbar war diese Tatsache für Peter Taugwalder Fähigkeitsnachweis genug. Und das Gericht geht auch nicht näher darauf ein. Es steuert auf den Kern des Geschehens zu:

»Wer hat die Personen vor dem Abstieg vom Gipfel angeseilt?«

Der dunkelbärtige Vater Taugwalder sieht auf des Untersuchungsrichters Tisch das Seilstück mit dem ausgefransten Ende liegen. Die vier aufgedrehten Litzen schauen aus wie gefährliche Fangarme. Angeseilt? Taugwalder wird etwas unruhig. Er weiß, daß seine folgende Aussage mehr Gewicht haben wird als alles, was bis dahin im Protokoll festgehalten wurde. Und er kennt nicht die Aussage Whympers. Natürlich, auch Taugwalder vermag nur auf die Wahrheit zu bauen. Aber schon andere Worte, auch wenn sie den gleichen Ablauf erklären sollen, können sinngemäße Abweichungen entstehen lassen. Geppi macht eine Miene, als wolle er sich besinnen, obgleich ihm alles noch klar im Gedächtnis haftet, und antwortet:

»Die vier ersten Männer der Gruppe, der Führer Croz, Hadow, Hudson und Lord Douglas, wurden von Führer Croz angeseilt, und ich habe mich durch ein Extraseil mit Lord Douglas verbunden.«

Kaum, daß Donat Andenmatten Taugwalders letzte Worte im Protokoll festgehalten hatte, setzt der Untersuchungsrichter weiter an:

»Wer wurde als erster angeseilt?«

Es beginnt holprig zu werden. Taugwalder war wohl der älteste Führer der Gruppe, aber nicht der erfahrenste. Deshalb hatte er auch nicht die ganze Verantwortung zu tragen. Aber jetzt steht er allein da, Croz liegt in der steinigen Erde des Friedhofs, er kann ihm keinen Beistand mehr leisten. Taugwalders Stimme hat den Ton der Unsicherheit:

»Ich erinnere mich nicht mehr, wer als erster von Croz ans Seil genommen wurde.«

Es ist heiß geworden in dem Raum, die Augen richten sich noch fester auf den Mann, der von seiner Unschuld überzeugt ist und sich hier sehr unbehaglich fühlt. Drei weitere Fragen, verfänglich genug, werden an den alten Taugwalder gerichtet.

»Wie war die Güte des Seils, das Croz benutzte?«

»Das Seil, durch welches Croz und die drei Touristen verbunden waren, war ein vollkommen neues, starkes Seil.«

»Wer hat Sie mit Lord Douglas verbunden?«

»Ich selbst.«

20

»Warum wurde zwischen Lord Douglas und Ihnen ein anderes Seil verwendet?«

Zermürbt durch das viele Fragen, antwortet Taugwalder:

»Weil das erste Seil nicht lang genug war, daß ich mich hätte daranbinden können.«

Das Gericht gibt keinen Kommentar dazu ab, denn es versteht nichts oder zu wenig von der Technik des Bergsteigens. Der Untersuchungsrichter fragt eifrig weiter:

»War das Seil zwischen Lord Douglas und Ihnen Ihrer Ansicht nach stark genug?«

Und Taugwalder gibt darauf eine Antwort, wie sie ein Akademiker nicht besser hätte geben können, mutig und bauernschlau:

»Wenn ich gefunden hätte, daß das Seil zwischen Lord Douglas und mir nicht stark genug ist, würde ich mich gehütet haben, mich damit an Lord Douglas anzuseilen, denn ich hätte ihn nicht in Gefahr bringen mögen, ebensowenig wie mich selbst. Hätte ich das Seil für zu schwach gehalten, so würde ich es vor der Besteigung des Matterhorns schon für ungenügend erklärt und zurückgewiesen haben.«

Das ist freilich relativ. Und es bleibt zu klären übrig, ob ein Bergführer die Schuldfrage von sich weisen kann, allein angesichts der Tatsache, daß er seinem Ermessen nach das gerissene Seil für stark genug gehalten hatte. Für den Untersuchungsrichter jedoch ist das zu kompliziert; in seinem Gesetz ist darüber nichts vermerkt. Und weiter:

»War im Augenblick, als die drei Touristen stürzten, das Seil gespannt?«

»Es war gespannt«, sagt Taugwalder.

»Was ist Ihre Ansicht zu dem Seilriß?«

Eine Frage! Taugwalder, der alles richtig machen will, um dem Gericht nicht verdächtig zu erscheinen, geht auf diese Frage ein. Aber er hätte es besser unterlassen:

»Ich kann es nicht sagen, aber das Gewicht der drei Personen und die Wucht des Sturzes hätten ein sehr starkes Seil zerreißen können.«

Warum wohl? Das Gericht erfährt es an diesem Tag nicht. Und den wahren Grund wird es nie ermessen können.

Deshalb begnügt sich Joseph-Antoine Clemenz lieber mit Fragen, die charakteristisch sind für seine Unkenntnis der Materie:

»War es möglich, die vier Personen nach dem Riß des Seils zurückzuhalten?«

»Unmöglich.«

Wie könnte es anders gewesen sein!

Peter Taugwalder unterschreibt das Protokoll, froh, mit sich allein sein zu können. Es waren harte Stunden für ihn. Das weiß auch seine Frau Anna Maria, die ihn in dem braunen, verwitterten Holzhaus mit Bangen erwartet. –

Nach Taugwalder wird der Almageller Führer Franz Josef Andenmatten verhört, einen Tag später – 22. Juli 1865 – der Führer Alexander Lochmatter aus St. Niklaus. Aber sie vermögen nur Auskünfte zu geben über das Auffinden der drei Toten auf dem Matterhorngletscher. Sie waren am Berg nicht dabei.

Das Gericht berät. Einen Tag lang. Dann muß Peter Taugwalder wieder ins Hotel Mont Cervin. Wieder vor Joseph-Antoine Clemenz, dem nach seinem Studium der Taugwalderschen und Whymperschen Aussagen einiges unklar ist. Widersprüche. Für Peter Taugwalder ist das zweite gerichtliche Auftreten hart.

Die Leute im Dorf! Es sind das nicht nur Leute, sondern meist Blutsverwandte. Von den einundzwanzig Geschlechtern in Zermatt – sie zählen rund 480 Seelen – sind mehr als zwei Drittel mit ihm blutsverwandt. Und sie alle haben Angst, durch den verdächtig gewordenen Peter Taugwalder in schlechtes Licht zu geraten. Lieber nichts mehr mit ihm zu tun haben wollen. Sogar sein um vierzehn Jahre älterer Bruder Johann Joseph (1806–1878), der in seinem Führerbuch bereits an die dreißig feine Eintragungen hat – darunter neunzehn englische –, sieht für seine Verwandtschaft und auch für seinen gut fundierten Führerberuf dunkle Wolken aufkommen.

Böse Gerüchte kommen in Umlauf, so auch, daß der alte Taugwalder zwischen Lord Douglas und ihm das Seil durchgeschnitten habe. –

Nach der offiziellen Eröffnung der zweiten Taugwalder-Vernehmung stellt der Untersuchungsrichter seine dreiundfünfzigste Frage:

»Haben sich seit Ihrer ersten Aussage Ihre Erinnerungen über das Unglück am Matterhorn geändert; haben Sie an Ihrer ersten Aussage etwas abzuändern oder zu ergänzen?«

Das Gericht will den gebrochenen Mann festgelegt wissen, um möglichst wenig Auswege offenzulassen.

»Nichts«, sagt Taugwalder, »höchstens, daß ich zu Führer Croz, bevor wir zur gefährlichen Stelle kamen, sagte, daß wir zur Sicherheit ein Seil spannen sollten. Croz hat mir entgegnet, daß das nicht nötig sei.«

Michel Croz hatte diese Sicherheitsmaßnahme abgelehnt. Genügt das? Und hat sich ein anderer Führer damit abzufinden? Ja. Croz war in jeder Beziehung über Vater Taugwalder zu stellen. Und wenn ein

22

Michel Croz eine Meinung vertrat, dann lag kein Grund vor, eine andere durchzusetzen. Schon gar nicht für Peter Taugwalder, er hätte seinen Kollegen Croz beleidigt.

Joseph Clemenz forscht weiter:

»Wie kommt es, daß sich zwischen Croz und Ihnen drei Herren befanden, zwischen Ihnen und Ihrem Sohn dagegen nur einer? Der Untersuchungsrichter ist der Ansicht, daß diese Aufteilung nicht sinnvoll war; was meinen Sie dazu?«

Taugwalder besinnt sich. Er weiß, daß es in der Schweiz noch kein Bergführergesetz gibt, das besagt, in welchem Verhältnis die Zahl der Führer zu den Touristen zu stehen hat. Auch nicht die richtige Reihenfolge. Das Reglement für die Führer-Gesellschaften in Wallis (1857) behandelt die Pflichten der Bergführer – um deren erste Generation es sich handelt – nur am Rande. Dieses Reglement ist hauptsächlich für Fuhrleute usw. ausgearbeitet worden. Deshalb glaubt Taugwalder, nach bestem Wissen und Gewissen gehandelt zu haben:

»Der erste der Seilschaft war der Führer Croz, dann kam Hadow, dann Hudson, der sich als Führer bezeichnete, dann Lord Douglas, ich, Whymper und mein Sohn. Wenn der Untersuchungsrichter berücksichtigt, daß Hudson die Stelle eines Führers einnahm, so sehen Sie, daß jeder Tourist zwischen zwei Führern war.«

Diese Taugwaldersche Aussage hinkt. Hudson wollte niemals die Stelle eines Führers einnehmen, sondern hatte am Beginn des Unternehmens lediglich beteuert, daß er so gut steigen könne wie ein Führer.

Das interessiert auch den Untersuchungsrichter:

»Betrachtete die Gruppe Hudson als einen Führer?«

Taugwalder stellt die Sache ins richtige Licht:

»Hudson selbst sagte, er brauche keinen Führer und könne selbst die Aufgaben eines Führers erfüllen.«

Darauf eine entscheidende Frage des Gerichts:

»Wer hat das Seil mitgebracht, das Sie mit Lord Douglas verband?«

Und Taugwalder antwortet guten Gewissens:

»Das Seil haben die Herren Touristen mitgebracht.«

Die erste Führergeneration von Zermatt ist mit ihrer Ausrüstung noch nicht so gut bestellt wie etwa die dritte. Ein gutes Seil kostet viel Geld. Und wenn das Seilmaterial von den Touristen gestellt wird, so ist das nur erfreulich. Keinem Führer würde es eingefallen sein, zu glauben, die Seile der Touristen seien nicht gut, nicht stark genug.

Der Untersuchungsrichter stellt noch einige unwichtige Fragen und kommt zum Ende:

»Haben Sie an Ihrer Aussage etwas zu ändern oder hinzuzusetzen?«
Und endlich kommt Taugwalder mit seiner wichtigsten Aussage, aber
das Gericht vermag sie nur mit ins Protokoll aufzunehmen, ohne ihr
auf den Kern zu gehen:
»Ich füge hinzu, daß ich mich, um einen besseren Stand zu haben, gegen den Fels hin gedreht habe und da das Seil zwischen Whymper und
mir nicht gespannt war, konnte ich es glücklicherweise um einen Felsvorsprung werfen, was mir die Kraft gab, mich zu halten. Das Seil,
das mich mit Douglas und den andern verband, hat mich bei dem
Sturz so eingeschnürt, daß ich noch jetzt wund bin an der Stelle, wo
es über meinen Körper lief.«
Das offizielle Ergebnis des Gerichtes nach der dreitägigen Untersuchung sieht textlich so aus:
»Die Untersuchungskommission des Bezirks Visp hat die Entschei-
dung *Nicht schuldig* gefällt in einer Untersuchung, betreffend den
Unfall anläßlich einer Besteigung des Matterhorns.
Erwägend:
1. daß keine gesetzeswidrige Tat ableitbar ist,
2. daß Herr Hadow den Unfall verursacht hat;
3. daß aufgrund der oben genannten Tatsachen niemand eines Feh-
   lers oder Delikts beschuldigt werden kann,
wird beschlossen:
Es besteht keine Veranlassung, die gegenwärtige Untersuchung fortzusetzen, vielmehr ergeht der Beschluß ›Nicht schuldig‹. Die Kosten
gehen zu Lasten der Staatskasse.«
Das ist beschlossen worden. Und man könnte glauben, das Dunkel
sei aufgehellt. Aber es ist nicht so. Peter Taugwalder bleibt im Zermatter Dorfgespräch. Er hat Feinde um sich. Und nicht wenige. Von
Freispruch wegen Mangel an Beweisen wird geredet. Für Vater Taugwalder bricht eine schwere Zeit an.
    Unzufrieden mit dem Verlauf der Verhandlung ist auch Erward
Whymper, wie die folgenden Ausführungen zeigen:
»Nachdem ich vom Untersuchungsgericht verhört worden war,
reichte ich eine Reihe von Fragen ein, die ich so stellte, daß sie dem
alten Peter Gelegenheit boten, sich von dem schweren Verdacht zu
reinigen, der auf ihn gefallen war. Die Fragen wurden gestellt und beantwortet, ich habe jedoch vom Gericht die versprochene Auskunft
nie erhalten. Dies ist nicht die einzige Gelegenheit, bei der Herr Clemenz die zugesagte Antwort schuldig geblieben ist.
Es ist sehr zu bedauern, daß er nicht fühlt, wie stark die Unterdrük-

kung der Wahrheit gegen das Interesse der Reisenden wie der Führer ist. Sind die Leute des Vertrauens unwürdig, so muß das Publikum gewarnt werden, und stehen sie tadellos da, so muß man den unverdienten Verdacht von ihnen nehmen. Der alte Taugwalder hat unter einer unverdienten Anklage zu leiden, selbst seine Gefährten und Nachbarn in Zermatt bleiben bei der Behauptung, daß er das Seil durchgeschnitten habe.«

Peter Taugwalder wurde zur Arbeit unfähig, nicht gerade verrückt, aber geschwächten Geistes und fast irrsinnig. Man muß wissen, daß die gemeine Gerüchteverbreitung nicht allein in menschlicher Bosheit gründet, sondern auch im Konkurrenzkampf der Bergführer. Mit dem Überhandnehmen geistiger Gebrochenheit und körperlicher Unfähigkeit wird es stiller um den leidenden Peter Taugwalder. Aber erst nach dem Tode (1888) erhält sein Name die verdiente Achtung.

Im zwanzigsten Jahrhundert setzt ihm die Gemeinde Zermatt sogar einen Denkstein. Das Gute hat gesiegt. Übrig bleibt für die Nachwelt, technische Zusammenhänge des Unglücks zu klären, zu beleuchten. Nicht eine Frage der moralischen Schuld zu erörtern, wohlgemerkt. Vierundsechzig Jahre (1929) nach dem schrecklichen Ereignis bemüht sich der Schweizer Alpenclub, von sachlicher, rein bergsteigerischer Warte aus die Einzelheiten zu untersuchen. Das Ergebnis:

»Der Untersuchungsrichter hat es abgelehnt, einem der Überlebenden eine Verantwortung zuzuschieben, und nur leisen Tadel darüber ausgesprochen, daß ein unfähiger Tourist und zu wenige Führer mitgenommen worden seien. Wir brauchen uns diese Zurückhaltung heute nicht aufzuerlegen. Die Verantwortung dafür, daß jener Tourist zu einer Bergfahrt, der er in keiner Weise gewachsen war, mitgenommen wurde, trifft Hudson.

Die unrichtige Reihenfolge beim Abstieg, die sich allerdings durch die früheren Anschauungen erklärt und an welche die meisten damaligen Führer noch gewohnt waren, wurde durch Hudson und Whymper im Einverständnis der Führer angeordnet. Was endlich die Frage anbetrifft, ob die einseitige Verwendung des schwächsten Seiles eine Schuld Taugwalders bedeute, so kann sie allerdings nicht mit unbedingter Sicherheit verneint werden, da alle Teilnehmer der Besteigung tot sind . . .«

Es ist zu bedenken, daß nur neunundsiebzig Jahre vor dem Matterhorn-Unglück der Montblanc bestiegen worden ist (1786) und das bergsteigerische Wissen im allgemeinen, das um die Technik im besonderen, noch sehr gering war. Auch in Bergführerkreisen. Bergsteigen besteht nicht allein im Ablauf von rein körperlichen Leistungen. Es sind im gleichen Maße auch geistige Voraussetzungen notwendig; z. B. die Beurteilungsfähigkeit, jeweils im richtigen Augenblick die auftretende Gefahr zu erkennen.

Fünfzig Jahre später würden Whymper, Taugwalder und die Unglücklichen folgende fünf Punkte berücksichtigt haben:

Die bergsteigerische *Qualität* der Beteiligten. Der neunzehnjährige Hadow, im ersten Jahr seiner Bergsteigerlaufbahn stehend, hätte bewogen werden müssen, auf die Teilnahme zu verzichten. Und zwar von Croz, Hudson und Whymper, denn sie waren die geistig stärksten Persönlichkeiten der Gruppe.

Der getrennte *Aufbruch vom Gipfel*. Whymper und die beiden Taugwalder hatten zuletzt den Gipfel verlassen. Unangeseilt. Der Gruppe Whymper waren wahrscheinlich drei, bestimmt aber zwei Seile zur Verfügung gestanden; darunter das dünne, das man lediglich als Reserveseil hatte einsetzen wollen. Es hätte später, beim Zusammenschluß, niemals das Verbindungsglied zwischen Hudson – der den Schluß der Croz-Gruppe bildete – und Vater Taugwalder – als unterste Spitze der Whymper-Gruppe – bilden dürfen. Es steht fest, daß ein starkes Seil, ohne es im Abstieg benützt zu haben, noch vorhanden war. Whymper, der Eigentümer des dünnen Seiles, hätte seine Verwendung verhindern müssen. Denn das Verhältnis zwischen Tourist und Führer war im 19. Jahrhundert ein wesentlich anderes. Die Touristen waren nicht nur die Herren, die geführt sein wollten, sondern auch selbst die geistigen Träger der Unternehmungen (Whymper und Hudson). Ein *gemeinsamer* Aufbruch vom Gipfel, nach *vorherigem* Anseilen, hätte bei Verwendung des dünnen Seiles höchstwahrscheinlich Proteste laut werden lassen.

Die *Reihenfolge* des Abstiegs. Sie wurde von Hudson und Whymper bestimmt, von den Führern offenbar als gut befunden. Das beweist deutlich genug, daß die Meinung der Herren sehr wohl beachtet worden ist. Ausschlaggebend, daß die Reihenfolge so eingehalten wurde, ist ohne Zweifel auch die Tatsache, daß Michel Croz in Chamonix beheimatet war. Die Chamoniarden als Führer vertraten zu dieser Zeit noch die Meinung, auch im Abstieg führen zu müssen, obschon die Berner Oberländer Bergführer von den Vorteilen der umgekehrten Art überzeugt waren (wie es vom heutigen Bergsteigen nicht mehr ›wegzudenken‹ ist). Bereits 1863, anläßlich der zweiten Weißhorn-Besteigung, hatte der berühmte

Engländer Leslie Stephens mit dem Berner Oberländer Führer Melchior Anderegg aus Meiringen diese Reihenfolge im Abstieg schätzengelernt: Tourist unten, Führer oben. Die vorteilhafteste Reihenfolge im Abstieg vom Matterhorn wäre also gewesen (von unten nach oben): Hudson (für das Auffinden der Route) – Hadow – Douglas – Taugwalder Sohn – Whymper – Taugwalder Vater – Croz. Keinesfalls konnte Taugwalder Vater für die Reihenfolge verantwortlich gemacht werden; er war ein mitgehender Führer, aber eine zu wenig starke Persönlichkeit, um Whymper, Hudson und Croz zu widersprechen, zu belehren.

Die zu *große Bewegung* in der Gruppe. Eine vier- und mehrköpfige Seilschaft ist stärker als eine aus zwei Personen bestehende. Vorausgesetzt, daß vorbildliche Disziplin herrscht und die Bewegung der Teilnehmer in einem sicheren Verhältnis bleibt. Das heißt, daß an schwierigen Kletterstellen höchstens zwei, an sehr ernsten Hindernissen nur einer in Fortbewegung sein darf; die anderen sichern, möglichst an jeweils verschiedenen Punkten.

Douglas und Hudson, die von den Stürzenden mitgerissen worden sind, hatten zu schlechte Sicherungsplätze, um der Wucht standhalten zu können.

Die *starre* (= statische) *Sicherungsart* des Vaters Taugwalder. Dadurch, daß Taugwalder – im guten Glauben, das Schreckliche aufhalten zu können – das Seil um den kleinen Felsturm gelegt hatte, mußte das dünne Seil noch weniger Bruchfestigkeit haben. Der Reißwert von maximal 350–400 Kilogramm sank durch die völlig starre Sicherung des fixierten Seiles auf ein Mindestmaß. Bei einer solchen Sicherung wäre auch ein stärkeres Seil gerissen. Ein etwa 40 Kilogramm schwerer Stein reißt bereits nach einer Fallhöhe von 2 Metern ein 12 mm starkes, fixiertes Hanfseil ab (= etwa 800 kg Bruchfestigkeit).

Das löst freilich nicht die Frage einer Schuld, zumal die Fixierung des Seiles durch Taugwalder sicherlich nur eine Reaktion seiner Geistesgegenwart gewesen war. Ein Bergsteiger unserer Zeit hätte *sich selbst* (vorher) an den Felsturm gebunden, um eine *weiche* Sicherung bewerkstelligen zu können. Nur so hätte Aussicht bestanden, die Stürzenden zu halten.

Aber das alles konnte Whymper nicht wissen, noch viel weniger der Verdächtigte, zur Verantwortung herangezogene Peter Taugwalder Vater.

Der Alpinismus war noch zu jung.

Die Große Zeit

Alles Dunkel, das den ersten großen Erfolg am Berg zu schmälern drohte, beginnt sich zu lichten, wenn auch beim Auftreten der Taugwalder gleich ein Flüstern anhebt.

Die Aufregung in Zermatt, kurz nach dem Eintreffen der Überlebenden, übertönt sogar den großen Triumph der Italiener.

Jean-Antoine Carrel, der Besessene, und Jean-Baptiste Bich, die beiden mutigen Führer aus Breuil, besteigen am dritten Tag nach der großen Tragödie – 17. Juli 1865 – das Horn von der italienischen Seite über den Liongrat (= Südwestgrat). Ihre bergsteigerische Leistung, ihr Erfolg sind nicht geringer, im Gegenteil. Aber sie waren eben nicht die ersten auf dem Gipfel. Das ist für den kantigen, dunkelhäutigen Carrel, von Kühnheit und herrlichem Ehrgeiz erfüllt, eine bittere Pille. Das Matterhorn ist bestiegen, von zwei Seiten. Die Schweizer und Italiener haben ihren Anstieg. Doch der große Touristenstrom läßt noch auf sich warten, der Berg hat.noch einen zu großen Nimbus, die Zeit in Mitteleuropa ist unruhig. Bis 1870 können nicht mehr als siebzehn Besteigungen verzeichnet werden, sieben von Zermatt aus, zehn von Breuil über den Liongrat. Das ist nicht viel, mitten im Goldenen Zeitalter des Alpinismus.

Im darauffolgenden Jahrzehnt bekommen die Führer auf beiden Seiten mehr zu tun. Die Besteigung gilt immer noch als ein großes, gewagtes Unternehmen, aber die Alpinisten treten ihm schon weit nüchterner gegenüber und wissen, daß sich jeder Erfahrene einen Aufstieg zumuten kann.

Aus dieser gelockerten Einstellung wächst das Interesse für die anderen großen Grate und riesigen Wandabbrüche am Berg: abenteuerliches Felsneuland lockt. Der Zmuttgrat. Der über drei Kilometer lange Nordwestgrat mit einem durchschnittlichen Neigungswinkel von 37 Grad fußt im zerklüfteten Tiefmattengletscher und bildet die rechte Begrenzung der Nordwand. Ein teilweise wildgezackter Grat, Ziel der Wagemutigsten. Der Engländer Albert Frederick Mummery ist einer ihrer kühnsten Vertreter. »Dem Tod ins Angesicht zu sehen, entwikkelt Charakterstärke«, sagt der Mann, der keine Angst hat vor Tod und Teufel.

Nicht weit zurück stehen seine Führer Alexander Burgener, zum Fürchten breit und bärtig; Johann Petrus und Augustin Gentinetta, drei Walliser. Das Horn scheint rivalisierende Aufstiege zu bevorzugen, denn an dem 3. September 1879 ist der Zmuttgrat auch Ziel einer weiteren Gruppe: Der stürmische William Penhall, ebenfalls ein Engländer, mit den Macugnaga-Führern Ferdinand Imseng und Alois Zurbriggen. Mummery, der Glücklichere, wählt die von der Natur vorgezeichnete Linie, von Anbeginn den Grat und erreicht am gleichen Tag den Gipfel. Penhall wagt sich mit seinen Leuten an den Fuß der verwitterten Westwand und steigt auf durch eine steinschlagbedrohte Rinne, die im Mittelteil des Zmuttgrates – bei den »Zmuttzähnen« – endet, das »Penhall-Couloir«.

Der Auftakt für die letzte Erschließung am Berg ist gegeben. Aber nach jedem Sturm muß Ruhe eintreten, auch am Horn. Die Probleme müssen reif werden, wie die Bergsteiger sagen. Und es gibt noch viele in den Alpen. Für A. F. Mummery aber tun sich noch größere Ziele auf. Er zieht in den Himalaya und wagt sich an die gewaltige Diamirflanke des Nanga Parbat, nur sechs Jahre nach seinem Sturm über den Zmuttgrat, den er nie wiedersehen kann. Der König der Berge aber ließ ihn nicht mehr los, er behielt sein Leben.

Genau zehn Jahre vergehen, bis dem erschreckend steilen Furggengrat, dem Südostgrat (1,7 km lang, 43,5° Neigungswinkel), sein Geheimnis entrissen werden kann. Die Zeit fordert ihre Tribute. Die Augen und Sinne der Alpinisten werden schärfer. Die neue Zeit kommt auch in der Geschichte des Furggengrates zum Ausdruck: Wenn er schon nicht von unten nach oben zu bewältigen ist, dann wenigstens von oben nach unten. Sogar den erfolggewohnten Mummery hatte der Furggengrat an seiner großen Schulter abgewiesen (1880). Das spricht für sich. Der Italiener Guido Rey erlebte mit seinen Führern Daniel und Antoine Maquignaz bei seinen Versuchen so Schreckliches, daß er »hätte einen Eid ablegen können«, sich nicht mehr an den Steilaufschwung zu wagen. Aber die Zeit hüllt selbst Leid und Schmerz in rosige Schleier. Und bricht auch die Schranken alter Tradition. Guido Rey und seine Getreuen überwinden am 28. August 1899 den achtzig Meter hohen, sehr steilen Gipfelaufschwung des Furggengrates mit List.

Von oben wird ein zweihundert Meter langes Seil herabgelassen; an ihm turnen Rey, Antoine und Aimé Maquignaz, über den Grat bis zur Steilstufe aufgestiegen, empor. Gewiß eine anstrengende Arbeit, aber Bergsteigen? Guido Rey macht sich keine Sorge darüber: ». . . die neue Art, einen Berg zu besteigen, machte mir Vergnügen.« Warum auch nicht? Gleichwohl bleibt das bergsteigerische Problem dieses steilsten Gratteiles lange ungelöst. Am 9. September 1911 bewältigten Mario Piacenza mit Jean Joseph Carrel und Joseph Gaspard den Furggengrat mit südlicher Umgehung des Gipfelaufschwungs. Am 2. September 1930 gelang es Enzo Benedetti mit Louis Carrel und Maurice Bich nur wenig links des Aufschwungs aufzusteigen. Und am 23. September 1941 wurde er von Alfredo Perino mit Louis Carrel (dem Kleinen) und Giacomo Chiara von Alagna bei Verwendung von 43 Felshaken direkt erklettert.

Zermatt und seine nächste Umgebung beginnen aufzublühen. Der »Schweizer Alpenclub« (SAC) baut am Fuße des Hörnligrates eine Hütte für die Matterhornbesteiger (1880). Der spätere Papst Pius XI., Achille Ratti, steigt auf das Matterhorn (1889). Noch vor der Jahrhundertwende schlängelt sich durch das enge Nikolaital eine Schmalspurbahn (1891), so daß die Anreise für die Fremden weit bequemer geworden ist. Sieben Jahre später wird die großartige Gornergratbahn eröffnet (1898).

Die Gemeinde Zermatt läßt neben der Hörnlihütte das kleine Hotel »Belvédère« entstehen (1911). Und 1917 eröffnet der SAC sogar auf dem Hörnligrat einen Unterschlupf für in Not kommende Touristen, die »Solvayhütte« in etwa 4000 m Höhe; dank einer Spende des belgischen Großindustriellen Solvay.

Die Leiden des Peter Taugwalder bringen reichliche Ernten ein. Um 1865 gab es in Zermatt vier Hotels. Allen voran der in seinem Metier mutige Alexander Seiler, der Fremde, der die Goldgrube Zermatt entdeckt hatte, aber achtzehn Jahre hart kämpfen muß, um von der Gemeinde eingebürgert zu werden. 1923 gibt es bereits 25 Hotels, später auch ein Denkmal für den abgelehnten Alexander Seiler (1820 bis 1891). 85 Jahre nach seinem Tod (1976) stehen in Zermatt rund 100 Hotels und Pensionen. Aber das Grundbild des lieblichen Dorfes, die dunkelbraunen Häuser mit den engen, romantischen Gassen, ist erhalten geblieben. Ein Bergdorf.

Die ersten
in der Nordwand

Der 3. August 1922 sieht in Zermatt zwei kantige Gestalten. Den immer jungen Hans Pfann aus Deutschland und den verwegenen Draufgänger Alfred Horeschowsky aus der Mollardgasse in Wien. Hans Pfann hatte mit seinem Begleiter Widmann, gemeinsam mit Horeschowsky, vor wenigen Tagen im Berner Oberland einige große Fahrten hinter sich gebracht. In Zermatt sieht sich Horeschowsky allein auf sich gestellt, denn das, was der berühmte, sogar im Kaukasus erprobte Hans Pfann auf dem Programm hat, ist für Alfred Horeschowsky zu gering. Pfann und Widmann wollen das Täschhorn vom Domjoch aus besteigen. Der junge Stürmer aus Wien will auch aufs Täschhorn, aber ihm ist der gefürchtete, fast zwei Kilometer lange Teufelsgrat gerade gut genug. Sein Weg über den Teufelsgrat aufs Täschhorn schenkt ihm das, was er in den Bergen sucht: erregendes Abenteuer.
Schon im Aufstieg zum Grat wird es abenteuerlich um den untersetzten Mann aus Wien mit dem meist lachenden Mund, den verschmitzten Augen, der Raubvogelnase. Der sonnige Horeschowsky klatscht mit ganzer Wucht in einen tobenden Gletscherbach, dessen eiskaltes Wasser ihn daran denken läßt, daß es gut wäre, trockene Reservekleider im Rucksack zu haben. Er hat sie nicht. Es wird auch so gehen, denkt er. Die anschließende Biwaknacht ist kalt, das versteht sich. Der nächste Tag bringt Stürme und Nebel. Aber es wird schon gehen. Im oberen Teil des sehr schwierigen Teufelsgrates ist es dem stürmischen Alfred doch nicht mehr ganz geheuer. Ein Steilaufschwung macht ihm Kopfzerbrechen. Dann muß es eben links gehen, über die vereisten Felsen der Nordwand, egal. Es geht. Bis zum Gipfel. Der Abstieg ist auch abenteuerlich. Auf dem steilen Kiengletscher: »Bis zu den Schenkeln stecke ich auf einmal in einer Spalte. Behutsam befreie ich mich aus dieser Lage und gehe mit größter Vorsicht weiter. Aber kaum habe ich hundert Schritte zurückgelegt, da liege ich – plumps – trotz aller Vorsicht schon wieder in einer Spalte.« Das ist Alfred Horeschowsky. Ein Mann, der Schwierigkeiten und Gefahren ins Angesicht schauen kann, den nichts aus der Ruhe bringt. Und er ist

nicht allein des Teufelsgrates wegen nach Zermatt gekommen. Die Nordwand interessiert ihn. Aber Bergsteiger seines Schlages wollen von dem Motto »sie kamen, warfen sich in die Wände und siegten« nichts wissen.

Alfred Horeschowsky ist mit seinen siebenundzwanzig Jahren ein gestandenes Mannsbild, er liebt es nicht, ganz große Vorhaben über den Daumen zu brechen. Und die Nordwand des Matterhorns ist eine große Sache. Zu schnell kann es gehen am Berg. Der Mensch ist klein und schwach gegen die Naturgewalten. Sogar den kühnen, erfahrenen Emanuel Strubich aus Dresden hatte es im Februar (1922) in den Stubaier Alpen erwischt. Lawine. Noch im Anfang Juni kamen fünf Bergsteiger nach geglückter Begehung der Watzmann-Ostwand im Schneesturm ums Leben. Allein in den Ostalpen kamen in diesem Jahr zweihundert Menschen nicht mehr zurück, nur tot. Das stimmt selbst den Wagemutigsten bedenklich. Alfred Horeschowsky schaut sich die Nordwand an. Am Fuße der 1200 Meter hohen Wand das große Firnplateau des Matterhorngletschers. Harmlos, kaum von Spalten durchrissen. Es gleicht einer mächtigen Ruhebank, von allen Seiten scharf bewacht. Oberhalb von ihm die düstere Wand, darunter und links drohende Eisabbrüche, rechts der wildgezackte Zmuttgrat. Am Plateau des Matterhorngletschers fußt das gewaltige Einstiegseisfeld, getrennt durch den gähnenden Bergschrund, der sich als mahnende Linie ausnimmt: bis hierher kannst du, dann wird es ernst. Die Eiswand, steil wie das Dach eines gotischen Kirchturms, ist nicht zu umgehen. Das erste Hindernis. Es endet oben nicht plötzlich am Fels – hier Eis, dort Fels –, sondern verliert sich nur langsam in dem abwärtsgeschichteten Gestein. Eine Gegend, die an schlecht eingehängte Dachziegel erinnert.

Kein reines Eis, nicht Fels: die heikle Übergangszone. Und dann steilt sich die Wand auf. Zuerst senkrecht, dann der überhängende Abbruch der Hörnligrat-Schulter. Kein Haltepunkt, nicht einmal für die Augen Alfred Horeschowskys. Nur rechts davon ist eine schwache Stelle auszumachen. Ganz fein nur, aber man kann sie sehen. Eine schräg nach rechts oben ziehende Steilrinne, das Schräg-Couloir, an die dreihundert Meter lang. Es bildet den Schlüssel zum obersten Wanddrittel, zur Gipfelwand. Das Couloir schließt oben steil ab, leitet in einen trichterartigen Felskessel, in dem sich die aus der oberen Wand fallenden Steine sammeln; auch die von den Hörnligrat-Touristen ausgelösten. Steinschlag und Tod sind zwei gleichartige Gesellen. Und die Gipfelwand, sie wird zu bewältigen sein, das ist zu sehen. Sie zeigt sich wohl mit einigen fraglichen Stufen, aber sie ist bestimmt möglich. Jedes Merkmal der Wand haftet in Horeschowskys Vorstellungswelt, und Bilder von ihr hat er auch.

Nächstes Jahr! Hart trainiert wird er im Sommer 1923 der Nordwand gegenüberstehen. In ihr darf es kein Scheitern geben wegen menschlicher Schwäche. –

Am 6. Juli 1923 steht Horeschowsky am Beginn der siebenhundert Meter hohen Pallavicinirinne des Großglockners. Allein. Der riesige Eisschlauch des Großglockners hat eine Durchschnittsneigung von 50 Grad, erstmals 1876 vom Markgrafen Pallavicini mit drei Führern durchstiegen. Auch die zweite Durchsteigung war 1899 einer Führerseilschaft zugefallen. Horeschowsky hat keinen Führer, nicht einmal einen Seilgefährten. Ganz allein hackt er sich durch das Eis der Rinne hinauf, sieben Stunden für 2400 Stufen. Die dritte Durchsteigung der berüchtigten Eisrinne, die erste führerlose, die erste von einem Menschen allein.

Der große Wunschtraum Matterhorn hatte dem Einsamen die Kraft gegeben für dieses Wagnis. Aber am Beginn der Rinne war der Wunschtraum nur noch an einem ganz feinen Faden gehangen: »Ein Eisstück sauste haarscharf über meinen Kopf und nahm mir die Kappe.« Besser die Mütze weg als Alfreds Kopf, in dem die verwegensten Pläne stecken.

In Bergsteigerkreisen erregt der große Erfolg Aufsehen, am grünen Tisch reden sich ergraute Männer die Köpfe heiß: das kann kein gutes Ende haben mit der unvernünftigen Jugend, die Draufgänger; unsere Zeit, das war noch eine – die Jungen haben keine Ehrfurcht mehr vor dem Berg. Aber Horeschwosky will nichts wissen vom grünen Tisch, in seinem Bergsteigerdickschädel steckt ein Ziel – das Matterhorn.

Um sich noch besser vorzubereiten für das große Unternehmen, wird zuvor die Montblanc-Gruppe aufgesucht. Mit ihm ist der etwas ältere Franz Piekielko aus Wien. Auf den kann man sich verlassen. Er ist willensstark, ein guter Kerl, sorglos, ein Genießer. Ende Juli meistern die beiden den langen Peutereygrat am Montblanc – vier Nächte am Berg –, Kälte, Sturm, Nebel, Schnee. Wenige Tage später werden die Gipfel des Grandes Jorasses überschritten. Wieder ein Biwak. Dann treffen sie in Zermatt ein. –

Im Dorf herrscht Hochbetrieb, das Wetter ist schön. Die Führer reden über den Erfolg der Schweizer Alfred Zürcher und Walter Risch – die 900 Meter hohe Nordkante des Piz Badile im Bergell ist von ihnen bezwungen worden. Es wird Zeit für Horeschowsky und Piekielko.

Zeit haben sie freilich genug, denn in Österreich herrscht Arbeitslosigkeit, nur Geld haben sie nicht viel. –

In der Hörnlihütte weilen mehrere Seilschaften, die morgen den Hörnligrat angehen wollen. Es wird nicht viel geredet. Der Rucksack ist gepackt: 30 Meter Hanfseil, 20 Meter Reepschnur, 2 Paar 10zakkige Steigeisen, 3 Felshaken, 2 Eispickel, 1 Biwaksack, das ist die Ausrüstung. Eishaken gibt es noch keine, auch keine Bergschuhe mit weichen Profilgummisohlen, nur genagelte.

Der 12. August, ein ereignisreicher Tag bricht an. Um fünf Uhr verlassen sie die Hörnlihütte. Für die ersten drei Seillängen, etwa neunzig Meter, wird noch der Hörnligrat benützt. Dann wenden sich die beiden Wiener nach rechts und gewinnen immer mehr Nordwand-Gelände. So braucht der gefährliche Eisabbruch des Firnplateaus am Fuße der Wand nicht bewältigt zu werden. Ein Zeichen der Vorsicht. Aber die vereisten Felsen, auf denen die zwei Meter für Meter nach rechts queren zum Einstiegsfeld, haben es auch in sich. Neuland. Kein Mensch war vor ihnen dort. Keine Beschreibung weist den Weg. Das ist das Große für sie, und dafür ist kein Einsatz zu hoch, nur das Leben. Das Leben ist zu wertvoll, es will mit so erregenden Stunden bereichert werden. Kalte Schatten liegen über der Wand. Noch ist alles still. Kein Laut, kein Stein. Eine bedrückende Ruhe. Allein das Rieseln der ausgeschlagenen Eissplitter ist zu hören, nur ganz kurz, bis sie unten im Bergschrund verschwunden sind.

Quergänge sind immer unangenehm und mühevoll, besonders an brüchigem, vereistem Fels. Horeschowsky und Piekielko sind froh, endlich das Eisfeld unter sich zu haben. Aber es ist beängstigend steil – 55 Grad. Doch hier ist Horeschowsky nicht allein. Hinter ihm steht der Kamerad, bereit, alles mit ihm zu teilen. Das ist ein herrliches Gefühl. Franz Piekielko würde einen Sturz kaum halten können. Wenn Alfred steigt, läßt er zwar das Seil sichernd über eine Schulter gleiten, aber Sturz darf es keinen geben; er wäre für beide das Verderben. Wenn das Seil zu Ende ist, hackt Horeschowsky einen dürftigen Standplatz aus dem Eis, legt das Seil um Hüfte und Schulter, sichert.

Das Eis ist zu hart, als daß der Pickel tief genug eingerammt werden könnte, und Eishaken gibt es keine. Bei dieser rein moralischen Sicherung muß jeder Schritt durchdacht sein, sonst ist die Katastrophe da. Schräg rechts aufwärts gewinnt die Seilschaft langsam an Höhe. Die Dent Blanche, das Obergabelhorn und Zinalrothorn leuchten in der prallen Morgensonne. Für die beiden in der Nordwand gibt es keine Sonnenwärme, um sie herrscht eintöniges, kaltes Grau; alles ist starr vor Kälte. Vierhundert Meter sind sie über dem Bergschrund. Der Übergang zwischen Eis und Fels fordert ganze Arbeit. Das hier besonders dünne Eis ist spröd. Fels, endlich. Sie stehen vor einer steilen Rippe, die in etwa 3800 Meter Höhe ansetzt, und sehen in ihr die beste Möglichkeit des weiteren Fortkommens. Aber die nach unten geschichteten Felsplatten trügen, sie sind nur vom Frost angeklebt und müssen angefaßt werden wie rohe Eier. An ihr stellen die beiden unter Beweis, daß sie der großen Aufgabe gewachsen sind.

Wie ist das Klettern hier doch anders als in den heimatlichen Gesäusebergen, die wohl mit prallen Wänden gewappnet sind, beängstigend steil, aber doch überwiegend mehr mit technischem Aufwand bewältigt werden können. Hier will alles überlegt sein. Die dachziegelartige Rippe verliert sich bald. Die beiden werden nach rechts abgedrängt. Dann nimmt sie das steile, schwierige, völlig vereiste Schrägcouloir auf. Es verlangt ganzen Einsatz. Noch ist alles ruhig um sie. Das Tal liegt friedlich unter ihnen im Sonnenglanz. Zermatts Häuser nehmen sich nur noch als winzige Würfel aus. Schon hundert Meter sind dem Schrägcouloir abgerungen, da wird die Wand lebendig. Der obere Wandteil bekommt seitlich Sonne, nur wenig, aber die Erwärmung genügt, um die auf Bändern liegenden Steingeschosse vom Frost zu befreien. Horeschowsky und Piekielko wissen das und lassen größte Vorsicht walten. Vorsicht nützt aber bestenfalls für einzeln stürzende Steine, in großem Steinschlag kann man sich nur aufs Bergsteigerglück verlassen; die Sturzbahnen sind unberechenbar. Horeschowsky hatte sich das Aufwärtssteigen etwas anders vorgestellt, richtiges Klettern. Das hier ist mehr ein Schleichen, ein Dahinschwindeln auf glasigem Eis. Die drei Felshaken, die sie bei sich tragen, kommen nicht in Aktion; die feinen Risse im Fels sind von Eis bedeckt. Das ist zermürbend. Plötzlich ein Krachen von oben. Es nähert sich rasend schnell! Steine! Ein Toben um die zwei kleinen Gestalten, die sich, voneinander getrennt, an den Fels pressen. »Franz!« ruft Horeschowsky in Sorge um Piekielko – überall schlagen die Steintrümmer ein. Es stinkt nach Schwefel.

Diese Luft wird gehaßt von den Bergsteigern. Sie läßt an das Verderben denken. Die zwei sind mitten in der Wand, die kein Mensch kennt. Totenstille. Wie lange? Dann pfeifende Nachzügler. Keine Ruhe tritt mehr ein. Höchste Gefahr. Es gilt zu handeln! Hinauf? Eine schwere Frage, die nicht allein gezieltes Denken entscheiden kann. Der Instinkt, das bergsteigerische Einfühlungsvermögen geben den letzten Ausschlag. Horeschowsky und Piekielko sind sich einig: zurück.

Ein harter Entschluß, den großen Wunsch, dem so lange schon ihr Denken und Hoffen gilt, nicht erfüllen zu können. Aber das Leben, für das sie eine Verantwortung zu tragen haben, ist wichtiger, wertvoller. Fünfhundert Meter unter dem Gipfel. – Immer noch vom Steinschlag bedroht, steigen die beiden, entmutigt, im Schrägcouloir ab. Aber nur ein Stück, dann verlassen sie es nach links, in Richtung Hörnligrat. Gerade hinunter wäre es wegen des Steinschlags zu gefährlich. Die Hölle. Steilstufen und brüchige Rinnen leiten schräg nach links hinaus zum Grat, den sie bei der Solvayhütte erreichen (17.30 Uhr).

Zwölf Stunden hatte sie die große, dunkle Wand in ihrem Bann. Erleichtert schauen sie zurück, hinüber; ihre Umkehrstelle befindet sich etwa in gleicher Höhe wie die Solvayhütte, die ihnen erholsame Unterkunft bietet. Das Ende eines großen Abenteuers, unnütz wohl, wie alles Bergsteigen für die Umwelt keinen sichtbaren Nutzen bringt, kein Ergebnis, das registriert oder bewertet werden könnte.

Allein in den Menschen, die unermeßlichen Einsatz wagen und alle Entbehrungen ertragen, um das herrliche Unnütze zu erleben, bleibt etwas haften. Das Schreckliche allen Geschehens fällt ab, zurück bleibt die Erinnerung an prickelndes, abenteuerliches Erleben, das später, im Tal, den Alltag aufzuhellen vermag. –

Alfred Horeschowsky und Franz Piekielko erwachen am nächsten Morgen in der Solvayhütte nicht als die Geschlagenen, als Verlierer, und sie waren auch nicht angetreten, den Berg über seine dunkelste Wand besiegen zu wollen. Wenn auch ernst und hart, es war für sie ein Spiel von Geist, männlicher Kraft, Mut. –

Am frühen Morgen schon treffen die Führerschaften ein, es gibt »eine lustige Auseinandersetzung mit den Führern«. Aus der Nordwand? Ja. Hm, den Führern nach hat das ja auch nicht gut ausgehen können. Die Nordwand von *ihrem* Horn, unmöglich, ein klägliches Unterfangen angesichts dieser riesigen Aussichtslosigkeit!

Horeschowksy und Piekielko lachen, sind weg. Daß sie über den Hörnligrat nicht absteigen, sondern bereits nach zweieinhalb Stunden den Gipfel erreichen, spricht für ihre Leistungsfähigkeit! Damit aber nicht genug: Nach einer prächtigen Gipfelstunde turnen die beiden ein Stück den Liongrat hinab, queren auf der »Galerie Carrel« die obere Westwand, steigen über den Zmuttgrat ab, sind nachmittags in Zermatt. Horeschowsky hat den Nimbus der Wand stark erschüttert und die Aussichtslosigkeit klein werden lassen, überzeugt, daß die Wand zu durchsteigen ist: »Ich hatte damals schon die Gewißheit, daß die

Nordwand keine unüberwindlichen Schwierigkeiten mehr haben kann, wenn halbwegs normale Verhältnisse herrschen. Leider war es mir in den darauffolgenden Jahren, teils aus beruflichen Gründen, teils aus Wetterungunst nicht mehr gegönnt, die Wand vollständig zu durchsteigen.« Horeschowsky, der fünf Jahre darauf den Anden-Sechstausender Chearoco (6250 m) erstmals besteigt, gründet in Wien eine »Berg- und Ski-Sporterzeugung«; so gibt er seine Erfahrungen in die Hände der jungen Bergsteiger-Generation. Mit Alfred Horeschowsky korrespondiere ich noch 1976; er schreibt, daß Franz Piekielko in den siebziger Jahren verstorben sei.

Die kühne Erkundung

Nach dem Ersteigungsversuch der beiden Wiener ist es um das Matterhorn ruhig geworden, obschon sonst im Alpenraum begeisternde Ereignisse zu verzeichnen sind. Welzenbach und Rigele meistern den Eispanzer der Wiesbachhorn-Nordwestwand und wenden erstmals den Eishaken erfolgreich an.

Damit eröffnen sich neue Möglichkeiten im steilen Eis. In den Dolomiten wird von Rossi und Simon die düstere Nordwand des Pelmos bezwungen; im Berner Oberland die mächtige Lauterbrunner Breithorn-Nordwand durch Chervet und Richardet. Es wird Großes gewagt. Deshalb erklärt Papst Pius XI. den heiligen Bernhard von Menthon zum Schutzheiligen der Bergsteiger (1924). Sogar steilsten Fels- und Eiswänden wird das ›unmöglich‹ entrissen. Im Kletterdorado Wilder Kaiser gelingt es Roland Rossi und Fritz Wiessner, den hellgrauen Plattenschuß der Fleischbank-Südostwand zu bewältigen, und zwar mit modernster Seiltechnik. Der westliche Nachbar des Matterhorns, die Dent d'Hérens, wird von den Deutschen Welzenbach und Allwein über die Eisabbrüche der Nordwand erstiegen (1925). Der SAC hat in seinen 102 Berghütten einen Besuch von 52 000 Touristen zu verzeichnen. Die Engländer Smythe und Brown eröffnen an der gewaltigen Brenvaflanke des Montblanc einen schwierigen und gefährlichen Anstieg über die »Sentinelle Rouge«.

Die Nordostwand des Lyskamm-Westgipfels (bei Zermatt) wird von Blanchet mit den Walliser Führern Mooser und Aufdenblatten durchstiegen (1927). –

Und immer noch lockt die Nordwand des Matterhorns. Auch wenn von 1923 bis 1928 keine ernsthaften Versuche bekanntgeworden sind, so spukt sie doch in den Köpfen der leistungsstarken Alpinisten herum. Ein Phänomen: Die Bergsteiger wissen um die Schwierigkeiten und Gefahren in dieser Wand, kommen aber nicht von ihr ab, gleich Fliegen, vom Licht angelockt. Und befindet man sich endlich in der Wand, bricht die große Enttäuschung über sie herein: ihr unmittelbarer Bereich ist nicht schön genug, um begeistern zu können;

Eintönigkeit. Mehr wohl die hinreißende Schönheit des Berges wirkt anziehend, auch für die schattigste Seite. –

In Täsch, dem kleinen Dorf vor Zermatt – es wird sich in den siebziger Jahren zu einem Riesenparkplatz entwickeln –, haben zwei junge Führer durch eine Reihe von außergewöhnlichen Unternehmungen von sich reden gemacht: Kaspar Mooser und Victor Imboden. Sie tanzen aus der Reihe, denn sie begnügen sich nicht allein mit normalen Matterhorn-Führungen. Besonders Kaspar Mooser, ein ruhiger, liebenswerter Kerl. Im Rund der Zermatter Berge ist sein Name nicht mehr wegzudenken. Mit seinem Herrn Emile Robert Blanchet, von Beruf Musiker, konnte er bedeutende Erfolge verzeichnen. Mooser hat bewiesen, daß nicht immer die ausländischen Führerlosen kommen müssen, um große Probleme an seinen heimatlichen Bergen zu lösen. So hat es auch ihm die Nordwand des Matterhorns angetan. Eine ernsthafte Erkundung soll es zunächst sein. Angeschaut hat er sich die Wand mit dem Fernglas lange genug. Aber die Entfernung kann trügerisch sein, das weiß Mooser, der Initiator des Unternehmens. Er will nicht in den Spuren von Horeschowsky und Piekielko einhergehen, obschon er dort eine natürliche Aufstiegsmöglichkeit vermutet. Nein, er will den Wandabbruch weiter rechts, mehr östlich, nahe dem Zmuttgrat kennenlernen. Dort ist die Wand zwar bedeutend steiler, aber der Struktur nach ist mit weniger Steinschlag zu rechnen. Angesichts dieses Vorteils sind größere Schwierigkeiten sehr wohl in Kauf zu nehmen. Und die Linienführung der Route, sie wäre gerader, direkter, schöner. Warum nicht? Seit Horeschowsky sind fünf Jahre verstrichen, die Ausrüstung hat einige Neuerungen erfahren. Das Material ist besser geworden.

Es ist bereits September, die Saison 1928 beginnt langsam abzuklingen. Kaspar Mooser und Victor Imboden verlassen um 5.30 Uhr die Hörnlihütte. In ihren schweren Rucksäcken sind 82 Meter Seil, Seilringe, verschiedene Haken, Hammer, Steigeisen, Pickel, 2 Kerzenlaternen, 2 Batterielampen, 1 Biwaksack, 1 Meißel und mehrere Holzkeile. Mooser und Imboden wollen es genau wissen, deshalb haben sie auch keine Scheu, im Notfall den Berg anzubohren, um sichere Haltepunkte zu schaffen.

Das ist neu und erhitzt die streitbaren Geister der Alten. Schon den Zugang zum Plateau am Wandfuß wählen die beiden Führer anders als Horeschowsky; mit weniger Mühe verbunden, schneller. Alles ist gut durchdacht. Nach einer knappen halben Stunde haben sie den östlichen Randabbruch des Plateaus unter sich. Der Zugang zum Wandfuß ist frei. Aber sie bleiben auf dem Plateau mehrmals stehen und schauen hinauf in die Wand, die dunkel vor ihnen aufragt. Den Gipfel vermögen sie nicht zu sehen, er wird von dem herausragenden Wandgürtel, über dem die Gipfelwand ansetzt, verdeckt. Und alles ist still um sie, auch die Wand, die oben den tiefblauen Himmel zu berühren scheint. Mooser und Imboden reden nicht viel. Wenn, dann belanglose Worte. Die Ernsthaftigkeit ihres Vorhabens wird sie ohnehin bald gefangennehmen. Und es ist gut, solche Stimmungen nicht in Worte zu kleiden. – Noch nicht einmal eine Stunde sind sie vom Plateaurand unterwegs, da ragt bereits die achtzig Meter hohe Eiswand, die den Auftakt des Steigens geben soll, vor ihnen auf. Die Eiswand, eine dünne Schneedecke tragend, endet an einem Felsvorsprung, der Mooser von seinen Beobachtungen her vertraut ist. Das Eis ist mindestens so steil wie jenes der Lyskamm-Nordostwand, die Mooser mit Blanchet ein Jahr zuvor kennengelernt hatte; etwa 57 Grad. Ein kleiner Ausrutscher bedeutet Absturz. Sie steigen ein.

Unten in Zermannt nimmt das bunte Leben einen geregelten Lauf. Nur wenige wissen von den zwei Männern im Bereich der Nordwand. Das ist gut. Die meisten hätten kein Verständnis für das Wagnis.

Mooser und Imboden beginnen mit dem Aufstieg. Jede ihrer Bewegungen zeugt von Können und Erfahrung, auch wenn sie nur langsam an Höhe gewinnen. Die Zmuttzähne, die rechts oberhalb den Horizont bilden, werden kaum merkbar niedriger; ein sicherer Maßstab. Zwischen ihnen und den Zmuttzähnen gähnt der Auslauf des steinschlagbedrohten Couloirs, das unter der Zmuttnase entspringt. Deshalb dürfen sie nicht zu weit nach rechts kommen, dort lauern zu große Gefahren. Nach der Eiswand nimmt sie eine hundert Meter hohe Felszone auf. Die Felsen sind zwar aper (schneefrei), aber denkbar schlecht geschichtet: nach unten, und brüchig dazu.

Dann folgen abschüssige, mit Schnee bedeckte Bänder, furchteinflößende Ausgesetztheit. Sie wird wegen der geringen Sicherungsmöglichkeiten von Seillänge zu Seillänge beängstigender. Auch die beiden Führer machen mit einer dachziegelartigen Plattenflucht Bekanntschaft. Auf ihr liegt eine dünne Schneeschicht. Der Schnee erweist sich wohl vorteilhaft, aber er birgt die Gefahr, im Ganzen abzugleiten, weshalb sich die Seilschaft mit äußerster Vorsicht auf ihm bewegen muß. Von Sicherungsplätzen, auf denen die Rucksäcke abgelegt werden und die beiden ausrasten können, kann nicht die Rede sein. Die Folge des Ablaufs ist zermürbend, weder Ruhe noch Rast.

Die Wand wird steiler. Dort oben muß ein Band sein! vermuten

Zmuttnase

Liongrat

Zmuttzähne

Zmuttgrat

Hörnligrat

Bergschrund

Firnplateau

Mooser und Imboden. Sie plagen sich hinauf zu jenem Punkt, aber Band ist keines da. Enttäuschung. Der Tag geht zur Neige, die Anstrengungen der langen Stunden lassen die beiden noch langsamer werden. Etwa 450 Meter unter ihnen ist der Bergschrund nur noch klein ausnehmbar.

In den abgelaufenen zwölf Stunden gab es für sie nichts als Gefahr, Anstrengungen, Entbehrungen. Aus dem Nikolaital kriechen die Schatten der Nacht, es wird kälter, ernster. Endlich sehen sie über sich das rote Band: an ihm hängt die Hoffnung der beiden, auf ihm werdern sie rasten und eine bequeme Nacht verbringen können. Es ist sonderbar, wie am Berg schon eine bestimmte Felsstruktur den Alpinisten zufrieden und glücklich machen kann. Ein rauher Erdenwinkel, den Menschen im Tal kaum beachten würden; sie haben besseres, etwa ein Bett, ein warmes Zimmer, aber sie kennen auch nicht das glückliche Hoffen für einen kleinen Platz nur. Da erst lernt man das Leben schätzen! Das rote Band. Kaspar Mooser weiß noch genau, wie er es von Staffelalp und vom Obergabelhorn aus durch den ›Spiegel‹, wie die Schweizer ein Fernglas nennen, wahrgenommen hatte. Und jetzt, wo er sich im aufkommenden Dunkel wenige Meter unter ihm befindet, quält ihn die Befürchtung, daß er sich getäuscht haben könnte. Er wagt es nicht auszusprechen, will Gewißheit haben und steigt weiter. Die einzige Chance zum Biwak.

Wenig später erdrückt ihn die vernichtende Feststellung, die Aussichtslosigkeit: kein Band, kein Vorsprung, nicht einmal eine schmale Leiste ist vor ihm, nichts, nur die aufgestellte braunrote Masse Fels. Imboden hört das, sagt nichts, aber keiner weiß, wie es in dem tüchtigen Führer aussieht. Das rote Band ist nichts anderes als ein Felszwischenlager, das sich allein durch die andere Farbe vom übrigen Gestein abhebt.

Die Hoffnung der beiden ist zerschlagen, Resignation ergreift von ihnen Besitz, denn alles ist umsonst. Übrig bleibt eine bleierne Müdigkeit, fast Mutlosigkeit und das Zurück. Ein Rückzug aber setzt weitere Härte, Mut und Gewissenhaftigkeit voraus. Mooser und Imboden steigen in der Dunkelheit fünfzig Meter ab. Dann gedenken sie auf Vorsprüngen, die kleiner als Suppenteller sind, die Nacht zu verbringen, stehend, nur an einem Haken gesichert. Es scheint, als stünden sie frei im Raum.

Wie klein ist doch die Welt um sie geworden! Die wenigen Eingeweihten in Zermatt wissen nichts über die Einzelheiten in der Wand, auch nichts von dem bereits begonnenen Rückzug. Victor Imboden holt seine Batterielampe aus dem Rucksack, entzündet sie, um besser hantieren zu können – aber sie rutscht ihm aus der Hand. Ganz nahe nur ein kurzer Aufschlag, dann ein weiter und schneller Sprung des Lichts in die Tiefe, immer noch brennend, bis es der Bergschrund schluckt. Gewiß, die Lampe selbst ist für die beiden kein allzu schmerzlicher Verlust. Aber ihr Sturz zeigte den haltlosen Abgrund an, die Linie eines eventuellen Sturzes, schrecklich genug. Ob die stürzende Lampe von unten gesehen werden konnte? Mooser und Imboden wissen es nicht. Wenn ja, werden die Zermatter Führer morgen aufbrechen, ihre vermutlich toten Körper im Bergschrund zu suchen. Dunkle Gedanken.

Vom Zmuttgrat her pfeift ein scharfer Wind, Kälte. Die beiden Führer wollen den schützenden Biwaksack überziehen, eine ungeschickte Bewegung, weg ist er. Nun stehen sie da mit starren Fingern, ihr naß gewordenes Lodengewand ist mit einem Blechanzug vergleichbar. Sie stehen da und warten in die Nacht hinein, über ihnen der aussichtslose Berg, der weite Himmelsbogen, an dem keine Sterne mehr leuchten, nur Blitze zucken in der Ferne auf. Und unter ihnen der Abgrund. Minuten werden zur Ewigkeit.

Eine Nacht, in der die beiden Männer nichts von dem empfinden, was die Verfasser von Bergbüchern als wildschöne Biwakromantik mit verlockenden Worten beschreiben. Ihre Situation ist so unromantisch, daß sie es zweieinhalb Stunden nach Mitternacht vorziehen, die Suppenteller zu verlassen, gleichgültig, welche Überraschungen der Abgrund für sie bereit hält. Victor Imboden bindet die zweite Batterielampe an einem Bein fest, eine Kerzenlaterne hängt er sich an die Körpervorderseite; in dem Licht mutet die nähere Umgebung fast gespenstisch an. So aber kann der zuerst absteigende Imboden wenigstens die nächsten Meter in die Tiefe erkennen.

Der Abstieg verläuft zwar nicht schnell, aber er macht die beiden wieder warm, und das ist viel wert. Nach jeder Seillänge die gleiche Arbeit: es muß ein sicherer Haken angebracht oder ein fester Felsvorsprung gefunden werden, um an dem fixierten Doppelseil hinabzugleiten. Ein einziger Haken trägt jeweils die ganze Körperlast. Da müssen die Haken einwandfrei geschlagen sein; das Abseilen ist immer gefährlich, wo es auch sei. Und wo sich für den Haken keine geeignete Felsritze findet, wird ein Loch gebohrt.

Das ist eine anstrengende Arbeit: den vierkantigen Meißel auf den Fels gesetzt, ihn nach jedem der ungezählten Hammerschläge leicht drehend, entsteht das erforderliche Loch für den Holzdübel, um den das Seil gelegt wird. Drei Abseilfixpunkte müssen auf diese zeitraubende Weise geschaffen werden. Die steifgewordenen Hanfseile bereiten böse Überraschungen, bleiben hängen. Also muß einer zurückklettern, um sie aus der Verklemmung zu befreien. Nach zweieinhalb Stunden ist der aufregende Abstieg hinter ihnen.

Zurück bleiben fünf Seilringe, drei Haken, drei Holzdübel in geborten Löchern. In der vierten Nachmittagsstunde erreichen Mooser und Imboden die Hörnlihütte. Nicht erschöpft, aber die Strapazen stehen noch in ihren Gesichtern: 33 Stunden waren sie von der Hütte weg, davon 28 Stunden in der Wand. Wenig später setzt Unwetter ein – das Glück stand auf ihrer Seite, bis zuletzt, auch wenn das Wagnis, die Erkundung, nur Enttäuschung einbrachte.

*

Kaspar Mooser und Victor Imboden waren ihrer Zeit um fast vierzig Jahre voraus. Ihre Route wird erst 1965 vollendet. Von Walter Bonatti im Winter, allein. Mooser und Imboden verbrachten ihre erste Nacht in gleicher Höhe wie Bonatti seine dritte.

Die Eroberung

Im süddeutschen Raum besteht ein Kreis von Männern, die Jahr für Jahr Großes in den Bergen leisten; Alpinisten, deren Unternehmungen von den alpinen Chronisten nicht übersehen werden können. Zu ihnen gehören Allwein, Bechtold, Brehm, Ertl, Göttner, Heckmair, Hinterstoissner, Maduschka, Merkl, Paidar, Peters, Rittler, Schmaderer, Franz und Toni Schmid, Sixt, Solleder, Steinauer, Stösser, Vörg, Welzenbach, um nur einige zu nennen.

In den Alpenvereinen, deren Ausgangsziel die Erschließung der Ostalpen war, erkennt man die Gefahr der weiteren Entwicklung, so wird der Schutz des Ödlands beschlossen (1929). Im gleichen Jahr werden vierzehn neue Hütten gebaut. Neue Hütten ziehen noch mehr Menschen an. Unberührte Bereiche finden die jungen Bergsteiger nur noch in senkrechten Abbrüchen aus Fels und Eis. In den Dolomiten etwa am gewaltigen Marmolata-Südpfeiler, den die Italiener Micheluzzi und Peratoner meistern (1929); am Matterhorn die Westwand, Nordwand, Ostwand, Südwand. Neuland genug, könnte man glauben. Aber es sind Probleme, an denen die Begeisterung der stürmischen Jugend allein nicht sehr viel auszurichten vermag; sie setzen großes Können und langjährige Erfahrung voraus.

Der nächste Erfolg am Matterhorn ist in der steinschlagbedrohten Westwand, 1400 Meter über dem Tiefmattengletscher aufragend, zu verzeichnen. Der bis dahin völlig unbekannte Wiener Fritz Herrmann steht am 17. Juli 1929 am Wandfuß, rechts von Mummerys und Penhalls Einstieg (1879), dort, wo der häufigste Steinschlag auftritt. Herrmann besitzt weder Steigeisen, noch Haken oder Seil, nur einen alten Pickel! Und er kommt durch. Vierhundert Meter unter dem Gipfel verbringt er die Nacht, sogar schlafend, und steht im Sonnenglanz des nächsten Morgens auf dem Gipfel, eine Leistung, die als ganz hervorragend zu bezeichnen ist.

Das Bergglück steht nur noch ein Jahr auf der Seite des jungen Wagemutigen: am 26. Juli 1930 behält ihn das benachbarte Zinalrothorn. – Zur gleichen Zeit etwa wird von Welzenbach und Tillmann die eindrucksvolle Nordwand des Großen Fiescherhorns im Berner Oberland durchstiegen. Die dunkelsten Nordwände werden reif. Und es ist schön, das Pläneschmieden, herrlich! Der besonnene Paul Hübel, der unter Münchens Bergsteigern schon zu den Älteren gehört, hat den Jungen tüchtig eingeheizt beim Pläneschmieden: Matterhorn-Nordwand, sie ist fällig, reif, das liegt in der Luft. Um Paul Hübel scharen sich die Brüder Franz und Toni Schmid, Friedl Brandt und Hans Ertl, die zusammenhalten wie Pech und Schwefel, von gesunder Rivlität angestachelt.

Am 21. Juli 1931 wird in der Münchner Daiserstraße gerüstet. Geld haben die vier Bergvagabunden nicht viel – über fünf Millionen Menschen sind in Deutschland ohne Arbeit –, aber jeder von den vieren nennt ein Fahrrad sein eigen. Das ist viel. Und das Zeug, das auf den Tretmaschinen verstaut werden soll, ist umfangmäßig auch nicht ärmlich. Die Fahrräder sind voll bepackt. Zelte, Seile, Haken, Steigeisen, Kocher, Pickel. Im Herzen tragen sie eine unendliche Begeisterung, richtiges Feuer. Sie müssen sich beeilen, denn die Hundertmarksperre droht, dann wäre alle Vorfreude umsonst. Also wird bis an die Schweizer Grenze der Zug benützt, um dann auf der Straße mit eigener Kraft loszulegen, voll Übermut. Sie schlagen den Strapazen ein Schnippchen und spielen ›Tour de Suisse‹.

Hans Ertl, der einfallsreiche Dreiundzwanzigjährige mit dunklem Haar ist das Straßenaß Bulla, dem die anderen nachzujagen haben. Die Stationen der neuartigen ›Tour de Suisse‹ sind St. Gallen, Luzern, Brünigpaß, Meiringen, Grimselpaß, Rhônetal. Als sie das Nikolaital betreten, haben sie genug von den Aufregungen: Schlauchflicken und Zusammenstöße sorgen ausreichend für Abwechslung.

Und dabei waren ihre Gedanken stets um viele Kilometer voraus, bereits im hintersten Nikolaital. Ertl, Brandt, Toni und Franz Schmid sind keine grünen Waghälse, die sich lediglich etwas in den Schädel gesetzt haben und es durchführen wollen auf Biegen oder Brechen. Ihre bisherigen Bergfahrten sprechen für sich. So kennt der zweiundzwanzigjährige Toni bereits die Totenkirchl-Westwand, Hochwanner-Nordwand, Civetta-Nordwestwand, die direkte Führe an der Lalidererwand als Erstbegehung, Großglockner-Pallavicinirinne.

Nicht anders ist es bei dem sechsundzwanzigjährigen Franz und dem siebenundzwanzigjährigen Friedl Brandt. Der besonnene Franz ist der erfahrenste unter ihnen; Toni, der schneidigste, mit liebenswertem Charme, dem man niemals böse sein kann – im Herzen ein lieber, unverbesserlicher Lausbub. Von seinen Kameraden wird er nicht selten

›Latschencasanova‹ angesprochen, wenn ihnen der lachende Blond-
schopf die saubersten Dirndln wegangelt. Aber ein ganzer Kerl, auf
den man setzen kann, was immer kommt. –

In Zermatt gibt es zunächst Ärger: hinten bei Winkelmatten wollen
sie die Zelte aufstellen, aber der Bauer verlangt für den kleinen Fleck,
auf der gemähten Wiese, fünf gute Schweizerfranken. Viel Geld. Die
Leute haben sich seit Edward Whympers Besuchen beachtlich umge-
stellt, wie man sieht. Der Toni weiß Rat, denn als angehender Cham-
pion in den Skiwettkämpfen der Viererkombination ist ihm die Zermatter Sprungschanze drüben am Waldrand nicht mehr unbekannt:
die Nacht vom 26. auf den 27. Juli verbringen die vier Münchner mitten auf dem Schanzentisch, völlig ungestört.

Am nächsten Tag schleppen sie die Zelte und das übrige Material hinauf zu den letzten Zirben bei Staffelalp. Da läßt sich's schon besser
hausen. Niemand will hier Geld, kein Mensch stört, und das Matterhorn ist ihnen Wächter.

Weiter oben lagern ihre Landsleute Leo Rittler und Hans Brehm, die
den Ankömmlingen in nichts nachstehen, auch nicht was den Ehrgeiz
betrifft. Rittler ist ein ausgesprochenes Talent, seine Erstbegehungen
haben einen guten Namen; Brehm war ein Jahr zuvor mit Ertl in der
Königsspitze-Nordwand am Seil. Keine Gruppe weiß von der anderen. Die erste Nacht in ihrem neuen Lager bringt Regen. Auch die
›Konkurrenz‹ kann nichts unternehmen.

Am nächsten Morgen starrt eine weiße Wand herab. Wenig Hoffnung. Was tun? Auch in Zermatt treiben sich Anwärter auf die Nordwand herum. Bei Staffelalp wird großer Kriegsrat gehalten. Der gesetztere Franz meint, daß man noch warten müsse. Damit ist aber der
spontane Toni nicht einverstanden.

»Wenn's nach mir gang, i tat auf der Stell' einirumpeln in die Wand!«
Franz schaut zur eisigen Wand hinauf und sagt: »Toni, du spinnst,
du bist ja narrisch – bei den Verhältnissen!«

Auch Friedl Brandt und Hans Ertl sind fürs Abwarten. Toni ist ent-
täuscht. In einer Verbitterung, die nur in dem begeisterten Toni so
schnell aufkommen kann, donnern die Vorwürfe:

»Ihr seid Feiglinge. Wozu sind wir wohl hergefahren? Zum Warten
und Zuschauen vielleicht?«

Da kommt ihm der Franz aber nicht weniger scharf: »Was verstehts
denn Ihr jungen Dutterer vom alpinen Gebirg!«

Die jungen Dutterer schauen sich in die struppigen Gesichter und hören weiter, daß die Wand in ihrem jetzigen Schneekleid nicht zu ma-

chen sei. Wirklich nicht? Toni nimmt die überlieferten Erfahrungen wohl auf, schenkt ihnen aber nicht viel Glauben rein aus seinem Instinkt heraus. Gut, dann wird eben noch etwas abgewartet. Hans Ertl und Friedl Brandt wollen vom Warten nichts wissen und entschließen sich für eine Übergangstour. Dent d'Hérens-Nordwand, sie gilt als schwierigstes Unternehmen im Eis der Walliser Alpen.

Sie gehen über den Zmuttgletscher in Richtung Schönbühlhütte. Dann werden sich Toni und Franz aber doch noch einig. Wenigstens das Lager soll ein Stück weiter oben errichtet werden, näher bei der Wand. Am Nachmittag steht das kleine Zelt nicht weit vom Matterhorngletscher weg auf den letzten Rasenpolstern.

Der Benzinkocher summt seinen heimeligen Ton, die Berge ringsum glühen im Abendrot, die Wand zeigt sich abweisend; nur ihr oberer Teil wird vom letzten Sonnenlicht erreicht. Aber als Ziel ist sie nähergerückt, sie fühlen es. Bald sind sie vom Dunkel der Nacht umgeben, ihr Schlaf ist ruhig. –

Am nächsten Tag (29. Juli) herrscht prächtiges Wetter. Um zehn Uhr brechen sie auf, um den Zugang zur Wand zu erkunden. Sie wählen nicht den vorteilhaften Weg, den Mooser und Imboden benützt haben, sondern steigen direkt über den Eisbruch hinauf zum Firnplateau. Eine mühsame, zeitraubende und gefährliche Arbeit. Je mehr sie sich der Wand nähern, je kürzer, gedrängter wirkt sie.

Aber dieses wechselvolle Bild ist bei anderen Wänden gleich, Toni und Franz kennen es. Und die Wand ist lebendig, die Erwärmung bringt den Neuschnee in Bewegung; Schneerutsche, gemischt von Eis und Steinen, rauschen und donnern herunter.

Dieser Anblick ist für die beiden nicht gerade ermunternd. Aber am Tag des großen Abenteuers muß das untere Wanddrittel zu dieser Zeit längst bewältigt sein, klar. Nach Erkundung des schwächsten Punktes in der breiten Oberlippe des Bergschrundes steigen Franz und Toni wieder ab zu ihrem Zelt. Die fünfte Nachmittagsstunde ist angebrochen. Morgen? Nein. Es ist besser, noch einen Tag zu warten, dann wird die Wand noch mehr vom Schnee befreit sein. Das Wetter schaut hoffnungsvoll aus. Ihre Nähe zum Berg, zur Wand läßt eine stärkere innere Beziehung entstehen, ein Gefühl, das für die notwendige Selbstsicherheit sehr ausschlaggebend ist. Ohne eine solche Beziehung ist man am Berg ganz allein auf Körperkraft und Wissen gestellt, und das ist für große Unternehmungen meist zu wenig. In entscheidenden Augenblicken braucht es mehr, das hat sich bei Horeschowsky und Mooser gezeigt.

Toni und Franz vertreiben sich den Tag mit herrlichem Faulenzen; die Ruhe vor dem großen Sturm. Am Nachmittag werden die Rucksäcke gepackt, alles übrige bereitgelegt: 2 gedrehte Vierzigmeterseile, 15 Eis- und Felshaken, Karabiner, 2 Paar zehnzackige Steigeisen, 1 Biwaksack; als Proviant etwas Brot, Speck, Dörrobst, einige Tafeln Schokolade. Das muß genügen. Und schon sind die Berge wieder in das wohltuende, rote Abendlicht getaucht. Das läßt gutes Wetter vermuten. Dennoch fühlen Franz und Toni eine drückende Unruhe, sie wälzen sich in ihren Schlafsäcken, aufgescheucht von dunklen Gedanken: Was wird morgen um diese Zeit sein . . . wo werden wir morgen schlafen? –

Ja, was wird morgen sein. Jeder Bergsteiger hat vor großen Fahrten diese Gedankenjagd ertragen müssen; in der Phantasie entstehen zuweilen schreckliche Szenen – meist ist es nur ein peinigendes Dahindösen. Besonders, wenn man neben sich nur den Kameraden weiß und sonst ganz allein auf sich gestellt ist. Ohne ruhigen Gegenpol. Aber auch das gehört zum weiten Bogen des Bergerlebens.

Eine halbe Stunde vor Mitternacht schrillt der Wecker. Etwas angeschlagen rekeln sich Toni und Franz aus den Schlafsäcken, die Nacht war zu kurz, zu unruhig. Draußen herrscht völlige Stille, nur im nahen Eisbruch kracht es ab und zu, wenn ein Turm einstürzt. Die Nacht ist mild. Föhn. Im Osten segeln einige Föhnfische dahin, sonst ist alles klar. Die volle Scheibe des Mondes erhellt die einsame Welt, nur die Wand und der Lagerplatz sind eingehüllt im Dunkel. Außer dem Vollmond sind die Wetterzeichen schlecht. Kalt müßte es sein, am nächtlichen Firmament sollten nicht so viele Sterne unklar flimmern. Aber sollen sie noch einen Tag zugeben? Nein.

Schnell haben sie alles angezogen, noch ein kleines Frühstück, der Appetit läßt zu wünschen übrig – dann sind sie bereit.

Um Mitternacht verlassen Toni und Franz das Zelt. Die erste Stunde des 31. Juli bricht an. Es soll ein großer, harter Tag für sie werden. Kaum ein Wort ist von den beiden auf ihrem Gang zur Hörnlihütte zu hören. Ihr Denken ist ausgefüllt von dem Ungewissen, das auf sie wartet, das sie erleben wollen. Um zwei Uhr betreten sie die Hörnlihütte, in der bereits Leben ist. Der Hüttenwart Kronig schaut überrascht auf die zwei Gestalten, die in den Raum treten, er ist beim Feuermachen. Hörnligrat? Nein.

»Bittschön, sagen S' den Leuten, sie sollen koane Stoana zu uns in d'Nordwand werf'n.«

»Nordwand? Ihr Herrgottskerle, potz Blitz!« bringt der hagere Kronig noch überrascht hervor, aber Toni und Franz sind weg wie ein kurzer Windstoß, draußen in der Nacht. Kronig hört noch kurz das Klimpern des Eisenzeugs, das Toni angehängt hat, mehr nicht. Diese Deutschen! Kronig, den nicht so schnell etwas aus der Ruhe bringt, hantiert umständlich an seinem Herd weiter, aber das Auftreten der beiden hat ihn doch etwas durcheinandergebracht.

Dann tritt er vor die Hütte, schaut nach dem Wetter. Gar so schlecht schaut es nicht aus, denkt er, für den Hörnligrat gut genug, aber für die Nordwand? –

Wenig später, am Beginn des Eisbruchs, legen Franz und Toni ihre Steigeisen an und verbinden sich mit einem der beiden Seile. Im Schein der Kerzenlaterne tasten sich die beiden durch den Bruch hinauf. Die Gegend ist ihnen zwar noch von der Erkundung her bekannt, aber gebrochenes Eis verändert sich schnell, sie müssen wieder suchen. Tiefe Spalten wechseln in rascher Folge ab mit einsturzbereiten Eistürmen. Immer wieder ist leises Krachen zu hören; das Geräusch der schwerfällig fließenden Eismasse. Auf dem Firnplateau des Matterhorngletschers angekommen, erlöscht die Kerzenlaterne, starke Föhnstöße jagen über die Fläche. Dann erreichen sie den bereits bekannten Lawinenkegel, über ihn den Bergschrund, von dem das Einstiegseisfeld als geschlossene Fläche steil nach oben strebt. Wieder wird die Laterne entzündet; die obere Wand des Bergschrunds glitzert zart in ihrem Schein. Völlige Stille. Die wenigen Worte, die Toni und Franz wechseln, beziehen sich auf das Technische und sind im Ton zaghaft, als wollten sie die große Ruhe nicht brechen.

Das Eisenzeug wird verteilt und das zweite Seil umgebunden. Zwei Hanfstränge machen Toni und Franz zu einer Einheit auf Gedeih und Verderb. Freilich ist das Seil neben seiner technischen Aufgabe nur das äußere Zeichen, das Symbol für die innere Verbundenheit. Jeder fühlt sich für den anderen verantwortlich. Und das ist schön, besonders dann, wenn es nicht dem Pflichtbewußtsein entspringt. Ganz zu schweigen vom Vertrauen zum andern! Jeder weiß, daß bei ernsten Unternehmungen am Berg Situationen auftreten, in denen nur auf das Vertrauen gesetzt werden kann. Etwa, wenn die Sicherung fraglich ist und der Sturz des Kameraden unweigerlich auch den andern mitreißt ins Verderben. Das wissen Toni und Franz nur zu gut. Toni wirft noch einen prüfenden Blick aufs Eisenzeug, auf die Gurten der Steigeisen, schaut zu Franz, der sagt: »Mach's gut.«

›Mach's gut, Toni.‹ Nur zwei Worte sind es, die den Toni bei der Überwindung des Bergschrundes begleiten, aber ehrlich und warm.

Vier Uhr vorbei, es wird Tag. Die Umrisse des Berges heben sich schon deutlich vom tiefblauen Himmel ab. Im Tal unten liegen noch dunkle Schatten. Die Eiswand, fünfzig Grad steil, gibt den Auftakt. Die scharfen Zacken der Steigeisen bohren sich knirschend ins Eis. Das Aufsteigen mit Steigeisen an den Füßen ist sehr anstrengend und bereitet in der Knöchelgegend geradezu Schmerzen, hervorgerufen durch starkes Abwinkeln des Gelenks: Das Körpergewicht hat möglichst senkrecht auf den Füßen zu lasten, die Steigeisen geben erst sicheren Halt, wenn hinreichend viel Zacken ins Eis dringen. – Tief ins Eis gegrabene Rinnen, die Toni überschreitet, zeugen von dem gefährlichen Steinschlag, der über ihnen lauert; sie lassen ihn daran denken, daß die Stille nur noch wenige Stunden anhalten wird. Diese schwere Last macht Toni und Franz zu rastlosen Menschen. Ohne auch nur eine Stufe ins Eis geschlagen zu haben, hört Toni von unten das mahnende Kommando:

»Seil aus!«

Fast vierzig Meter liegen zwischen Franz und Toni, ohne Stufen. Mit Stufen wäre das Steigen weit angenehmer, sicherer, aber das Stufenschlagen kostet viel Armkraft und Zeit. Zeit ist im unteren Teil dieser Wand ausschlaggebend fürs Gelingen, für Leben und Tod. Vierzig Meter Aufstieg bedeuten hier etwa zwanzig bewältigte Höhenmeter – zwanzig von zwölfhundert!

»Nachkommen!«

Toni hat eine Stufe ins Eis geschlagen, um einigermaßen gut stehen und Franz sichern zu können. Das Wort ist nur kurz zu hören, ohne Echo.

Franz kommt nach. Die erste Seillänge liebt kein Bergsteiger, denn man ist noch etwas hastig, noch nicht warm, der rhythmische Bewegungsablauf muß sich erst einfinden.

Franz sieht vor sich im Eis nur die kleinen Löcher von Tonis Steigeisen und Pickel. Kaum sind sie vereint auf der kleinen Stufe, da ist auch schon das verderbliche Zischen und Sausen zu hören: Steintrümmer jagen in weiten Sprüngen, knapp an ihnen vorbei, in die Tiefe. Ein scheußlicher Auftakt, jetzt schon, wo sich die Tageswärme noch gar nicht eingenistet hat. Völlig schutzlos sind sie an dem riesigen Eishang dem Steinschlag ausgesetzt; sie müssen ihn so schnell als möglich bewältigen – es beginnt ein Wettlauf um Leben und Tod. Nach acht oder neun Seillängen, die sie in monotoner Anstrengung hinter sich bringen, beginnt das Eis dünner und gefährlicher zu werden, da und dort treten abwärtsgeschichtete Felsrippen aus dem Eis. Toni weicht dem spröden Element aus und versucht sich an einer Felsplatte. Im Fels glaubt er schneller höherzukommen, Enttäuschung.

Das Klettern im Fels ist hier anders als im Wetterstein oder Karwendel, die Steigeisen hindern. Die Platte, die Toni anging, ohne Hakenrisse und Griffe, bringt ihn in eine böse Situation. Die Zacken der Steigeisen kratzen am Fels entlang, eine Hand sucht nach Halt – vergebens. Ist ihr Versuch schon hier zum Scheitern verurteilt? Tonis Blick löst sich von der grauen, kalten Felsplatte, wandert nach links, entlang der schattigen Wand – zum Grat, den das Morgenlicht mit einem Silbersaum geschmückt hat. Dort drüben auf dem Schweizergrat ist alles so einfach. Menschen! Richtig, einige Begeher des Hörnligrates sind gut zu sehen. Auch sie entdecken die beiden winzigen Gestalten in der riesigen Wand, die vor Eis und Kälte starrt. Toni und Franz hören ihre ermunternden Rufe. Das tut gut.

Sie fühlen sich in ihrem erregenden Abenteuer mehr gestärkt, angespornt. Von Toni ist stoßartiges Schnaufen zu hören; schnell einige exakte Bewegungen – ein Zacken seines rechten Steigeisens findet Halt – und endlich ist die Platte unter ihm: sie kostete wertvolle Zeit. In einer kleinen Kerbe stehend, läßt Toni den Bruder nachkommen. Franz darf nicht stürzen, sonst wäre ihr dunkles Ende besiegelt. Und Franz weiß das. Jede Bewegung ist gezielt, überlegt, sicher. Ein wunderbares Zusammenspiel von Können, Kraft und Umsicht.

Jetzt sind die Felsen auch noch vereist. Das erhöht die Schwierigkeit und Absturzgefahr.

Daß die Sicherungsmöglichkeiten immer mehr zu wünschen übriglassen, stört die beiden schon gar nicht mehr sonderlich. Sie sind sich der Folgen eines Sturzes voll bewußt. Aber sie sind jetzt schon weit mehr mit der Wand und ihren Tücken warmgeworden, es geht besser, trotz der geringen Sicherung.

Da unheilkündende Rot der Morgensonne haben sie wohl gesehen, aber ihre Aufgabe hatte sie so in den Bann gezogen, daß sie für alles, was außerhalb der Wand geschieht, kaum einen Gedanken aufbringen können. –

Sie müssen nach rechts. Der Wandaufbau zwingt sie hinüber zum Beginn des schwierigen, steinschlagbedrohten Schrägcouloirs.

Auf den Felsen der schwach ausgeprägten Wandeinbuchtung, das Verbindungsstück zum Couloir, haftet eine zehn Zentimeter dicke Eisschicht. Ohne Kerben ist in diesem steilen Eis nichts mehr auszurichten. Toni ist unermüdlich, Kerbe für Kerbe schlägt er aus der hohl tönenden Masse. Und Franz verfolgt jede kleinste Bewegung, auf alles

▲ 4477 m

Zmuttgrat

Gipfel-Wand

Schulter

Solvayhütte
4003 m

Schräg-Couloir

Furggengrat

Ostwand

Hörnligrat

Kombinierte Zone

Einstiegs-Eisfeld

Hörnli-Hütte
3260 m

Randkluft

Matterhorngletscher

gefaßt. Keiner von ihnen weiß, ob die aufliegende Eisplatte den Erschütterungen standhält. Die Spannung, das Ungewisse – fast unerträglich. Aber das Bergsteigerglück ist auf ihrer Seite, Toni erreicht die Felsrippe mit den Dachziegelplatten, mit denen schon Horeschowsky und Piekielko hart gerauft haben. Auf ihr klettern sie noch eine Seillänge aufwärts, dann übernimmt Franz die Führung. Eine Seilschaft, in der jeder etwa die gleiche psychische und körperliche Kraft besitzt und auch im Können keine zu großen Unterschiede auftreten, ist ideal und hat die meisten Erfolgschancen. Bei Toni und Franz ist es so. – Noch sechzig Meter nach rechts, dann stehen sie am Beginn des riesigen, dreihundert Meter hohen Schrägcouloirs. Aber um in den Grund des Couloirs zu gelangen, muß zuerst eine steile, sehr schwierige Felsstufe erklettert werden. Hindernis auf Hindernis. Ganz rechts, an einer Kante, finden sie den schwächsten Punkt und kommen höher. Und da erleben sie eine freudige Überraschung: ein Felsköpfl, ein kleiner Vorsprung, bis dahin das einzige Plätzchen, auf dem sie ausruhen können – herrlich. Franz und Toni nützen diese Gelegenheit, gut fünfhundert Meter über dem Bergschrund.

Ganz eng sitzen sie beisammen und schauen hinaus in die Welt. Da sehen sie erst die Wildheit und Größe ihrer nächsten Umgebung. Die Spalten im Bruch des Matterhorngletschers muten an wie ein kleiner, starr gewordener Wasserfall.

Noch weiter unten ein winziger, kaum erkennbarer Punkt, der nur den beiden etwas bedeutet:

»Dort, Franz, unser Zelt!«

Mehr als tausend Meter unter ihnen. Ein winziges Etwas nur in der Sonne. Ob Friedl und Hans schon zurückgekommen sind und bereits von ihrem Unternehmen wissen?

Nein, Ertl und Brandt können es noch nicht wissen. Denn zu gleicher Zeit etwa ringen sie mit den Schwierigkeiten der Dent-d'Hérens-Nordwand. Toni und Franz schauen hinunter nach Staffelalp und nach Zermatt.

Das Leben im Dorf hat nichts Außergewöhnliches zu verzeichnen. Es werden Souvenirs und viele Postkarten vom schönen Horn verkauft. Am Bahnhof stehen wie eh und je die Pferdedroschken, auf Gäste wartend.

Die zwei Deutschen in der Nordwand? Natürlich, sie sind im Gespräch. Aber die Meinungen und Diskussionen werden keineswegs hitzig ausgefochten, denn dort, wo sie jetzt sind, waren auch schon die beiden entschlossenen Österreicher Horeschowsky und Piekielko.

Nein, nein, so einfach geht das nicht mit der Nordwand – sonst wäre sie längst schon bezwungen worden, und zwar von Schweizern, meinen die Fuhrleute; sie wissen immer viel.

Die Bergführer im Dorf sind mit ihren Beurteilungen weit zurückhaltender. Die Namen der beiden Brüder, da und dort schon in den alpinen Zeitschriften aufgetaucht, sprechen für sie. Die Bergführer wiegen ihre Köpfe, schauen nach dem Wetter, machen das Gelingen von ihm abhängig. So ist es.

Auch Mattäus Kronig (in der Zermatter Familienstatistik ist sein Vorname mit »Matthäus« geführt, ich halte mich jedoch an den Mattäus, wie Kronig seine Briefe unterschrieb. Mattäus Kronig ist in der Hörnlihütte am 30. 7. 1962 einem Herzschlag erlegen), der gute Geist der Hörnlihütte, hängt solchen Gedanken nach. Er nimmt seinen Spiegel, steigt wenige Minuten hinauf zum Grat oberhalb seiner Hütte und schaut in die Wand. Er kann nichts sehen, das Eisfeld müssen sie bereits hinter sich haben, denkt er; das Schrägcouloir ist von dort nicht einzusehen. Der Wind ist gut, das Wetter wird heute noch halten. – Toni und Franz essen eine Tafel Schokolade, seit dem Verlassen ihres Zeltes die erste Nahrung.

Sie schmeckt!

Weiter.

Das Rasten in einer so mächtigen Wand ist wohl herrlich. Aber wenn man noch nicht einmal die Hälfte unter sich hat, ist zu wenig Ruhe da. Besonders dann, wenn das Kommende allein aus Ungewißheit besteht. Im Zentrum des Couloirs liegt Eis, links davon fast überhängender Fels, rechts schaut das Gestein etwas hoffnungsvoller aus.

Toni versteht, alle Vorteile für sich auszunützen. Einmal im Eis, dann wieder rechts im Fels. Kein Zwischenfall. Bis ihn die Freude am richtigen Felsklettern bezwingt und er sich links von der gutgriffig aussehenden Wand verleiten läßt.

Gleich nach der ersten Stufe sieht er sich vor senkrechten, abschüssigen Platten, die jegliches Weiterkommen aussichtslos machen. So gut ist bis hierher alles gegangen, wie am Schnürl, und jetzt dieser zeitraubende Verhauer, ärgerlich! In den hellgrauen Kalkwänden des geliebten Wilden Kaisers ist ein Verhauer nicht weiter schlimm. Aber hier, wo es auf jede Stunde angekommt, ist das anders, härter. Selbst das stärkste Mannsbild wird unruhig dabei. Und die innere Ruhe ist in der Nordwand alles. Toni muß sich mit einem raffinierten, gefährlichen Seilmanöver, mit Hilfe eines Seilquergangs, in den Grund des

Couloirs zurückarbeiten. Ein böses Zwischenspiel. Toni hofft, die verlorene Zeit durch schnelleres Klettern wettmachen zu können. Aber es wird ihm bald klar, daß die Wand mit ihren heiklen Schwierigkeiten solchen Ausgleich nicht zuläßt.

Jeder Meter verlangt ernsten Einsatz, auch von den Besten. Das Tempo bleibt gleich, nur langsam kommen sie höher. Nun haben sie wirkliches Neuland unter den Füßen.

Wer nicht selbst schon das Glück hatte, Neuland zu betreten, kann die Freude kaum ermessen. Und nicht allein Freude ist es, was in solchen Stunden empfunden wird, sondern gleichsam auch eine unendliche Kraft ergreift Besitz von den Bergsteigern, die sich in ein solches Neulandabenteuer einlassen.

Kraft die so vorantreibt, das Begonnene zu vollenden, das Problem zu lösen; Kraft, alle dabei auftretenden Strapazen und Entbehrungen auf sich zu nehmen – ohne Klagen, ohne sichtbaren Nutzen.

Weiterhin ist das Couloir, die eisgepanzerte Rinne ihre nächste Umgebung, die einzige Möglichkeit. Dreihundert Meter hoch. In den heimatlichen Bergen ist das schon eine Wand für sich, hier nur ein Teilstück, aber zweifellos das schwierigste – der Schlüssel für die obere Wand.

Toni und Franz klettern verbissen, mit ganzem Einsatz, die Schwierigkeiten und Tücken verlangen es so. Ihre Finger sind durch die dauernde Berührung mit dem Eis aufgeweicht, vom Fels wundgescheuert, sie bluten. Aber auch das ist zu ertragen, für Toni ist das nach seiner achtjährigen Bergsteigerlaufbahn nichts Neues. Das Denken konzentriert sich allein auf die Schwierigkeiten der nächsten Meter. Ein vereistes Band, das steil abbricht, weist nach rechts, dann die senkrechte, ebenfalls vereiste Abschlußwand des Couloirs, für die Franz und Toni fast zwei Stunden brauchen.

Endlich.

Das Couloir ist unter ihnen. Aber auch der Sonnenball hat seinen weiten Bogen schon durchmessen, der Abend naht. Und der Gipfel ist noch gut fünfhundert Meter über den beiden.

Die Wand ist hier etwas aufgegliedert, um so bedrückender wirkt der Abgrund. Links ziehen steile Eisrinnen zur Schulter des Hörnligrates hinauf. Dort oben hätten alle Mühen und Entbehrungen ein Ende. Aber Toni und Franz denken keinen Augenblick daran, nach links auszusteigen, obschon sie müde sind und abgekämpft. Sie wollen durchhalten und das einmal begonnene Unterfangen nicht mehr abbrechen, auf das sie sich so vorbereitet hatten. Auf der Schulter sind die letzten Seilschaften im Abstieg zu sehen. Es kommt eine Rufverbindung zustande:

»Wie geht's?« hören die beiden in der Wand.

»Alles wohlauf?«

»Braucht ihr Hilfe?«

Nein, Toni und Franz brauchen keine Hilfe, was nicht ausschließt, daß sie die auf dem Grat doch ein wenig beneiden, denn unten in der Hütte erwartet sie Bequemlichkeit, Erholung, alles, was nach einer anstrengenden Bergfahrt willkommen ist. Die Hörnligrat-Leute steigen ab, die zwei bleiben allein in ihrer Riesenwand zurück. In Franz und Toni nagt die Sorge um einen guten Biwakplatz, gepeinigt von Durst und Müdigkeit.

Sie steigen weiter, wollen das letzte Licht nützen. Um jeden Meter sind sie froh, den sie morgen nicht mehr überwinden müssen. Denn jetzt ist nur noch ein Wunsch in ihnen: hinauf, zum Gipfel, über ihn führt der Weg zu den Menschen, zu den Kameraden. Glasige Felsrippen und vereiste Rinnen bilden den Weiterweg. Nur schleppend kommen sie höher. Ihre Hanfseile sind durch Nässe und Kälte steif geworden, jede Handhabung ist mit großen Mühen verbunden. Im Tal liegen bereits die abendlichen Schatten. Es ist kalt geworden. Und noch immer haben sie keinen geeigneten Platz für die Nacht. Zermürbend. –

Die meisten Führer haben sich im Dorf eingefunden, denn morgen ist nicht nur Nationalfeiertag, sondern auch Sonntag. Vor dem Hotel Mont Cervin ist eine kleine Tribüne aufgestellt für die eidgenössischen Feierreden, die morgen zu erwarten sind. Auf dem Platz stehen auch die Führer mit ihren kantigen, windgegerbten Gesichtern beisammen. Ihre Bewunderung gehört mehr und mehr den beiden Münchnern in der Wand. Nur über das Wetter gibt es geteilte Meinungen – und vom Wetter hängt der Erfolg ab.

Auf dem Bahnhofplatz, wo die Fuhrleute und Hotelportiere den letzten Zug abwarten, geht es schon hitziger her. Die einen schwören auf ein Durchkommen, die andern sehen bereits das Verderben.

Paul Hübel und Hans Baumeister treffen sich mit anderen Berggeist-Kameraden im Dorf. Sie kommen vom Rimpfischhorn zurück und erfahren Einzelheiten über das Geschehen in der Nordwand. Sie sind zwar in Sorge, aber es ist noch kein Anlaß zur Besorgnis.

Paul Hübel, der Besonnene, wirft die Frage auf, was unternommen werden kann, wenn Franz und Toni in Not geraten. –

Ernste Not ist es nicht, in der sich Toni und Franz befinden. Nur die anbrechende Nacht, für die sie noch keinen geeigneten Platz gefunden haben, macht sie etwas mutlos. Nach solchen Anstrengungen hat man tiefes Bedürfnis nach Ruhe, Erholung.

Plattige Verschneidungen verlangen nochmals großen Kraftaufwand, wonach sie links einen kleinen verschneiten Felsvorsprung entdecken: auf ihn ist ihr ganzes Hoffen gerichtet. Nur sitzen, ruhen, vielleicht etwas schlafen, mehr wollen sie gar nicht. Einige Stunden nichts mehr wissen müssen von Schwierigkeiten und Gefahr.

Aber noch ist es nocht soweit. Sie haben Angst, sie könnten sich wegen des Vorsprungs getäuscht haben. Alles ist trügerisch in dieser Wand; Mooser und Imboden mußten das bei ihrem Versuch bitter erkennen. Das »Rote Band« war bloß andersfarbiges Gestein.

Sie müssen noch eine Wandstufe überwinden, um dann nach links zu dem Felsköpfl queren zu können.

Franz hat die Führung übernommen, Toni steht sichernd auf einem angefrorenen Felsblock, froh, nach dieser Seillänge allen Plagen ein Ende zu setzen; seit Stunden quälen ihn Hunger und Durst.

Da!

»Franz!«

Ein Krach.

Der Felsblock, auf dem er steht, bricht aus . . . Toni verliert den Halt . . . stürzt . . . der Block poltert in die Tiefe, macht einige Riesensprünge, verschwindet lautlos im Abgrund . . . Franz!

Franz hängt ungesichert in der Wand, unmöglich für ihn, den Sturz zu halten; er hat Mühe, durch den Schrecken sein eigenes Gleichgewicht nicht zu verlieren.

Ein Wunder: Toni erwischt im Sturz – das Gesicht gottlob zur Wand gerichtet – mit den Händen einen kleinen Vorsprung, packt in blitzschneller Reaktion zu, kann sich halten. Er muß sich halten, denn zwei Menschenleben hängen davon ab – das schlägt alle Müdigkeit in den Bann. Was sind schon Hunger, Durst und Abgespanntheit, wenn es gilt, sein und seines Bruders Leben zu retten!

Alles ereignete sich so erschreckend schnell, wenige Augenblicke nur, daß Franz erst jetzt, wo Toni an dem Vorsprung hängt, das ganze Ausmaß ihrer Lage erkennen kann.

Aber Franz verliert nicht die Nerven. Er denkt zunächst nicht, was passieren hätte können, wie nahe sie dem Verderben waren, sondern nur, was augenblicklich zu unternehmen ist.

Schnell improvisiert er eine dürftige Sicherung, um Toni aus der beängstigenden Lage zu befreien. Es gelingt.

Dann noch der kurze Quergang nach links zu dem kleinen Wandvorsprung, auf dem sie die Nacht verbringen wollen – nur ein Quadratmeter groß ist die Plattform, die zuerst vom Schnee befreit wird. Die neunte Abendstunde ist angebrochen, die Nadel des Höhenmessers zeigt auf 4150 Meter; mehr als vierhundert Höhenmeter ist der Gipfel noch entfernt.

Im letzten Licht werden Haken in den Fels geschlagen, denn es wäre zu gefährlich, hier oben die Nacht ohne Hakensicherung zu verbringen. Das Geschehene ist ihnen Warnung genug. Die Biwakvorbereitungen: Mit klammen Fingern müssen die gefrorenen Steigeisengurten gelöst werden. Das tut den Füßen gut, denn mit dem Einschnüren ist meist die Blutzirkulation behindert. Und endlich kann der schützende Biwaksack übergezogen werden. Die Hülle aus gummiertem Mosetigbatist, die den beiden ausreichend Platz gewährt, hat drei geschlossene und eine offene Seite. In kalten Nächten wird sie von oben nach unten gezogen, die offene Seite unter den Füßen, zusammengepackt, um vor Wind und Niederschlägen vollkommen geschützt zu sein. Und das ist nach solchen Stunden, wie sie Franz und Toni hinter sich haben, geradezu paradiesisch. Durch die Körperwärme entsteht eine wohltuende Innentemperatur, ja es muß sogar das kleine Luftloch geöffnet werden, um genügend Sauerstoff zu bekommen. Zur erträglichen Innentemperatur gesellt sich aber auch das häßliche Kondenswasser an der Innenseite des Biwaksackes; je größer der Unterschied zwischen Innen- und Außentemperatur, um so mehr Kondenswasser gibt es – ein Teufelskreis. Überall, wo die Hülle aufliegt, ist Nässe zu spüren. Jeder richtet sich für die langen Stunden der Nacht zurecht. Das Biwakeln, wie die Zünftigen sagen, ist eine besondere Kunst. Erstes Gebot: nicht aufgeregt sein. Am besten geht's, wenn nur immer einer tätig ist. Die Vorbereitungen verlangen ohnehin keine Eile, denn jede Stunde, die dafür verwendet wird, geht von der zermürbenden Wartezeit weg.

Toni und Franz holen ihren bescheidenen Proviant aus den Rucksäkken. Der Hunger ist groß, aber daß sie Appetit haben, ist ein gutes Zeichen. Sie dürfen berechtigt hoffen, morgen den Gipfel zu erreichen. Nein! Lieber nicht daran denken, an das Glück, an die Erlösung, die Entspannung – alles ist noch so fern, unwirklich. Was jetzt zählt, das ist die Nacht mit ihrem klaren Sternenhimmel und Frost, und die beißend kalten Windstöße, die, von der Zmuttseite herüberfauchend, am Biwaksack rütteln. Ihre Kleidung ist naß, teils gefroren. Von den Felsen, an die sie gelehnt sind, kriecht Kälte durch Biwaksack und Anorak, macht beide zittern. Wenn sie sich nur bewegen könnten, um warm zu werden, aber unmöglich. Überhaupt ein Glück, daß dieser kleine Platz gefunden wurde. Ab und zu schaut einer hinaus in die Nacht, hinunter ins Tal, wo die Lichter des Dorfes flimmern und Wärme vermuten lassen. Fern jeder Romantik dösen sie vor sich hin, Stunde um Stunde, zweieinhalbtausend Meter über dem Tal. Erfüllt von Hoffnung auf ein gutes Ende. –

Um die vierte Morgenstunde wird es hell. Toni und Franz sind starr vor Kälte. Nach einer Biwaknacht sind die ersten Stunden immer die schlimmsten, allein schon die vielen Handgriffe der Vorbereitungsarbeiten kosten große Überwindung, alles ist kalt und steif. Frierend sitzen sie im kalten Morgenwind. Das Wetter ist noch gut. Sie wollen zuerst die wärmende Sonne abwarten. Im Osten ist ein zarter, gelber Streifen am Horizont auszumachen, nur langsam wird er rot, dann endlich die erlösende Sonne; die ersten Strahlen erreichen die Nordwand – ein Geschenk für Toni und Franz. Die Temperatur steigt freilich nur kaum an, aber allein schon das Sonnenlicht empfinden sie als warm, befreiend. – Um sieben Uhr ist es soweit: alles eingepackt, die Fortsetzung des Abenteuers kann beginnen, muß beginnen. Lange genug sind sie jetzt in der Wand, sie sehnen sich nach dem Erfolg. Wieder sind die Steigeisen umgebunden, der Fels ist vereist.

Toni beginnt sich mit einer fast achtzig Meter hohen Rippe abzuplagen; die Anstrengung macht ihn warm. Dann löst ihn Franz in der Führung ab. Aber nach zehn Metern kommt Franz nicht mehr weiter; die vereisten Platten scheinen ihm unmöglich – kein Riß für Haken, kein Vorsprung. Oder gelingt es doch? Ja, einen Meter, dann ist Franz am Ende, es geht nicht mehr. Mit letzter Kraft kommt er noch zurück auf den kleinen Stand, mutlos, fast erschöpft.

»Wir kommen nicht weiter«, schreit er resigniert dem Toni hinunter, »wir müssen versuchen, den Schweizergrat zu erreichen!«

»Was? Jetzt willst du die Waffen strecken, so nah dem Ziel? Versuch's doch mit einem Quergang nach rechts, dort scheint ein Durchkommen möglich!« feuert ihn der Jüngere an.

Franzens Verzweiflung ist freilich nur eine augenblickliche Reaktion, wie sie oft in ernsten Situationen am Berg auftritt. In solchen Minuten will man die Worte des Kameraden, des Gefährten hören, denn sie tun gut, spenden Mut, Kraft.

Am Schweizergrat drüben war inzwischen eine Führerpartie aufgetaucht, die das Rufen zwischen den beiden hörte, denn kaum mehr als hundertfünfzig Meter liegen zwischen ihnen.

»Richtig!« ruft der Führer herüber, »dort, rechts von euch, bei dem rotgelben Fels ist ein Schneeband – es könnte möglich sein!« Der Führer hat einen besseren Überblick und bestätigte Tonis Vermutung. Franz hat seine alte Selbstsicherheit wiedergewonnen, er schiebt sich nach rechts. Gezielt schlägt er Stufe um Stufe ins Eis, um sicher über die steile Zone zu kommen: vier Stunden für sechzig Meter! Ihre ganze Aufmerksamkeit in dieser Zeit war auf die sechzig Meter gerichtet, die Veränderung des Wetters war ihnen entgangen. Erst jetzt, wo sie in Nebel gehüllt sind, erkennen sie ihre noch ernster gewordene Lage. Auch das noch! Aus der Ferne ist das tiefe Rollen des Donners zu hören. Heulender Sturm ist aufgekommen, er treibt ihnen Schneekristalle in die Gesichter, die ohnehin empfindlich geworden sind vor Kälte.

Ein Hochgewitter.

Die Gipfelwand ist sehr exponiert, ohne seitlich vorspringende Grate, völlig den Wetterunbilden ausgesetzt.

Abgestumpft im Empfinden, fast gleichgültig raufen Franz und Toni um ihr Leben. Ihre Hände sind bereits gefühllos, aber immer wieder müssen sie in den Schnee greifen. Die endlose Wand. Rinnen, Platten und Wandstufen, wenig vorspringende Rippen, und wieder Wandstufen und Platten, entmutigend, denn sie vermögen die Höhe, die sie gewinnen, nicht wahrzunehmen, der Nebel ist zu dicht. Dann Hagel und Schneetreiben, furchtbar. Aber was sollen sie tun? Verzweifeln? Es wäre ihr sicheres Ende. Um Hilfe rufen? Kein Mensch würde sie in diesem Inferno hören. Ganz allein auf sich sind sie gestellt, von ihnen selbst hängt alles ab. Das wissen sie. Von unten können sie längst nicht mehr beobachtet werden, der dichte Nebel verbirgt alles, gleich einem riesigen Vorhang, für alle in der Welt draußen verschwunden.

Nicht weit von den beiden schlagen Blitze in den Berg, die Feuergarben sind erschreckend nah zu sehen, ohrenbetäubend die gewaltigen Entladungen – die Luft ist elektrisch geladen. Höchste Gefahr! Sie sehen und spüren es: Elmsfeuer. Die Haare unter den Hüten beginnen zu kribbeln und knistern, am Eisenzeug springen die kleinen blauen Funken umher, es stinkt nach Elektrizität und Schwefel.

Weiter!

Hinauf!

Jetzt kann der Gipfel nicht mehr weit sein, denn nur in Gipfelnähe ist das Gewitter so stark zu spüren . . .

Und wirklich, sie erleben es – der Italienische Gipfel!

Die zweite Nachmittagsstunde.

Der Sturm zerrt an ihnen. Aber jetzt ist alles gut.

Nicht weit von dem großen Eisenkreuz entfernt finden sie einen schützenden Überhang. Ihre Pickel lassen sie vorsichtshalber beim Kreuz stehen, denn immer noch ist die Luft elektrisch geladen. Schnell den Biwaksack übergezogen – gerettet. Sie drücken sich die Hände.

»Macht nix!« sagt Toni lachend, »jetzt hat uns die Wand nix getan, wird das bissl Blitzen auch nix schaden.« – Dann beginnen sie mit dem Abstieg, über den Schweizergrat in Richtung Solvayhütte – im Nebel verschwinden sie . . .

*

Zur gleichen Zeit kommen Hans Ertl und Friedl Brandt von ihrer Dent-d'Hérens-Nordwand todmüde zurück zu ihrem Lager am Stockjefelsen, das sie vor sechsundsechzig Stunden letztmals gesehen hatten. Die schlimmsten Schläge des furchtbaren Gewitters erleben sie im Zelt. Jetzt, wo sie in Schutz sind und ihre Nordwandstrapazen hinter sich haben, denken sie an die Kameraden. Wo werden sie sein? Ertl und Brandt haben keine Ahnung.

Erst am Morgen des 2. August, als sie zur Schönbühlhütte kommen, wird ihnen alles berichtet . . . Wahnsinn! Seit gestern Vormittag habe sie keiner mehr gesehen – verschollen. So schnell sie nur können, laufen sie in strömendem Regen nach Zermatt, vielleicht kann man ihre Hilfe brauchen.

Ertl erzählt:

»Ganz Zermatt ist auf den Beinen. Jeder nimmt Anteil. Es gibt nur ein Gespräch. Aber immer mehr werden diejenigen, die sagen – zu spät . . . die beiden sind nicht mehr. Das Gewitter, eine Nacht in der Wand . . . und nun der Neuschnee, der schuhtief auf den Felsen liegt . . .

Alle sind bereit, Bergführer kommen und wollen helfen, die Familie Seiler, die Hoteldynastie des Wallis, die Schöpfer Zermatts, stellen zur Verfügung, was nötig ist.

Wir selbst sind zerschagen und kaputt. Uns liegt der Berg noch im Gebein. Aber in der Nacht brechen wir mit den Kameraden Hübel, Baumeister, Gämmerler und anderen auf zum schweren Gang. Jemand hat noch wenig tröstlich gesagt: Tragbahren sind am Schwarzsee. Die Nacht ist klar. Der Mond leuchtet manchmal die Schneefahnen an, die hell vom Schweizergrat wehen. Dort oben an diesem Berg, in seiner furchtbaren Wand, lebt kein Mensch mehr. Dort droben kann man keine rettende Höhle in den Firn graben . . .

Der Tag, an dem uns wohl Schweres bevorsteht, bricht in gütiger Schönheit an. Dann und wann flackert auf: Wenn sie vielleicht . . . oder wenn . . .

Da – sieben Uhr morgens – einer jubelt's dem andern zu, einer hat das Unglaubliche entdeckt: Droben vor der kleinen Solvayhütte . . . steht ein Mensch! Ein lebendiger Mensch! Schwarz und deutlich hebt er sich ab vom Neuschnee. Und das große Fernrohr zeigt es: Einen Besen hat er in der Hand, unbekümmert fegt er den Eingang zur Hütte frei, den der Neuschnee verlegte. Und jetzt erscheint in der Tür der zweite! Toni! Franzl! Wer schreien kann, der schreit, der jubelt.« –

*

Aber Toni und Franz hören kein Schreien, nichts von dem Jubel. Sie wissen auch nicht, daß die Kameraden unten auf sie warten. –

Nach dem Verlassen des Gipfels hatte sie unter der Hörnligrat-Schulter ein zweites, ein noch schrecklicheres Gewitter überrascht. Schnee und Hagel stürzten in großen Strömen in die Tiefe. Es schien, als seien alle dunklen Mächte des Schicksals gegen sie gewesen.

Endlich erreichten sie, steif und erschöpft, in der sechsten Nachmittagsstunde die schützende Solvayhütte. – In wärmende Decken gehüllt, hatten sie ihren letzten Proviant bald verzehrt. Nach kurzer Zeit waren sie in tiefen Schlaf gesunken.

Es dauerte an bis zwölf Uhr des nächsten Tages (2. August), aber an den Abstieg war nicht zu denken, immer noch tobte der Sturm um die Hütte. Alte Brotreste waren das einzig Eßbare, also mußten sie weiterhungern, weiterschlafen.

Erleichtert nahmen sie am frühen Morgen des 3. August das schöne Wetter wahr. Nur Neuschnee hat es draußen, und beißende Kälte.

Der Abstieg über den verschneiten Hörnligrat vollzieht sich nicht gerade im Eiltempo, aber dennoch ziemlich flott, so daß sie mittags bei der Hörnlihütte eintreffen, begeistert von den Kameraden in Empfang genommen. Essen, Trinken, Erzählen, Glückwünsche, lachende Gesichter, Glück. –

Dann der Abstieg, am lieblichen Schwarzsee vorbei, nach Zermatt, wo die große Welt auf sie wartet.

In unbestechlicher Sachlichkeit zeichnet der französische Alpinist Jacques Lagarde einen Kommentar:

»Viele Umstände kamen zusammen, um dem Erfolg der Gebrüder Schmid einen legendären Glanz zu verleihen. Das Matterhorn: der

berühmteste Berg der Welt und einer der schönsten in seiner freien
Lage, durch die Wucht und Harmonie seiner Formen. Die Nordwand:
schönste und imposanteste der vier Matterhornwände, diejenige, die
den Augen der Reisenden aus aller Welt am offensten liegt, deren
Durchsteigung die besten Bergsteiger als eines der schwersten Probleme der Alpen betrachteten. Die erfolgreichen zwei Brüder, ganz
junge Studenten, die ohne Geld mit dem Fahrrad von München gekommen waren, um ihr Zelt unter der Wand aufzuschlagen, und denen die Westalpen noch fast unbekannt waren. Nach einigen Tagen,
in denen sie abwarteten und beobachteten, sahen sie, daß die Verhältnisse am Berg, so ungünstig das Wassereis und der Schnee für seine
Besteigung auf irgendeinem anderen Wege waren, gerade für ihr
Unternehmen außerordentlich günstig waren, und stiegen ein, wobei
sie auch bedachten, daß die schlechten Verhältnisse die Gelegenheits-
bergsteiger, welche Steinschlag und Lawinen ablassen, vom Normal-
weg fernhalten würden. Ihr Unternehmen gelang auf Anhieb, trotz
der Unbilden eines ungewöhnlich schlechten Sommers. Man fühlt sich
an das ›veni, vidi, vici‹ (Ich kam, ich sah, ich siegte) des Imperators
Cäsar erinnert.
Das sind die Gründe, weshalb wohl keine bergsteigerische Leistung
der Zukunft jemals wieder dieser gleichen wird.
Die Eroberung der Alpen, am Matterhorn begonnen, wurde dort nun
auch annähernd vollendet.«
Aber nicht alle Nachrichten, die durch das kurvige Nikolaital hinein-
kriechen nach Zermatt, bringen Ruhm und Freude.
Toni, Franz, Ertl und Brandt werden in ihrem herrlichen Faulenzerle-
ben aufgescheucht durch eine schreckliche Hiobsbotschaft: Emil Solleder, der große Felskönner, harte Langläufer und begehrte Bergführer ist am 27. Juli 1931 bei der Meije-Überschreitung tödlich
abgestürzt.
Nach schwierigsten Erstbegehungen verunglückte er auf einer verhältnismäßig harmlosen Bergfahrt. Und Leo Rittler und Hans
Brehm?

Das Matterhorn von Nordosten. Links der Furggengrat
und die Ostwand mit der steilen Gipfelwand;
rechts davon der Hörnli- oder Schweizergrat, der
zwischen Ost- und Nordwand verläuft. Etwa dort, wo
der Schweizergrat ansetzt, ist die Hörnlihütte

*Der »Absturz« 1865 von Hadow, Croz, Douglas und Hudson
nach einem Gemälde von Ferdinand Hodler
Links: Das Matterhorn-Gipfelkreuz*

Vorige Doppelseite: Der Italienische Grat (Lionsgrat, Südwestgrad) im Vordergrund. Über diese Route gelang 1865 Jean-Antoine Carrel und Jean-Baptiste Bich der Aufstieg

Oben: Alfred Horeschowsky
Unten: Victor Imboden

Oben: Aufstieg
Links: Kaspar Mooser
Mitte: Franz Schmid (links),
Toni Schmid. Ihnen gelang
1931 erstmals die Nordwand
Rechts: Sepp Jöchler. Er
kam mit Ernst Senn 1953
bis 100 m unter den Schweizer
Gipfel am Hörnligrat

Rechts oben: In der Nordwand
Rechts Mitte: Radovan Kuchař
(links) und Zdeno Zibrin

Oben: Diether Marchart
Unten: Kurt Diemberger und
Wolfgang Stefan

Unten links: Jan Mostowski
Rechts: Brian Nally

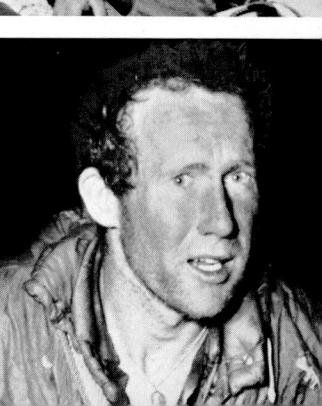

Oben: Das Matterhorn von Westen mit Zmuttgrat (Mitte) und Zmuttnase (links), im Schatten
die Südwand, rechts der Furggengrat.

Links: der bayerische Bergsteiger Richard
Lentner wurde das zweite Steinschlag-Opfer in
der Matterhorn-Nordwand.

Rechts: Der italienische Bergführer Walter
Bonatti zwang der Matterhorn-Nordwand eine
eigene Route auf.

Nächste Doppelseite von links: Furggengrat,
Ostwand, Hörnligrat, Nordwand, Zmuttgrat.

*Links: Die ersten erfolgreichen
Italiener in der Nordwand;
Kletterstelle im Schrägcouloir.
Oben: Die Wintererstbegeher
der Nordwand kommen zurück.
Hilti von Allmen (links)
und Paul Etter.
Mitte: Erste Winterbegehung
der Nordwand – Paul Etter –
am Ende des Einstiegseisfeldes.
Rechts: Kletterstelle im oberen
Teil der winterlichen
Matterhorn-Nordwand (1962).*

Links: Vier der sieben Nord-wand-Wintererstbegeher zwischen Einstiegseisfeld und Schrägcouloir.
Oben: Der Schweizer Hilti von Allmen erlitt während der Nordwand-Wintererstbegehung schwere Erfrierungen an den Händen.
Unten: Der Schweizer Berg-führer Paul Etter nach den harten Nordwand-Wintertagen.
Rechts: Paul Etter auf dem Gipfel.

Furggengrat

Ostwand

Hörnligrat

Zmuttnase

Zmutt-
zähne

Zmuttgr

Bergschrund

1   2   3 4 5

Ertl läßt sich erzählen, daß sie auf den Nordwand-Erfolg hin Hals über Kopf ihr Zelt stehengelassen haben sollen, und, vor Enttäuschung weinend, nach Zermatt gestürmt seien. Wenig später seien sie durchs Tal hinaus verschwunden. Ihr neues Ziel: Die Nordwand des Grandes Jorasses in der Montblanc-Gruppe.

Und sie, die Jorasses-Wand, besiegelt das dunkle Schicksal der beiden jungen bergbegeisterten Menschen: Am 12. August stürzen Leo Rittler und Hans Brehm nach Überwindung des ersten Drittels im großen Couloir zwischen Pointe Walker und Whymper tödlich ab.

Knapp zehn Monate später, am 19. Mai 1932, stehen an die zweitausend Menschen auf dem Münchner Waldfriedhof um das offene Grab von Toni Schmid.

Mit Ernst Krebs war er ausgezogen, um eine schneidige Pfingstfahrt zu machen: die siebenhundert Meter hohe Nordwestwand des Wiesbachhorns in der Glockner-Gruppe; eine Eiswand. Niemals so schwierig und ernsthaft wie die Matterhorn-Nordwand, aber gefährlich genug. Schicksal? Menschliches Versagen? Ernst Krebs, mit dem Toni vor zwei Jahren die äußerst schwierige Lalidererwand erstmals bezwungen hatte, erzählt es:

»Toni geht wieder das Vierzigmeterseil aus. Wir haben leider nur wenig Eisenzeug mitgebracht und müssen mit den Sicherungen sparsam sein. Und Sicherung ist nötig auf dem tückischen, steilgebäumten Grund. Eine der scharfen Felsrippen drängt Toni nun wieder nach rechts, in eine der schwarzen Eisplatten.

›Ich hau einen Haken!‹ ruft er zu mir herunter. Er nimmt ihn vom Gürtel und treibt ihn ins splitternde Eis. Völlig frei steht Toni auf schmalgekerbter Stufe etwa dreißig Meter über mir, der ich zu notdürftiger Sicherung das Seil über die eingehauene Pickelspitze laufen lasse. Die unsichere Stelle zwingt Toni zu raschester Arbeit. Klirrend fährt der Hammer auf den stählernen Stift. Gottlob, er sitzt, wenigstens zur Hälfte. Schon will Toni den Karabiner einschnappen lassen

Die 1200 Meter hohe Matterhorn-Nordwand mit ihren Routen:

1 = Klassische Route, Toni und Franz Schmid, 1931
– – – – – = Variante Pokorski-Pons, 1962
2 = Direttissima, Tschechoslowakische Route, 1972
3 = Bonatti-Route, 1965
. . . . . = Direktvariante Kanyár-Vacik, 1967
4 = Nordkante, Japaner-Route, 1972
5 = Nordwestwand, Gogna-Cerruti-Route, 1969

und rüttelt noch einmal prüfend am Haken. Da bricht dieser mitsamt seiner tellergroßen Eisscholle aus der Wand und entgleitet seinen Händen. Der letzte Haken! Der darf nicht verlorengehen! Toni packt zu, ein sekundenlanges Verschieben des Gleichgewichts, die Zacken brechen im schlechten Eis aus – die Katastrophe ist da! Lautlos gleitet Toni aus dem Stand. Immer rascher rutscht er auf mich zu. Einige Meter Seil ziehe ich noch ein. Nicht einmal erschrocken bin ich. Nichts kann ich denken als – Halten! Das ganze Gewicht lege ich auf den Pikkel; die Finger umkrampfen das Seil – so erwarte ich den Ruck. Da fangen sich Tonis Eisen an winzigen Vorsprüngen. Aus dem Gleiten wird ein Stürzen, kopfüber in die harten Felsrippen. Jetzt erreicht mich der Ruck! Der Pickel kracht aus dem Eis. Das Gewicht ist zu groß. Erst jetzt fährt mir ein lähmender Schock durch die Glieder. Das Seil zischt brennend durch meine Finger. Dann reißt mich eine unwiderstehliche Gewalt im Bogen aus der Wand.

Stürzen – Springen in riesigen Sätzen. Rucke durch das wirbelnde Seil. Wieder ein furchtbarer Aufprall. Kleine helle Kreise im Hirn, in rasender Schnelligkeit sich drehend, irrsinnige Gedanken, Gefühl des Schwebens, jäh zerstört durch den neuen harten Aufprall – und dann ohne Übergang schwärzeste Nacht. Wie leicht ist das Sterben! Es war nur Staunen, was mich bewegte, als ich mich langsam wieder zurückfand. Viel weiß ich nicht mehr von den folgenden Stunden. Nur eines hatte sich mit deutlicher, grausamer Gewißheit im pochenden Schädel festgesetzt: Toni ist tot!«

Die stillen Menschen, die um sein Grab stehen mit der feuchten, aufgerissenen Erde, wissen es, aber es ist jedem noch unfaßlich.

Ernst Krebs wird 1936 Olympiasieger im Kajak-Einer und stürzt am 21. Juli 1970 als Inhaber seiner Bauspenglerei vom Baugerüst eines dreistöckigen Hauses in München-Gauting tödlich ab. –

*

Eine große Ehrung kann Toni nicht mehr erleben: die Olympische Goldmedaille. Am Ende der Olympischen Sommerspiele 1932 in Los Angeles wird vom IOC-Präsidenten, Graf Baillet Latour, verkündet: »Für die Ersteigung der Nordwand des Matterhorns erhielten die beiden Brüder Franz und Toni Schmid aus München die Goldene Olympische Medaille.«

Franz Schmid verbringt – 1976 – seinen Lebensabend in Neuhaus bei Schliersee (Oberbayern).

Der Tod schlägt zu

Sogar im späten Sommer des großen Nordwandjahres war das Horn noch einmal ins Gespräch gekommen. Die dreizehnhundert Meter hohe Südwand mit ihrem rötlichen, brüchigen Gestein. Aber ihre Eroberung, die auf den ersten Anhieb gelang, erregte genauso wenig Aufsehen wie 1865, als Carrel nur Tage nach Whymper über den Liongrat den Gipfel erreicht hatte. Die Nordseite des Berges scheint es, auch was das breite Interesse anbelangt, mehr in sich zu haben, sie hat größeren Nimbus.

Das Nordwandabenteuer war noch zu wenig abgeklungen, und außerdem hatte es in der Südwand keinen Anlaß zur Aufregung gegeben. Der Mailänder Enzo Benedetti stieg mit den beiden Valtournanche-Führern Maurice Bich und Luigi Carrel am frühen Morgen des 15. Oktober in die steinschlaggefährdete Wand ein und erreichte am gleichen Abend noch den Gipfel und die Solvayhütte auf dem Schweizergrat. Der Steinschlag hatte sie freilich in beängstigende Situationen gebracht, es gab Sprühregen, glitschigen Fels, und es mußten fünf Haken geschlagen werden. Aber sonst ereignete sich kein ernsthafter Zwischenfall. Dann kam das dunkle Bergsteigerjahr 1932.

Zuerst war es Toni Schmid, der aus den Reihen der hoffnungsvollen Jungen gerissen wurde.

Ihm folgten Karl Moldan und Ludwig Hall, die an der Fleischbank-Südostwand zu Tode stürzten, dann Leo Maduschka, der dem Erschöpfungstod in der mächtigen Civetta-Nordwestwand erlag. Blühende Menschen mit einer unendlichen Begeisterungsfähigkeit. Und Könner, die man auch in der schlimmsten Lage sicher wähnte. Ein harter Verlust für die deutsche Bergsteigerschaft, deprimierend.

Die Nordwand war in diesem Jahr unberührt geblieben, obschon einige Seilschaften auf günstige Verhältnisse gewartet hatten.

Allein die zwölfhundert Meter hohe Ostwand erlebte ihre erste Durchsteigung.

Sie war abenteuerlicher und gefährlicher als die Südwand.

Im Morgengrauen des 18. September stand eine sechsköpfige Gesellschaft am Fuß der riesigen, pyramidenförmig aufragenden Wand: Enzo Benedetti, dem bereits die Südwand gelungen war, und Giuseppe Mazzotti, die »Herren«, mit den Führern Maurice Bich, Antonio Gaspard, Luis und Lucien Carell. Auch in dieser Wand Lawinen und Steinschlag; Bich wurde am Kopf empfindlich getroffen. Bereits um halb zehn Uhr erreichten sie den Beginn der Gipfelwand. Schneefall, Nebel und ein elfstündiges Biwak. Um halb acht des nächsten Tages standen sie auf dem Gipfel.

Das letzte große Geheimnis am Matterhorn war gelüftet.

Ihren größten Respekt haben die Bergsteiger aber immer noch vor der Nordwand, dem schmalen, dunklen Streifen aus Schnee und Eis. So wird es bleiben.

Die Ostwand ist monotoner, die Südwand zerrissener, die Westwand zu wenig ausgeprägt. Die nächsten Nordwand-Anwärter, die sich am 19. August 1933 am Fuße der düsteren Wand einfinden, dürfen, was ihr Können betrifft, berechtigte Hoffnungen haben. Sie zählen zu den besten Bergsteigern Deutschlands: Walter Stösser aus Pforzheim und Gustl Kröner aus Traunstein. Zwei Männer, die vor Tod und Teufel nicht zurückschrecken. Ihre Berufe stehen in krassem Gegensatz zu den wilden Elementen am Berg. Der blondschopfige Stösser ist Lehrer, der schmalgesichtige Kröner mit dem dunklen Wuschelkopf Kunstmaler.

Das ist die richtige Wand für sie!

Die von Stösser in den Alpen eröffneten Anstiege sind bezeichnend dafür; vereiste Schluchten, glitschige Kamine – die berüchtigten Südwände der Drusenfluh und Tofana di Rozes.

Nicht anders Gustl Kröner, der die zweite Winterdurchsteigung der Watzmann-Ostwand hinter sich hat, der mit Anderl Heckmair die Direkte Nordwand der Grands Charmoz im Montblanc-Gebiet erstmals beging, und dem schließlich auch dreitausend Kilometer auf dem Radl nicht zuviel waren, um in den Bergen des Hohen Atlas (Nordafrika) Erstbegehungen zu meistern. Das sind wahrhaftige Nordwand-Voraussetzungen. Beide haben für diesen Sommer große gemeinsame Pläne. Die Nordwand soll ihr erster Höhepunkt sein.

Walter Stösser erzählt:

»»Das Eis ist prächtig!« das waren Gustls letzte Worte, als er aus dem Bergschrund des Matterhorngletschers hinaustrat in die Eiswand, um schon nach wenigen Pickelschlägen meinen Augen zu entschwinden. Dann hörte ich nur noch das Rauschen der unter seinen Schlägen gebrochenen Eissplitter. Ein Meter Seil um das andere lief ab.

Und mit demselben Hochgefühl, mit dem der Freund durch die Eiswand stieg, gab ich langsam das Seil.

Da – Pfeifen und Krachen . . . Steine . . . mehr . . . der Berg, den wir in eisigen Fesseln gehofft hatten, erwacht . . . Gustl schutzlos im Steinschlag . . . gegen den wir gerade an diesem Tag am sichersten zu sein geglaubt hatten. – Ein tückischer Stein löschte dieses sprühende Leben.

Ein Mensch von großer Güte, für den die Bergkameradschaft kein lockeres Band war, das, rasch geknüpft, auch rasch gelöst ist. Für ihn war es treue Hingabe, restloses Sicheinsetzen, Treue um Treue.«

Wieder stehen trauernde Menschen um ein offenes Bergsteigergrab, diesmal in Traunstein; wieder werden Berge von Kränzen niedergelegt und zum Abschied ergreifende Worte gesprochen.

Und wieder stellt sich der eine oder andere die Frage, ob dieser höchste Einsatz, das Leben, gerechtfertigt werden kann, ob das nicht gleichzustellen ist mit Gottversuchung.

Aber dieser drückenden Gedankenlast unterliegen nicht die Bergsteiger, die Großes zu wagen befähigt sind – sie bewegt die anderen.

Gewiß, ein Menschenleben – der Verlust ist schrecklich. Und das tröstende Wort, daß es so habe kommen müssen – die Stunde des Schicksals –, es ist trübes Wasser, das die Tiefe des unendlichen Abgrunds von Trauer und Schmerz zu verdecken sucht. Eine leichte, begreifliche Erklärung, daß alles im Leben bestimmt sei, auch der Tod am Berg. Wir Zurückgebliebenen wissen es nicht. Und das ist gut. Da und dort mag die Schicksalsbestimmung zugetroffen haben.

*

Das Dunkel des Todes und höchste Lebensfreuden, beides ist am Berg so erschreckend nahe beisammen. Dazwischen verläuft ein schmaler Steig, oft nur noch eine Spur; auf ihm bewegt sich der Bergsteiger. Er kennt auch die dunkle Seite, und nicht erst im Augenblick des Todes. Nein. Er sieht es, und oft genug umgibt es ihn. Wenn ein Griff oder Haken ausbricht, wenn er stürzt.

Und keiner, der dieses Dunkel erlebte, wird sagen können, daß es schrecklich war. Höhe und Tiefe. Genau das ist es. Höhe und Tiefe, wie sie vom Berg vorgezeigt werden, sie verkörpern sich im Geistigen und Seelischen des zu Berge steigenden Menschen. Nicht immer schenkt Höhe vollkommene Erfüllung, wenn keine Tiefe da ist. Wollte ein Bergsteiger allein der prächtigen Aussicht wegen durch die schwierige und gefährliche Nordwand auf den Gipfel des Matterhorns steigen, er würde versagen und die Sinnlosigkeit seines Wagens, das in keinem Verhältnis steht zum Lohn, bald erkennen.

Es muß also mehr sein, was den bergsteigenden Menschen ermutigt, sich bis an die Grenze seines Daseins zu wagen. Die beglückende Gabe, seine ganze Kraft in dieses Wagnis zu setzen. Die Freude am Überwinden von äußeren Schwierigkeiten.

Das Erregende in der Gefahr. Die Grenzen der Entbehrungen kennenzulernen. Befriedigung des gesunden jugendlichen Ehrgeizes. Die Kameradschaft. Das Landschaftserlebnis. Das Dunkel, in dem man sich losgelöst fühlt von der Erdenschwere. Aber die Grenze des Verantwortbaren ist unmeßbar, für keinen Menschen gleich. Die Frage des Ermessens! In ihr gründet die ganze Zwiespältigkeit der Verantwortung zum Erdenleben. Und deshalb, glaube ich, kann die entscheidende Frage – darf ich, oder darf ich nicht? – nicht nur vom Sichtbaren abhängig gemacht werden. Nicht selten hört man über die Bergsteiger, sie seien rauhpatzige Gesellen. Es mag solche geben. Meist aber sind sie außergewöhnlich empfindsam, sensibel, und das ist gut.

Es ist das, was als Instinkt, als sechster Sinn ausgelegt wird, wenn einer Gefahr ausgewichen wurde, ohne daß sie zunächst sichtbar gewesen wäre.

Die Sehnsucht, das alles zu erleben, durchzustehen und auszukosten, kann somit nicht nur dem technischen Können, der exakten Überlegung entspringen. Und deshalb kann dieser tiefere Antrieb auch nicht ausgelöscht werden durch den Tod eines lieben Kameraden, auch wenn sein Verlust sehr schmerzlich ist. –

Knapp zwei Jahre nach Gustl Kröners Tod muß auch Walter Stösser von den sonnigen Höhen Abschied nehmen. Am föhnigen 1. August 1935 stürzt er, vierunddreißig Jahre alt, mit Theo Seybold in der Morgenhorn-Nordwand in den Berner Alpen tödlich ab. Verschollen – der Berg hat sie behalten.

Der Bann wird
gebrochen

Im Parlamentsgebäude des Bundespalastes zu Bern stolziert ein Besucher durch die sauberen Gänge. Eine Gestalt, die alles andere als einen eidgenössischen Bundestagsabgeordneten vermuten läßt: mit Kniebundhosen aus festem Loden und schweren Tricounischuhen an den Füßen. Der wachhabende Polizist wird aufmerksam und sagt, daß die eisenbewehrten Schuhe auf die gepflegten Böden nicht gerade gut abgestimmt seien.

»Dann ziag i halt de Schuach aus!« sagt der Besucher mit seinem Wettergesicht, zieht die Schuhe aus, nimmt sie in die Hand und setzt seinen Spaziergang fort. Man sieht schon, der Mann hat die Ruhe weg: Sepp Schmidbauer aus München, siebenundzwanzig Jahre alt, einsachtundsiebzig groß und kantig – auf der Fahrt nach Zermatt. Wenn er in Bern schon Aufenthalt macht, dachte der dunkelblonde Wuschelkopf, darf ein kurzer Besichtigungsbummel nicht versäumt werden.

Ludwig Leis aus Weilheim, sein Spezl Wigg, wartet schon in Zermatt. Der jüngere Wiggerl hat mehr Zeit als Sepp Schmidbauer – aber noch weniger Geld, deshalb hatte er sich auf dem Radl nach Zermatt geschunden, genau wie Toni und Franz Schmid. Sepp und Wiggerl sind sich seit über einem halben Jahr über ihr nächstes großes Ziel einig: Matterhorn-Nordwand.

Warum auch nicht?

Haben doch erst vor wenigen Tagen der Peters Rudl und Meier Martl bewiesen, daß in diesem Sommer große Sachen zu machen sind:

Die erste Durchsteigung der vielumworbenen Nordwand der Grandes Jorasses (28. Juni 1935), an der sich in den letzten sieben Jahren nicht weniger als vierundzwanzig Seilschaften die Zähne ausgebissen hatten. Drei Menschenleben waren zu beklagen. Rittler, Brehm und Haringer. In der Münchner Sektion Oberland des Alpenvereins sind die beiden längst keine Unbekannten mehr. An den Nagelfluhfelsen des Münchner Klettergartens, wo Felsneulinge und Prominente nebeneinander allabendlich trainiern, genießen Leis und Schmidbauer großen Respekt. Mit den brüchigen Wänden des Karwendels sind die

beiden ebenso vertraut wie mit den Plattenschüssen im Wettersteinge-
birge und dem Wilden Kaiser.

Wenn sich die anderen dem Genuß auf stäubenden Pulverschneeab-
fahrten hingaben, waren Sepp und Wigg stets in irgendeiner verschneiten Wand der Bayerischen Voralpen zu finden.

Die Bahn kriecht dem Sepp viel zu langsam durchs Nikolaital hinein,
denn er ist schon mächtig gespannt aufs Horn.

Der Wigg wartet am Bahnhof:

»So, du feiner Herr, bist endlich da! Des Kofferl wirst in der Nordwand wahrscheinlich nicht brauchen können.«

Feiner Herr – schau den an! Der Wigg hätte den Polizisten in Bern
hören müssen. Nordwand?

Schmidbauer schaut in die Richtung, wo das Horn stehen müßte, aber
er sieht nur Wolken – keinen Berg.

»Das Wetter tut uns nix«, sagt Wiggerl beruhigend, »das sind nur
Wolken.«

Das sieht der Sepp auch. Und daß sich die Wolken gelegentlich zu
kleinen Wolkenbrüchen auftun können, merken beide wenig später
auf ihrem Weg in Richtung Staffelalp.

Sie ziehen es vor, bei der alten Taugwalderin in Zumsee, oberhalb von
Zermatt, trockenen Unterschlupf anzunehmen. Die Taugwalderin,
vielleicht sechzig Jahre alt, mag die beiden. Und sie kann sich's denken, was die zwei im Schädel haben. In die Nordwand? Keine Spur,
Mutterl, vielleicht aufs Breithorn oder sonst ein paar leichte Hatscher
– was denken S' denn!

Aber die Taugwalderin hat einen Blick dafür. Ihr ist nichts vorzuma-
chen. Sie weiß Bescheid.

Da! Sepp und Wiggerl sind nicht wenig erstaunt, als kurz darauf zwei
weitere Bergsteiger eintreffen. Salzburger. Mutter Taugwalder nimmt
die Nachzügler in ihr Holzhaus auf. Die vier Bergsteiger werden sich
schon nicht beißen.

Vier Rucksäcke und einen Koffer schleppen sie.

»Servus.«

»Servus miteinand.«

Das gegenseitige Vorstellen ist etwas holprig, aber herzlich. Auch die
beiden Salzburger sind nur wegen bescheidener (!) Hochtouren ins
Wallis gekommen. Nicht einmal vom Hörnligrat ist die Rede.

Und außerdem: Bei diesen Verhältnissen ist die Wand sowieso ganz
unmöglich, das haben sie von den Zermatter Führern gehört. Die
müssen's schließlich wissen.

88

Am nächsten Tag sehen es Schmidbauer und Leis mit eigenen Augen: die Eiswand ist dunkelgrau, fast schwarz, völlig blank, und die fünfhundert Meter hohe Gipfelwand trägt ein glitzerndes Neuschneekleid. Aber herrliches Wetter. Also mit dem ganzen umfangreichen und schweren Zeug hinauf nach Staffelalp.

*

Die Schlepperei ist anstrengend genug.
Am Abend des 15. Juli ist ihr Zelt bei Staffelalp aufgestellt.
Am nächsten Morgen gibt es beim Frühstück eine peinliche Überraschung: das feine Weißbrot ist ausgegangen. So ein Krampf. Aber ohne Brot die Wand angehen, wollen sie auch nicht. Brotmarsch nach Zermatt und zurück. Um weiteren Überraschungen in dieser Richtung vorzubeugen, kaufen sie diesmal Schwarzbrot, von dem erfahrungsgemäß nicht so viel auf einen Schlag verdrückt werden kann.
Um 10 Uhr sind sie wieder zurück. Genau wie die Brüder Schmid, legen auch sie einen Zettel mit Namen, Datum und Ziel ins Zelt. Und auch sie werden von Mattäus Kronig in der Hörnlihütte groß angeschaut:
»So, so, in d'Nurdwaand! Tapfer, tapfer.«
Er werde nicht lange warten müssen auf ihre Rückkehr – bei diesen Verhältnissen. Unmöglich! Mattäus Kronig zuzelt an seiner abgekauten Stielpfeife und schneidet ein ernstes Gesicht.
Nein, nein, ohne Spaß, sie sollen sich's nur nochmals gut überlegen; bei den Schmidbuben hat die Wand viel besser hergeschaut, das wisse er noch gut.
Kronig hat ein gutes Herz im Leib, und er meint es ehrlich. Aber Wiggerl und Sepp sind nicht abzubringen von ihrem Plan. Sie hinterlassen in der Hütte einige Sachen aus ihren Säcken, die ihnen beim Aufstieg doch etwas zu schwer vorgekommen waren für die Wand.
Auf Wiedersehen!
Kronig drückt den beiden zum Abschied die Hände und gibt ihnen herzliche Worte mit auf den Weg. Um die zweite Nachmittagsstunde sind sie verschwunden.
Den Aufstieg zum Plateau des Matterhorngletschers wählen sie etwa gleich wie die Erstbegeher, nur daß ihnen Tageslicht zur Verfügung steht. Erst nach vier Stunden wird der Bergschrund erreicht. Leis und Schmidbauer haben keinen dummen Plan: lieber am Abend einstei-

gen, um das steinschlaggefährliche Eisfeld bei Sonnenaufgang bereits unter sich zu haben. Und wenn sie am oberen Rand des Einstiegseisfeldes biwakieren, ist ein Durchkommen an einem Tage nicht ausgeschlossen. Deshalb ist keine Eile notwendig. Gleich nach dem Bergschrund gibt's den ersten Ärger. Die Steigeisen. Ein ganz besonderes Patent hat Schmidbauer dabei. Eigenartige Bügel, die von hinten auf die Steigeisen gesteckt werden können, das andere Ende soll kurz unter den Knien befestigt werden. Mit diesem Patent sei das Aufsteigen im steilen Eis nicht so anstrengend, nach Meinung von Rudolf Peters, der in der Grandes Jorasses-Nordwand damit die besten Erfahrungen gesammelt habe.

»So ein Schmarrn!« schimpft Schmidbauer, der den einen Bügel, der sich selbständig gemacht, gerade noch im Bergschrund verschwinden sah. Der Wigg hat es natürlich von Anfang an gewußt, daß es mit der Pfuscherei nichts Gutes haben könne.

»Red net so g'schwoll'n, nix hast gewußt . . . der Peters Rudl! . . .«

Und Sekunden später wirft Schmidbauer den zweiten Bügel dem ersten nach.

Das geht schon gut an.

Aber Sepp tröstet sich damit, daß alle großen Eistouren bisher ohne den neuartigen Steigeisenzusatz durchstiegen worden sind.

»Wigg, kannst kemma!«

Ludwig Leis kommt. Scheußlich, dieses Blankeis. Dem Wigg ist das Steigeisengehen etwas vertrauter, war er doch schon letzten Sommer in der Gegend. Aber auch dem Wiggerl bleibt eine böse Überraschung nicht erspart: sein Eisbeil macht einige Bocksprünge und saust über die grauschwarze Rutschbahn in den Bergschrund.

Ein kurzes Hin und Her von kraftvollen Begutachtungen, dann muß Wigg wieder zurück, denn ohne Eisbeil – unmöglich.

Das wäre etwa gleich wie eine Radlfahrt über den Münchner Stachus ohne Bremsen.

»So ein Massel!« schreit Wiggerl begeistert.

Das Eisbeil war nicht sehr tief in den Bergschrund gefallen. –

Nach etwa acht Vierzigmeter-Seillängen betätigen sich Schmidbauer und Leis als Schwerarbeiter. Am Beginn einer Felsrippe sprengen sie mit kräftigen Hieben eine kleine Plattform aus dem Eis. Verdammt klein zwar, aber zum Sitzen reicht's. Die Füße baumeln in Richtung Staffelalp. Der Höhenmesser zeigt dreitausendfünfhundert Meter an.

»A Trumm weiter hätt'ma scho no kemma soll'n!« meint Sepp. Dann werden die Gründe der Verzögerungen abgewogen. Ein heiterer Diskurs – das beste Zeichen, daß alles paßt. Eine Seilschaft ohne Disput ist eine fade Sache.

An einem Felshaken hängen die Rucksäcke, sie selbst sind an einige Eishaken gebunden.

Nichts kann sie mehr erschüttern, auch vor Steinschlag sind sie geschützt.

Kochen. Ein herrliches Stichwort. Der Primuskocher wird ausgepackt. Und die Flasche mit dem Benzin . . .

»Wigg, gib sie her . . .«

»Was?«

»Die Flasch'n.«

»Welche Flasch'n?«

Die Benzinflasche!« sagt Sepp gereizt in gepflegtem Schriftdeutsch.

»Die hast du!«

Kurze Pause.

»Nix hab' i!«

Im Zelt unten ist sie geblieben, verdammt. Der Sepp ist schuld, nein, der Wigg . . .

Der Benzinrest im Kocher und eine Kerze bringen es nur auf einen lauwarmen Kakao. Besser als nichts. Und Hauptsache, daß die Mundharmonika nicht vergessen wurde! Wirklich, eine Maulorgel spielt im Biwaksack auf. Das Biwakkonzert wird immer wieder von heftigem Husten unterbrochen, denn im Sack herrscht dicke Luft.

»Gräulich, die Zigarettn!« jammert Sepp, der sich nach zwölfjähriger Enthaltsamkeit wieder an einem Glimmstengel vergnügt. Schmecken tut sie ihm gar nicht, aber ihre bescheidene Wärme ist ganz angenehm.

– Das erste Licht des nächsten Morgens sieht die beiden Männer am Beginn der heiklen Traverse, die hinüberleitet zum schrägen Couloir.

Für Schmidbauer und Leis ist die Querung noch gefährlicher: ein fünf Zentimeter dicker Eisbelag ist an die Felsplatten geklebt.

Jetzt melden sich auch schon die ersten unsanften Grüße von oben. Schneller! Aber Schnelligkeit ist hier in dem teuflischen Gelände nur sehr relativ, die Sicherungen sind mehr symbolischer Art. Um neun Uhr ist die große Stufe unter dem Couloir erreicht. Das nächste Stück scheint trockenen Fels zu haben. Schmidbauer wechselt seine schweren Schuhe mit den leichten Kletterpatschen. Aber nur für zwei Seillängen geht das gut, dann müssen wieder die schweren Schuhe her.

»Paß auf! Wigg!«

Krachen und Poltern . . . Pfeifen und Heulen . . . Gestank. In schlimmster Erwartung pressen sich beide an den Fels, gefaßt, von einem tödlichen Geschoß getroffen zu werden.

»Wigg! Lebst noch?« fragt Sepp, als es still geworden war.

Ja, der Wiggerl lebt noch, nicht einmal ein Splitter hatte ihn erwischt.

Dann wird ein neuer Schlachtenplan entwickelt:

Wigg muß die Steigeisen anlassen und im Eisgelände die Führung übernehmen, Sepp klettert ohne Steigeisen im Fels voraus.

Nach Überwindung der vierzig Meter hohen Felsstufe erreicht Sepp das kleine Felsköpfl, auf dem die Schmid-Buben Brotzeit hielten.

Die abwärtsgerichteten Felsplatten sind mit dünnem Wassereis überzogen und teilweise auch noch mit haltlosem Pulverschnee bedeckt.

Wigg schneidet bei diesem Anblick saure Grimassen.

»Das haut uns zruck!«

»Künstlerpech, da kannst nix machen.«

Aber Sepp und Wigg lassen sich nicht zu sehr aus der Ruhe bringen und halten eine tüchtige Brotzeit. – Das vereiste und verschneite Couloir stellt die beiden noch vor harte Aufgaben. Wiggerl, der gerade die Führung übernommen hatte, hängt an einer Platte und kommt nicht mehr weiter.

»Was gibt's da drob'n?«

»Da geht's nicht mehr, jetzt kannst 'an andern Weg durch die Nordwand suchen!«

Schnell gesagt, das mit dem anderen Weg!

Wigg drischt zwei Standhaken in den Fels, Sepp schiebt sich nach rechts, wo er einen weiteren Haken einzuschlagen versucht. Aber der Felsblock kracht auseinander und poltert mit dem Haken in den Abgrund. Der nächste Haken hält leidlich, weiter oben noch einer, er ist besser. Wigg kann nachkommen:

»Aber gut aufpassen mußt!«

Der Wigg paßt gut auf. Aber kaum hat er die ersten Meter hinter sich, da verliert Wigg das Gleichgewicht . . . prescht als schweres Perpendikel im weiten Bogen ins Couloir . . . stürzt weiter . . . klirrendes Eisenzeug . . . ein Block bricht aus und saust an Wigg vorbei in die Tiefe . . . der nächste Haken bricht aus und baumelt am straffen Seil . . . Sepp wirft sich auf den letzten Sicherungshaken . . . stemmt sich verzweifelt gegen den Zug von unten . . . hält! Wigg hängt fünfzehn Meter unter dem Sepp im Seil; zappelnd prüft er, ob noch alles ganz ist an ihm. »Es ist.«

Die vierte Nachmittagsstunde.

Ein Jammer, wie bei solchen Manövern die Zeit vergeht. Und noch immer ist der Gipfel unendlich weit weg, fünfhundert Höhenmeter fehlen.

Aber das scheußliche Couloir ist unter ihnen.

Verschneite Rinnen und Stufen. Hunger. An einem Eiszapfen wird gelutscht, um dem Durst abzuhelfen. Zum Essen bleibt keine Zeit, seit neun Uhr vormittags. Es wird sehr kalt. Die Handschuhe heraus und angezogen; Wigg hat zu steife Finger, verliert sie. Die beiden werden nervös. Kein Biwakplatz.

Im letzten Licht klettern sie weiter.

Dort oben – eine Höhle!

Vielleicht zwanzig oder fünfzig Meter über ihnen, das Licht trügt, alles trügt hier: das Licht, die Zeit, die Wand mit ihren gewaltigen Dimensionen. Wiggerl arbeitet sich von einem kleinen Absatz mit Seilzug nach rechts abwärts zu der Höhle.

Enttäuschung – es ist keine.

Wigg muß wieder zurück zu Sepp. Auch das über ihnen erkennbare Felsköpfl bietet keinen Platz für die Nacht. Wigg seilt sich nach dieser zweiten Inspektion wieder hinunter zu Sepp. Und hier müssen sie die zweite Nacht verbringen. Die Rechnung ihres Nordwand-Fahrplanes ist also nicht aufgegangen.

»Egon!« schreit Sepp erschrocken, und schon ducken sich beide wieder an den Fels; die todbringenden Steintrümmer springen links und rechts von ihnen hinab ins Dunkel.

Egon – das ist der Mahnruf für Steinschlag, wie er im Wetterstein, Karwendel und Wilden Kaiser zu hören ist.

Kein unkluges Begriffswort, dieses ›Egon‹. Es ist kürzer als ›Steinschlag‹ oder ›Achtung – Steine‹ und kann lauter, exakter ausgerufen werden. Wieder einmal blieben sie von den gefährlichen Egons verschont. Die Überraschung, daß selbst zu so später Stunde noch Steinschlag auftreten kann, ist unangenehm.

Stunden harter Arbeit vergehen, bis endlich eine sehr bescheidene Sitzfläche entsteht.

An Schlaf ist in dieser verkrampften Kauerstellung nicht zu denken. – Starker Wind kommt auf.

Unten, dreitausend Meter tiefer, flimmern die Lichter von Zermatt.

»Sepp – was moanst, jetzt da drunt in so am fein' Nest umadumwuahln kenna, ha? War des was, ha?«

Das fragende ›ha‹ mußte Wigg ziemlich laut sagen, denn der Wind reißt an ihrem Biwaksack.

So vergeht die lange zweite Nacht.

Wieder kriecht der rote Sonnenball hinter den Gipfeln des Grenz-
kammes herauf. Und wieder wartet harte Arbeit.

Am Schweizergrat drüben turnen die Bergführer mit ihren Touristen
über die Schulter.

»Wie geht's?« hören die in der Wand.

»Es feit si nix – glänzend geht's!«

Gar so glänzend geht es freilich nicht. Aber hat es Wert, denen da drüben über die schlechten Verhältnisse einen Vortrag zu halten? Nein.
Und außerdem sehen es die Bergführer selbst, was in der Wand los
ist. Deshalb auch hängt einer seinen Touristen dem Kollegen an, hockt
sich auf die Gratschulter, um die Seilschaft in der Wand genauestens
beobachten zu können. Die Führer machen sich berechtigte Sorgen.
Stunden später übergibt der zurückkommende Bergführer die beiden
Touristen dem Beobachter, der sie weiter über den Grat hinablotst,
wartet und beobachtet. Schmidbauer und Leis raufen mit größten
Schwierigkeiten, die Wandverhältnisse werden mit zunehmender
Höhe immer schlechter. So gemein hatten sie sich die Gipfelwand doch
nicht vorgestellt. Und immer gibt's neue Überraschungen: Wigg
wuchtet mit dem Hammer auf einen Felshaken, was das Zeug hält.

»Kruzi . . .!« schreit er aufgeregt. Aber die Verwünschung bleibt in
ihm stecken, er kann nur noch verdutzt dem hinabsausenden Ham-
merkopf nachschauen. Und tröstend:

»Aber danebeng'haut hab' ich fei nit!«

Das ist die Hauptsache.

»Jetzt sind wir fein heraus, nur mehr drei brauchbare Haken und koan
Hammer . . .« Und wenig später hüllen auch noch Nebelschwaden die
Wand ein. So langsam kommt alles Böse zusammen. Viel fehlt nim-
mer, dann ist alles da.

Der plattige, fast überhängende Wulst, an dem Franz Schmid vor vier
Jahren gescheitert war und nach rechts ausweichen mußte, macht auch
den Wigg nervös. Immerhin ist es schon Mittag, und genug haben sie
auch von der Wand.

Wigg schiebt sich vorsichtig an der Platte hinauf, aber . . . sie bricht
aus . . . kracht beim nächsten Aufschlag in tausend Stücke . . . Ludwig
Leis konnte sich im letzten Augenblick noch an einem festen Köpfl
halten . . . Strampelt mit den Füßen nach Tritten.

Dann probiert es der nachkommende Sepp. Nur langsam gewinnt er
an der sehr brüchigen Steilstufe an Höhe: zehn Meter, zwanzig
Meter . . . dreißig . . . immer noch kein Haken für die Sicherung . . .
noch weiter! Wigg muß ohne Sicherung nachkommen. Er weiß das

und paßt auf wie ein Haftlmacher – alles darf passieren, nur hier kein Fehltritt, kein ausbrechender Griff.

Die Steilheit nimmt ab, der Nebel wird dichter. – »Das Kreuz!« Wirklich, direkt neben dem massiven Eisenkreuz erreichen sie müde und glücklich den Gipfel. Vier Uhr nachmittags. Neunundzwanzig Stunden Kletterzeit liegen zurück. Fünfundvierzig Stunden waren sie in der Wand. – Schneetreiben und Nebel sind ihre Begleiter im Abstieg über den Hörnligrat, wo die rettende Solvayhütte auf sie wartet. In ihr finden sie Ruhe und Geborgenheit, Erholung. Am nächsten Tag liegen fünfzehn Zentimeter Neuschnee. Aber was tut das schon – auf dem Hörnligrat kann sie das nicht mehr aus der Fassung bringen. Sie haben es geschafft!

Nach dreitägiger Abwesenheit drückt ihnen Mattäus Kronig wieder die Hand, mit ihm begeisterte Deutsche, Engländer, Franzosen, Italiener, Holländer.

Und wenig später treffen sie beim Schwarzsee unten mit den Kameraden aus Salzburg zusammen.

Sie waren »trainingsweise« in der Breithorn-Nordwand, wollen bei den jetzigen Verhältnissen aber nichts mehr von steilen Wänden, Nebel und Sturm wissen.

»Ja, dös gfreit uns ganz damisch«, sagt einer, »daß ihr durchkemma seid's. Mir ham's schon gespannt, was los is, wie ihr auf Staffelalp seid's!« –

Ludwig Leis und Sepp Schmidbauer bringt der glänzende Bergerfolg nicht aus dem Gleichgewicht – sie schmieden neue Pläne, stecken sich neue Ziele. Die dunklen Jahre des großen Krieges stehen beide gut durch; Leis findet im Weilheimer Wasserbauamt eine sichere Existenz als technischer Inspektor, Sepp Schmidbauer betreibt in Neuhaus bei Schliersee (Oberbayern) eine Fremdenpension.

Herr und Führer

»Könnt ihr noch?« ruft der Zermatter Bergführer Gottfried Perren in der elften Vormittagsstunde des 24. Juli 1935 von der Schulter des Hörnligrates hinüber in die Nordwand. Vor sechs Tagen waren dort drüben Schmidbauer und Leis zu sehen, aber erst, nachdem sie zweimal in der Wand biwakiert hatten.

Ja, ja – sie können noch. Ihr Tempo, ihre Gezieltheit – verblüffend! Hermann Steuri, der sechsundzwanzigjährige, hochbeinige Führer aus Grindelwald, und der neununddreißigjährige Arthur Bauer, Doktor der Philosophie aus Zwönitz bei Chemnitz, nicht weit vom Erzgebirge entfernt. Herr und Führer in der Nordwand, das ist neu. Aber das Verhältnis zwischen den beiden läßt keineswegs eine Reserviertheit vermuten, die in Führerseilschaften zuweilen unverkennbar auftritt. Dr. Bauer und Hermann Steuri sind Kameraden.

Der mindestens einsfünfundsiebzig große Dr. Bauer mit lichtem Haar, starke Augengläser mit einfacher Drahtfassung tragend, war am 14. Juli mit seinem brennenden Nordwand-Wunsch in Zermatt eingetroffen. Schon 1931, bevor sie erobert war, hatten Dr. Bauer und der Zermatter Führer Alexander Graven mit der Nordwand geliebäugelt. Aber kurz nach ihrer Trainingsfahrt über den Teufelsgrat aufs Täschhorn waren die Münchner eingetroffen. Ein Jahr später belagerten sie drei Wochen lang die Nordwand, doch schlechtes Wetter ließ einen ernsthaften Versuch nicht zu. Mit Hermann Steuri hatte Dr. Bauer 1933 und 1934 prächtige Fahrten erlebt, die letzte vor der Nordwand am 16. Juli über den Viereselsgrat auf die Dent Blanche. Von dort kann die Nordwand bestens eingesehen werden. Und sie wußten, wie schleppend Leis und Schmidbauer vorangekommen waren. Wie schwierig es demnach sein muß.

Herrschten in der Wand wirklich so schlechte Verhältnisse? Steuri und Dr. Bauer wollten das genau wissen: am 22 Juli stiegen sie über den Hörnligrat auf, um die Wand in ihrer ganzen Länge einsehen zu können. Nicht schlecht schaute sie aus, nur der stechende Westwind paßte ihnen nicht. Also wieder hinab nach Zermatt, um auf besseres Wetter zu warten. Der Wetterbericht hatte es am Abend noch angekündigt. Wieder hinauf zum Hotel Belvédère, das seit 1911 direkt neben der Hörnlihütte als zusätzliche Bergsteigerherberge zur Verfügung steht. Am frühen Abend schon lagen sie in ihren Betten, die bei jeder Bewegung ächzten, ihre zwölfeinhalb Kilo schweren Säcke standen bereit. Neunzig Meter Seil, sechs Felshaken, sechs Karabiner, zwei Eishaken, ein Hammer, Steigeisen, eine Feile, um notfalls die Steigeisenzacken schärfen zu können; Reservekleidung, Biwaksack, vierzehn rohe Eier, Keks, Nußbrot, eine Flasche Tee.

Dann begann ihr Eilaufstieg mit den unglaublichen Zeiten: 0.45 Uhr ab Hütte, 1.45 Uhr am Einstieg, 8.00 Uhr am Beginn des Schrägcouloirs; zwei Stunden später am Ende des Couloirs. Und jetzt, in der elften Vormittagsstunde, streben sie bereits der Gipfelwand zu – begeisternd! Nur am Wandfuß hatte es eine unangenehme Situation gegeben: Steuri versuchte sich an der dreieinhalb Meter hohen, senkrechten Oberlippe des Bergschrunds. Der eingeschlagene Eishaken war ausgebrochen, Steuri rutschte kurz, konnte sich aber wieder fangen, worauf er weiter links eine schwächere Stelle fand.

Und das Einstiegseisfeld war, was den Kraftverschleiß betrifft, auch eine harte Nuß. Steuri hackte mit gezielten Hieben vier Stunden lang ohne Unterbrechung Stufen. Er hatte das dem stufenlosen Aufsteigen im Blankeis vorgezogen und war dennoch rasch höhergekommen. Ein gutes Gespann, das bestens aufeinander abgestimmt ist und sich harmonisch ausgleicht. Steuri, der temperamentvolle junge Führer, der seit fünf Jahren das begehrte Führerpatent besitzt und weiß, daß Schnelligkeit die beste Sicherheit ist gegen die großen objektiven Gefahren. Arthur Bauer, der ruhige, sensible, musikliebende Mensch, der im harten Leistungsbergsteigen Ausgleich sucht zu seiner Berufsarbeit – Ausgleich und Erlebnis. Seine tapfere Frau Susanne, die ihm drei Kinder schenkte, wartet verständnisvoll und mit großem Vertrauen in Zermatt. Sie weiß, daß ihr Mann der Wand gewachsen ist. Und schließlich klettert er mit einem der besten Schweizer Bergführer, mit einem Mann, dem man schnell blindlings vertrauen kann. –

Die Rechtsquerung nach dem Couloir ist heikel. Steuri muß zwei Felshaken schlagen – die einzigen in der ganzen Wand! –, um sicher genug die Traverse hinter sich zu bringen. Dr. Bauer schildert den letzten Teil der Nordwand:

»Vor uns dehnte sich weit zwar noch das Gipfeldach, aber seine Überwindung war nach dem, was wir hinter uns hatten, nur eine Frage von Stunden.

11.25 Uhr ließen wir uns zum ersten Male in der vollen Gewißheit des Erfolges zu einer längeren Rast nieder, zum ersten Male auch auf einem Plätzchen, wo wir unsere Beine etwas austreten konnten. Um 12 Uhr ging es weiter, Seillänge für Seillänge, ohne sonderliche Schwierigkeiten, aber mit immer längeren Pausen. – 1.45 Uhr, genau 13$^{1/4}$ Stunden nach unserem Aufbruch, geben wir uns am italienischen Gipfel die Hände.«

Und am gleichen Abend, nachdem sie in der Solvayhütte von Gottfried Perren empfangen und betreut worden waren, treffen sie im Hotel »Belvédère« ein.

Die Wand war den beiden gütig, sie hatten ausgezeichnetes Wetter und waren in glänzender körperlicher Verfassung. Es hat sich gezeigt, daß akrobatische Technik nicht sehr ausschlaggebend ist in dieser Wand; westalpines Können und Hochtourenerfahrung zählen weit mehr und sind wichtige Voraussetzungen.

Es gibt keinen großen Rummel um die beiden; in kleinstem Kreise wird gefeiert. Der Zürcher Sport vermerkt dazu unter anderem:
»Welcher Unterschied in der Überlegung und im Handeln zwischen dem im großen Stil arbeitenden Oberländer Bergführer und den mit Schlechtwetter und Biwak als Selbstverständlichkeit rechnenden Stürmern der waghalsigen Münchner! Ein Vergleich zeigt sofort, daß die Marschzeiten der Partien Steuri–Dr. Bauer und Gebrüder Schmid wesentlich abweichen. Steuri verläßt die Hütte 1$^{1/4}$ Stunden früher als Schmid, aber am Bergschrund hat er schon zwei Stunden Vorsprung, weil er auf kürzerem Weg auf den oberen Gletscherboden gekommen ist. Um die gleiche Zeit, da Steuri auf dem Matterhorngipfel steht, hat Schmid erst das Couloir passiert, und zu der gleichen Stunde, da dieser sich auf dem Punkt, den Steuri um 10 Uhr morgens erreicht hat, um 20 Uhr zum Biwak entschließt, ist Steuri wieder in Zermatt! Und mit Schmidbauer und Leis läßt sich schon gar kein Vergleich mehr finden, als ein halber Tag gegen drei!«

Nun, die Zeilen sind hier nicht festgehalten, um sie chauvinistisch oder polemisch widerlegen zu wollen. Es soll allein beleuchtet werden, daß jeder zeitliche Vergleich im Bergsteigen hinkt, hinken muß.

Die Drittbegeher vermögen das Problem mit einer ganz anderen psychischen Haltung anzugehen wie die Erstbegeher. Die Nachfolger wissen: es sind schon Menschen durchgekommen, kennen den etwaigen Verlauf der Führe, können aufgrund der bekannten Zeiten einen vorteilhafteren Plan kombinieren. Steuri war bekannt, daß der direkte Aufstieg durch den Eisbruch zwei bis vier Stunden kostet, also müßte es für ihn eine Selbstverständlichkeit sein, einen kürzeren, schnelleren Zugang zu finden.

Die weitere Nordwand-Geschichte wird zeigen, daß die Verhältnisse an einem so hohen und freistehenden Berg schon von Tag zu Tag wechseln.

Dr. Arthur Bauer und Hermann Steuri müssen acht Ruhetage einschalten, denn ihre Finger sind in der Nordwand wund geworden. Aber dann geht es über den langen und sehr schwierigen Schalligrat aufs Weißhorn.

Steuri eilt von Erfolg zu Erfolg in den Bergen: Erste Durchsteigung der Kingspitz-Ostwand, dritte Begehung der Sentinelle Rouge am Montblanc usw.

Dr. Arthur Bauer überlebt den großen Krieg und hat die darauffolgenden Jahre in Ostdeutschland zu ertragen; er stirbt am 3. September 1959 im Alter von vierundsechzig Jahren an einem Herzinfarkt.

Zehn ruhige Jahre
(1936 – 1946)

Am gleichen Tag, an dem Hermann Steuri und Arthur Bauer über den Hörnligrat absteigen, treffen die radelnden Münchner Ludwig Steinauer und Hans Ellner in Zermatt ein. Voll Auftrieb, die Zweite in der Nordwand einzuheimsen.

Und sie staunen nicht wenig, als sie von dem Betrieb hören. Nur noch die vierte Begehung ist für sie übriggeblieben – verrückt!

Und dabei haben sie das Zeug für die Nordwand wirklich in sich. Denn erst vor fünf Tagen war ihnen die erste Durchsteigung der tausend Meter hohen Direkten Nordwand am Aletschhorn im Berner Oberland gelungen. Eine harte Sache war das, und biwakieren mußten sie dort auch. Für die Zermatter und auch im größeren Bergsteigerkreis ist Ludwig Steinauer kein Unbekannter mehr. Bereits ein Jahr zuvor hatte er es mit Karl Schneider den Wallisern gezeigt, wie die ganz großen Rosinen geholt werden: Erste Begehung der gefährlichen Dent Blanche-Nordwestwand. Nicht weniger einzuschätzen ist seine Leistung von 1933, als er auf Skiern die neunhundert Kilometer lange Strecke zwischen Lenggries in Bayern und dem Montblanc bewältigt und dabei dreiundvierzig Gipfel über dreitausend Meter gehamstert hatte.

Also, denken sich Steinauer und Ellner, machen wir halt die vierte Nordwand-Begehung; so wesentlich ist das mit den Zahlen ja auch nicht. –

Im Morgengrauen des 25. Juli 1935 machen sich Ellner und Steinauer an das Einstiegsfeld; die zweite bayerische Seilschaft, die sich zu ihrer Überraschung bereits am Bergschrund eingefunden hatte, verzichtet auf die Wand.

Die Münchner gewinnen rasch an Höhe, denn die Stufen von Steuri und Bauer lassen sich größtenteils noch benützen. Die Verhältnisse sind gut, auch weiter oben im Fels, aber auch sie bleiben vom gefährlichen Steinschlag nicht verschont. Und das Wetter läßt sehr zu wünschen übrig. Alles scheint diesmal gegen ihr Bergsteigerglück zu sein. Der erfolgreiche Ludwig Steinauer in der Nordwand – da gibt es nur

100

ein Hinauf; das ist er schon seinem Namen schuldig! Waschküche. Die beiden haben noch nicht einmal das große Couloir unter sich, da kriecht bereits feuchter Nebel gespensterhaft der Nordwand entlang. Es ist kalt, auf den Kleidern setzt sich die scheußliche Nässe ab. Bald darauf wird der Tag seines Lichtes beraubt: nicht Tag, nicht Nacht. Schneefall – Wettersturz, und das in der Nordwand! Nein, das kann nicht gut ausgehen, dazu sind sie noch zu tief, zu weit vom Gipfel weg. Keine Aussicht auf ein Abklingen des Wetters, im Gegenteil, es wird schlechter. Was ist zu tun?

Um sechs Uhr abends zeigt der Höhenmesser viertausendeinhundert Meter an, also fast noch fünfhundert Meter unter dem Gipfel. Keinen Meter können sie ohne Steigeisen bewältigen. Biwakieren? In dieser Aussichtslosigkeit könnte das der Untergang sein. Zurück? Unmöglich! Übrig bleibt der Entschluß, nach links zur Schulter des Hörnligrates zu queren. Hundertfünfzig Meter lang ist die Querung – in dieser Wand eine zermürbend lange Strecke. Das Queren ist meist anstrengender und gefährlicher als das Aufsteigen. Aber es muß sein; der Quergang bedeutet Entkommen, Sicherheit. Drei Stunden härteste Arbeit kostet diese Sicherheit, drei Stunden der bitteren Enttäuschung, auf den Gipfel verzichten zu müssen. Aber das Leben ist wichtiger als der Gipfel, wertvoller als der vollkommene Erfolg. Und das, was sie bisher in der Nordwand erlebten, war abenteuerlich.

Völlig verschneit und abgeplagt erreichen sie glücklich die Schulter. Jetzt nichts wie runter zur schützenden Solvay-Hütte, die sie in stockdunkler Nacht erreichen.

Wie eine Insel im Meer oder eine Oase in der Wüste steht die kleine Holzhütte als rettender Unterschlupf auf dem Grat.

Aber man kann die Hütte mit dem Ölofen – meist ohne Öl – und den zehn Lagern nicht beliebig für die Nächtigung benützen. Der Hüttenordnung nach nur im Notfall. Da paßt Mattäus Kronig von der Hörnlihütte schon gut auf. Eine Nächtigung, nur weil es da oben so wild und schön ist, kostet zehn gute Schweizerfranken. Im Notfall, wie bei Steinauer und Ellner, kostet das Übernachten nichts.

Am nächsten Morgen wühlen sich Ellner und Steinauer im zwanzig Zentimeter hohen Neuschnee über den Hörnligrat hinab. Immer wieder, wenn sie in die weiße Wand hinüberschauen, sind sie froh, auf den oberen Teil verzichtet zu haben. Und es war richtig so. Gewiß, ihre Durchsteigung ist nicht vollkommen, aber das ist nur in den Augen der anderen von Bedeutung. Sie selbst haben sich bereichert mit einem prickelnden, wilden Erlebnis.

Und jeder Bergsteiger weiß, daß ein Verzicht mindestens so viel innere Überwindung kostet wie der Entschluß, sich bis zum Gipfel durchzukämpfen. –

Steinauer erlebt in der Folgezeit noch viele großartige Bergfahrten, lernt 1936 das Elbursgebirge in Persien kennen, wo er mit Wolfgang Gorter rund zwanzig Viertausender besteigt; er zählt bis in die sechziger Jahre zu den gesuchtesten Bergführern Deutschlands und stirbt im Juni 1971 in München als Achtundsechzigjähriger. Hans Ellner lebt als Ingenieur in München.

*

Um die Nordwand wird es dann still, dafür wird es in Deutschland unruhiger: Die allgemeine Wehrpflicht tritt in Kraft, mit der Aufrüstung wird begonnen, zwischen Deutschland und Italien entsteht – über den Alpenkamm hinweg! – die Achse; in Österreich wird geputscht. Der weltpolitische Wettersturz beginnt mit dunklen Wolken aufzukommen. Nur unter den Bergsteigern geht's noch friedlich her, obschon auch in ihrem Kreise dunkle Tage verzeichnet werden müssen: Die Eiger-Nordwand fordert bis zur ersten Durchsteigung 1938 acht Menschenleben. Der mutige Österreicher Sepp Lichtenegger stürzt am Zmuttgrat zu Tode, der kühne Tiroler Auckenthaler verunglückt an der Schüsselkarspitze-Südwand, der tüchtige Wiener Uli Sild wird Opfer eines Flugzeugunglücks, Welzenbach, Merkl, Drexel, Göttner, Müllritter, Pfeffer und Wien bleiben am Nanga Parbat, der zum deutschen Schicksalsberg wird; der große Westalpenmann Hans Lauper wird von den Schweizern zu Grabe getragen. Der Krieg. Krieg in Polen, in Frankreich, Krieg überall, die Erdkugel brennt. Viele aus den Reihen der Besten kommen nicht mehr zurück. –

Das Bergsteigen, die Idee des Alpinismus aber lebt in der Literatur und im Geist der Übriggebliebenen weiter. –

Der Basler Karlrobert Schäfer findet die Geschichte des Matterhorns so faszinierend, daß er sich entschließt, ein Matterhornarchiv anzulegen. Da wird von Edward Whymper bis Toni Schmid, vom Projekt der Matterhornbahn bis zum Matterhornfilm alles gesammelt.

Da gibt es neben der interessanten Namensgeschichte des Horns herrliche ›Geschichterln‹ aufzustöbern. Man erfährt, daß der schöne Berg bis 1581 als Mons Cervinus, ab 1644 als Monte Silvio bezeichnet wurde und erst seit 1682 den heutigen Namen trägt.

Die Gemüter beginnen sich nicht nur wegen dem immer wieder aktuell werdenden Projekt für eine Bergbahn aufs Horn zu erhitzen, sondern auch wegen kurioser Nachrichten. Einmal ist es ein beachtlich großer Steinbrocken, den der Genfer M. F. Thioly 1868 vom Gipfel heruntergetragen hatte, worauf er 1938 als Gipfel des Matterhorns für fünfeinhalb Schweizerfranken verkauft wurde. Der Käufer braucht auf seine Enttäuschung nicht lange zu warten: es stellt sich heraus, daß den höchsten Stein, sozusagen den Gipfelpunkt, bereits Whymper mitgenommen und 1866 dem Alpine Club in London vermacht hatte.

Erfolge,
Fragwürdigkeiten,
Erfolge

Während in den Kriegsjahren in Frankreich und der Schweiz eine sehr rege Bergsteigertätigkeit verzeichnet werden konnte, war es in Deutschland und Österreich ziemlich ruhig. Und jetzt, nach dem Weltbrand, ist die junge Bergsteigergeneration dort noch klein und schwach, sie muß sich erst bewähren. Deshalb kann die Nordwand zunächst nur Ziel der besten Schweizer und Franzosen sein.

Am 12. Juli 1946 finden sich am Wandfuß wieder Führer und Herr ein. Diesmal sind es die bekannten Schweizer Westalpengeher Berchtold Hediger aus Reinach und Alfred Sutter aus Münchenwiler mit Alexander Graven und Alexander Taugwalder, den beiden Sternen unter den Zermatter Führern.

Das sind Leute, die sich dort oben sehen lassen können – vor der Nordwand wahrhaftig nicht zurückschrecken brauchen. Ein besseres Führergespann hätten Sutter und Hediger in Zermatt bei Gott nicht finden können. Alexander Taugwalder zählt zwar schon neunundvierzig Lenze, aber sein Wesen ist sonnig und unternehmungslustig genug, um sich auch noch als gesetztes Mannsbild mit der Nordwand einzulassen. Und schließlich ist sein Name auch noch von der großen Matterhorn-Tragödie 1865 her bekannt. Johann Joseph Taugwalder, der Großvater von Alexander, war der um vierzehn Jahre ältere Bruder von Peter Taugwalder Vater, den die Zermatter Geppi nannten; er hatte Whymper begleitet. Alex Taugwalder gehört nicht zu jenen Lokalführern, die nur für die umstehenden Gipfel engagiert werden, nein, er kennt das Montblanc-Gebiet gut, nicht weniger das Berner Oberland oder die Dolomiten. Der hochgewachsene, schlanke, stille, ja wortkarge Alexander Graven ist seiner Abstammung nach alpin nicht so sehr belastet, dafür jünger und durch großartige Bergerfolge ausgezeichnet. Zu den schönsten gehört die gewaltige Eiger-Nordostwand, die er mit Hans Lauper, Alfred Zürcher und seinem berühmten Führerkollegen Joseph Knubel aus St. Niklaus 1932 bewältigt hatte. Das mag was heißen, wenn man bedenkt, daß zu dieser Zeit auch in Grindelwald leistungsfähige Führer bereitgestanden haben. Nicht genug: Vor einem Jahr (1945) erkämpften sich Alfred Sutter, Alexander Graven und Alexander Taugwalder die zweite Begehung der Eiger-Nordostwand.

Seit fünfzehn Jahren wartet Alexander Graven auf die Wand. Das ist eine lange Zeit. Aber Bergsteiger müssen warten, und, wenn's notwendig ist, auch verzichten können. Graven, der stärkste Mann in der Viererseilschaft, war noch nie ein Vertreter der Parole ›es wird schon gehn‹. Dazu ist ihm seine Haut zu wertvoll. Sie haben günstiges Wetter, schlechte Verhältnisse, sie selbst sind in bester körperlicher Verfassung. Ab und zu pfeift wohl der Steinschlag, doch ernsthafte Gefahr tritt nie auf. Nach zwölf Stunden erreichen sie unbeschadet den Gipfel – zwölf Stunden für zwölfhundert Meter! Und das von einer Viererseilschaft. Zermatt darf stolz sein auf seine Söhne, auch der Schweizer Bergführerverband auf seinen Präsidenten Alexander Graven. Für ihn wird die Nordwand Sprungbrett zu den Bergen der Welt, für den Himalaya: 1947 erreichen Alfred Sutter, René Dittert mit Alexander Graven den 7075 Meter hohen Satopanth im Garhwal-Himalaya. Später übernimmt er die Bewirtschaftung der Monte Rosa-Hütte, wo er weiterhin den Bergsteigern hilft.

Alexander Taugwalder kann nach der Nordwand nur noch sechs Jahre am Bergglück teilhaben. Am 26. Juni 1952 geht er mit dem Zermatter Hotelier Adolf Schmutz seinen letzten Weg in den Bergen: Im Abstieg vom Monte-Rosa-Grenzgipfel stürzen sie, von Eisschlag aus der Wand geschleudert, zweihundert Meter ab; wenig später reißt eine Lawine die beiden Körper tausend Meter mit in den Abgrund. –

In das Jahr des ersten Nordwanderfolges nach dem großen Krieg fällt auch jene sonderbare Geschichte von der Matterhorn-Verpachtung, die jetzt, nach mehr als achtzig Jahren, beleuchtet wird. Am 10. Oktober 1866 fühlte sich Gabriel Maquignaz, der Besitzer der Alpe am Südfuß des Matterhorns, mächtig genug, den Berg gegen einen Jahrespacht von ganzen fünfzig Lire an fünf Valtournancher abzutreten. Erst Jahre später, als der Plan eines Hüttenbaues in 4100 Meter Höhe bekannt wurde, drang die eigenartige Verpachtungsgeschichte bis zum Domherrn Carrel zu Aosta. Dieser schickte dem Pfarrer Michel Chasseur von Valtournanche, einem Mitunterzeichner des Vertrages, den amtlichen Verweis. So kann Charles Gos 1947 berichten: Das Matterhorn ist nicht zu verpachten. Ein Glück! –

Dazu aber gesellen sich weit pikantere Geschichten, die an der Nordseite des Berges ihren Ursprung haben; die sogenannten Fabelbegehungen der Nordwand.

Nach der Schweizer Viererseilschaft will am 15. September 1947 der Italiener Gino Gandolfo mit einem Zermatter Bergführer namens Julius Biner durch die Nordwand hinaufgestürmt sein. Der erste Italiener erfolgreich durch die Nordwand! Das ist ein echter Knüller für die begeisterungsfähige italienische Presse.

Der Mailänder ›Lo Scarpone‹, das gutunterrichtete alpine Zweiwochenblatt, berichtet, daß Herr Gandolfo nach seinem Nordwandsieg von den Schweizer Alpenclubisten zu Sitten, anläßlich eines Vortrages, triumphal gefeiert worden sei. Die alpinen Chronisten beginnen sich für die beiden Nordwandhelden zu interessieren und nehmen mit dem SAC in Sitten Verbindung auf. Gandolfo? Nein, kennen wir nicht, nie dagewesen, auch nicht mit einem Vortrag über die Nordwand. Potzblitz! Also wird Julius Biner, der tapfere Führer in Zermatt, Auskunft geben können über seinen Herrn und die Nordwandbegehung.

In Zermatt gibt es viele Biner, auch Bergführer, aber keinen Julius, und auch keinen, der sich einer Nordwanddurchsteigung erfreuen könnte. In der Schönbühlhütte, die ebenfalls als Ausgangspunkt in Frage käme, weiß man nichts davon, auch Mattäus Kronig von der Hörnlihütte, dem selbst die Furggengrat-Begeher beobachtungsmäßig nicht entkommen, weiß keinerlei Anhaltspunkte über Gandolfos Geistertour. Von Zürich und Bern werden an den gutinformierten ›Lo Scarpone‹ Erkundungsbriefe losgelassen, aber in Mailand ist man schweigsam. Zermatt-Chronist Hans-Fritz von Tscharner vermerkt, ». . . daß in Zermatt eher ein Kamel durch ein Nadelöhr schlüpft, als daß jemand ungesehen an der Matterhornnordwand hinaufkommt.« Das ist ein starkes Nordwandstückl. Aber schon vor dem Krieg gab es eine ähnliche Begehung.

Ganz nebenbei hatte man in Bergsteigerkreisen erfahren, daß der kanadische Fliegeroffizier E. Wilson mit dem Tessiner Ex-Bergführer Bruno Primi Ende Juli 1935 die Wand bezwungen habe. Die Geschichte wurde so sehr nebenbei in die Welt gesetzt, daß sich Bruno Primi im Datum um glatte zwei Jahre verhauen hatte: die Begehung habe genau am 14. Juli 1937 stattgefunden. Der fliegende Kanadier E. Wilson stirbt, Bruno Primi verwickelt sich bei mündlichen und schriftlichen Befragungen in weitere Widersprüche. Hans-Fritz von Tscharner aus Bern resümiert: »Das Endresultat der Nachforschungen ergab, daß Primi die Durchsteigung nicht beweisen kann und auch nicht beweisen will, daß aber andererseits auch nicht sicher gesagt werden kann, daß die Durchsteigung nicht stattgefunden hat – hauptsächlich deshalb, weil Primi als glänzender Kletterer und sehr stiller und bescheidener Mann gilt.« Bruno Primi legt daraufhin keinen Wert mehr auf sein Führerpatent und stellt es dem Schweizer Alpenclub zur Verfügung.

Nur vier Jahre, 1951, nach Gino Gandolfos Nordwand-Gastspiel berichtet ›Berge der Welt‹ von einer neuen Nordwand-Glanzleistung: »Im September (1950) gelang es dem 21jährigen Joseph Brunner, Mitglied der Sektion Pilatus und Student an der Eidgenössischen Technischen Hochschule, mit dem bestbekannten Österreicher Hermann Buhl zusammen die Matterhorn-Nordwand in acht Stunden zu durchsteigen. Im Neuschnee verwendete die Partie die Steigeisen bis zum Gipfel, nächtigte in der Hörnlihütte und fuhr am nächsten Tag sofort von Zermatt ab. Niemand hatte in Zermatt etwas von dieser Leistung gemerkt!«

Also ist erwiesen, daß die Nordwand doch nicht mit einem Kamel und Nadelöhr gleichzustellen ist. Oder?

Im Oktober 1950 treffe ich in Innsbruck mit Hermann Buhl zusammen. Vor wenigen Tagen durchstieg er mit Kuno Rainer die Westliche Zinnen-Nordwand; beide erzählen wir begeistert von den Bergen. Ein erfolgreicher Bergsommer liegt hinter ihm: Walkerpfeiler an den Grandes Jorasses, Gesamtüberschreitung der Aiguilles von Chamonix. Nur von der Matterhorn-Nordwand redet Hermann kein Wort. »So a Spaßvogel!« bezeichnet er den erfinderischen Joseph Brunner. Keine Spur von der Nordwand, und schon gar nicht mit Joseph Brunner, den er noch nie gesehen hatte.

Buhl weiß bereits von der Geschichte und sagt, daß er nach dem Montblanc-Gebiet wohl in Zermatt gewesen sei und das Matterhorn via Hörnli-Liongrat überschritten hatte. Aber das sei lange vor dem fraglichen Zeitpunkt gewesen. Hermann Buhl gibt in diesem Sinne eine Erklärung ab. Die alpinen Zeitschriften veröffentichen Aufrufe, daß sich der bescheidene Nordwandstürmer, dessen Name Brunner inzwischen vergessen hatte, melden möge. Aber es meldete sich keiner. – In einer späteren Nordwand-Statistik vermerkt Hans-Fritz von Tscharner nach langen Untersuchungen, daß diese »drei Durchsteigungen der Nordwand nicht stattgefunden haben und als Schwindel betrachtet werden müssen«. –

Nun ist es freilich nicht so, daß die Bergsteiger über ihre Unternehmungen, ob groß oder klein, Rechenschaft abzulegen verpflichtet sind. Meist wird ihr Tun am Berg unaufgefordert verfolgt und beobachtet. Und wenn es um eine ganz große Wand geht, dann will es die

Mitwelt möglichst genau wissen. Fast nirgendwo wird das Geschehen am Berg aufmerksamer registriert wie in Zermatt! –

*

Die nächsten Aspiranten für die Nordwand, leibhaftige sozusagen, sind alles andere als zweifelhaft:
Raymond Simond mit Gaston Rébuffat.
Kurz nach dem Zweiten Weltkrieg machte in Chamonix ein Fremder von sich reden, denn diesem fremden jungen Mann mußte zuerkannt werden, daß er in jener Zeit den Auftakt gab zum extremen Bergsteigen im Bereich des Montblanc. Maurice Herzog, der spätere Jugendminister Frankreichs und Bezwinger des ersten Achttausenders (Annapurna I) schrieb über Gaston Rébuffat:
Gaston Rébuffats Herkunft ist für einen Alpinisten und, was noch mehr ist, für einen Bergführer beschämend. Er ist an der Küste des Meeres geboren! Die Bergführergilde wird viele Jahre brauchen, diesen Makel zu tilgen. Und doch hat er seine ersten Künste an den Steilklippen von Calanques, zwischen Marseille und Cassis erlernt.
Nun, auch anderen Männern aus Marseille waren in der Folgezeit großartige Bergerfolge beschieden, denken wir nur an Georges Livanos und Robert Gabriel, die in den Dolomiten schwierigste Anstiege eröffneten.
Doch Rébuffat gehört gewissermaßen zu den Pionieren einer neuen Bergsteigerepoche in Frankreich.
Mit der zweiten Begehung des Walkerpfeilers an den Grandes Jorasses (1945) erwarb er sich volle Anerkennung bei den Leuten, die ihn bis dahin noch nicht für voll genommen hatten: die Mauer, die zwischen dem Fremden und den echten Bergsteigern von Chamonix trotzte, war gebrochen. War es doch bedeutsam genug, am Walkerpfeiler den Spuren der großen Italiener Cassin, Esposito und Tizzoni als erster gefolgt zu sein.
Zwei Jahre nach diesem großartigen Erfolg meisterte Rébuffat die zweite Durchsteigung der 900 m hohen Piz-Badile-Nordostwand (1947), die bis dahin als eine der schwierigsten Wände der Alpen galt.
Rébuffat ist fürs Klettern geboren; groß, schlank und leicht, zäh. Es mutet an, als habe er stets einen Schutzwall um sich, denn mit ihm herzlichen Kontakt zu bekommen, ist nur wenigen gegönnt – eine Mischung von Stolz, Verschlossenheit und Intelligenz.
Sein Tourist Raymond Simond ist zweiunddreißig Jahre alt und aus-

reichend wohlhabend, sich einen Führer für die Nordwand leisten zu können. Die Kameradschaft zwischen Gaston und Raymond ist schön; nicht die kleinste Kluft ist da zwischen Führer und Herr. In Simonds Adern pulsiert Berglerblut. Er ist zwar Hotelier, aber in Tines – im oberen Arve-Tal zwischen Chamonix und Argentière – beheimatet; genau dort, wo sich die Eiszunge der Mer de Glace ins Tal frißt. Am Fuße des Monarchen und seiner wilden Trabanten.

Daß Simon sich mitten in der Hochsaison vom Geldverdienen losreißt, um etwas rechnerisch Unrentables zu unternehmen, das zeugt von einem echten Feuer in ihm.

Am 26. Juni treffen sie in Zermatt ein und steigen gleich zur Hörnlihütte auf. Simond kennt den Berg schon; der steile Furggengrat war ihm gelungen. Auch andere zünftige Sachen sind ihm vertraut. Zum Beispiel die eisgepanzerte Nant-Blanc-Flanke an der Aiguille Verte, der zackige Südgrat der Aiguille Noire de Peuterey, die berühmte Sentinelle-Rouge-Führe durch die Brenvaflanke des Montblanc. Ein Herr also, der den meisten Führern nicht nachsteht. Rébuffat ist zum erstenmal in Zermatt, sieht erstmals den herrlichen Berg. Er sieht den schmalen, dunklen Streifen zwischen Hörnli- und Zmuttgrat, den gleichmäßigen Steilabbruch.

In der ersten Stunde des 27. Juni 1949 verlassen sie die Hörnlihütte Das Wetter ist gut, die Verhältnisse in der Wand könnten besser sein, aber sie wurde auch schon bei schlechteren bezwungen. Im zarten Morgengrauen passieren sie den Bergschrund, an dem schon so viele hoffnungsvolle Herzen geschlagen hatten – die Linie zwischen Sicherheit und Gefahr. Auch der Tod war schon hier. Auf dem Einstiegseisfeld kommen sie rasch höher. Dann die unangenehme Querung nach rechts. Das Couloir. Lassen wir den feinsinnigen Führer Gaston Rébuffat selbst erzählen, keiner kann es besser:

»*In dieser weiten Nordflanke gibt es keine genau vorgezeichneten Passagen, eine gleicht der andern. Es ist keine mathematische Kletterei, wie man sie im Montblanc-Massiv antrifft. Man muß dauernd hin und her wechseln. Außer einigen großen Linien – ganz rechts der Zmutt-Grat, links das Couloir, oben die Schulter – gibt es nichts Markantes.*
Wir können nicht sagen:
Jetzt haben wir den ›Fünfer-Riß‹ gemacht oder jetzt die ›75-m-Verschneidung‹. (Das sind Kletterstellen am Nordpfeiler der Grandes Jorasses.)

Es gibt keinen ›Fünfer-Riß‹ zu finden und zu durchklettern, auch keine ›75-m-Verschneidung‹, keine charakteristische Platte, keinen Kamin des zweiten oder sechsten Grades. Nein, wir suchen ganz einfach auf diesem ungeheuren, sehr steilen Hang da weiterzukommen, wo es am besten geht. Es gibt nicht das glückliche Gefühl, eine große Schwierigkeit, eine wichtige Etappe der Besteigung bewältigt zu haben, wie z. B. den Grauen Turm an den Grandes Jorasses oder den Riegel der Dächer am Piz Badile. Wir leisten geduldig eine Arbeit ohne Ruhm und Namen. Aber es ist ein seltsamer, etwas verrückter Reiz in dieser steilen Masse von gefrorenen Blöcken. Das Spiel sieht so aus: Wir sind freiwillig in das Gefängnis der Matterhorn-Nordwand eingetreten. Nun müssen wir sehen, wieder herauszukommen, und es geht darum, den sichersten Weg zu finden.

Es gibt keinen Sicherungsplatz auf diesen steilen, brüchigen Platten, die nur durch den Frost zusammengehalten sind, von Eisglasur blitzen, untereinander verbunden durch dunkles Schmelzwassereis, das sich unter einer äußeren Schönheit von Pulverschnee verbirgt. Wir treiben keine Haken ein, denn sie gehen schlecht hinein und halten wenig. Zwei habe ich in einem Quergang gepflanzt, Raymond konnte sie mit der Hand herausziehen.

Von Zeit zu Zeit bröckelt etwas vom Matterhorn ab, und Steinlawinen pfeifen in die Tiefe.

Von fern wirkt das Matterhorn in seiner strengen Pyramidenform unzerbrechlich, als ob die Winde es noch spitzer machten, anstatt es abzutragen. Aber wenn man es besteigt, begreift man nicht recht, daß dieser durch das Eis zusammengeschweißte Steinhaufen einen solchen Schwung hat. Nichts hält. Riesige Schollen, eine auf die andere geschichtet, wie schwindelnde Säulen von Tellern. Alles ist wie in der Schwebe, selbst das Leben!

Und doch wäre es eine Lästerung, sich ein verstümmeltes, abgetragenes und gerundetes Matterhorn vorzustellen, wie es die Berge rundum sind. Nein, wenn man diese zauberhafte Spitze besteigt, dieses Fragment der Erde, das sich zum Himmel aufschwingt, verleiht man gern diesen Felsen eine magische Kraft: niemals sollen sie altern, immer sollen sie die Lockung bleiben, die uns magnetisch in die Bläue des Himmels zieht. Wir klettern mit Steigeisen und behalten sie während der ganzen Tour an den Füßen, weil die Wand stark verschneit ist. Der Kampf ist niemals extrem schwierig, aber er hält uns dauernd in Atem. Keine Viertelstunde gibt es Pause, nicht fünf Minuten, nicht einen Augenblick: immer diese gespaltenen, unzuverlässigen, geborstenen

110

und zerbrochenen Platten, mit Eis verkittet und verglast. Immer wieder Rinnen und Pfeiler von dunklem Eis unter makellosem Schnee, immer wieder diese Säulen von Felsblättern, die gerade noch im Gleichgewicht aufeinander liegen. Wunder der Schwerkraft! Niemals darf man an einem Griff ziehen, sonst kommt er heraus wie eine Schublade und zerstört das Gleichgewicht des ganzen Hauses. Vor längerer Zeit schon ist an Raymonds linkem Steigeisen eine vordere Zacke abgebrochen. Er geht aber weiter, als wenn nichts geschehen wäre. Ein idealer Gefährte, immer zufrieden, immer guter Laune auf diesem hochalpinen Terrain. Daß der Gipfel näher rückt, ist sympathisch: wir fühlen, wie Zmutt- und Hörnli-Grat, rechts und links von uns, zueinanderstreben. Um neun Uhr abends steigen wir auf dem Gipfelgrat aus – ein schönes Tagesende.«

Ein schönes Tagesende, wirklich. Achtzehn Stunden kämpften sie in der Wand. Jetzt sitzen sie beide im friedlichen Abendlicht der untergehenden Sonne. Zuerst Kampf, Spannung, Abenteuer, jetzt Friede, Ruhe, innere Wärme. Und einen Reichtum, der mit den feinsten Goldmünzen nicht aufzuwiegen ist, für immer. –
Sonderbar, diese Nordwand, es scheint, als sei sie Prüfstein für den Himalaya, denn auch Rébuffat lernt ein Jahr später die Eisriesen in Nepal kennen. Doch die Besteigung der Annapurna I gelingt nicht. Dann gehört der Mann, der an den Klippen des Mittelmeeres das Klettern gelernt hatte, zu den gesuchtesten Führern im Alpenraum. Er bezwingt die Eiger-Nordwand (1952), schreibt Bücher, dreht Filme. –

*

Einen Monat nach den Franzosen, am 31. Juli 1949, huschen zwei Gestalten über den Zmuttgrat hinauf; so, als wäre die zackige Schneide das günstigste Terrain für einen flinken Abstecher. Schnell und sicher turnen sie höher. Sie wollen sich einlaufen für den Direkten Furggengrat, der als Hauptwunsch auf ihrem Programm steht. Im Abstieg über den Hörnligrat geht es weitaus gemütlicher vor sich. Und immer wieder bleiben sie stehen, schauen in die Nordwand.
Dabei sind die beiden Schweizer gar nicht sonderlich versessen auf sie – ihr Hiersein galt allein dem steilen Südostgrat. Aber jetzt ist das anders, die Nordwand zeigt sich mit ausgezeichneten Verhältnissen, geradezu einladend. Der dreiundvierzigjährige Genfer André Roch

schaut seinen weit jüngeren Seilkameraden Reinhard Hürlimann aus Zürich an und sagt bedächtig:

»Für eine solche Tour muß man warten können bis die Verhältnisse gut sind, vielleicht ein Jahr, vielleicht zehn Jahre, vielleicht trifft man es nie wirklich gut während seiner ganzen Bergsteigerlaufbahn. Aber das macht nichts! Es gibt ja noch viele andere schöne Touren, wo die Bedingungen gut sind.«

Wer ist dieser André Roch, der so wunderbar über dem gefährlichen, mitreißenden Feuer steht – der Mann, für den es eine Selbstverständlichkeit zu sein scheint, Sicherheit und Gefahr nüchtern abzuwiegen? Diese Stärke und Überlegenheit besitzt man erst nach Jahrzehnten am Berg. Und so ist es bei dem sonst schweigsamen André Roch aus Genf, schon von seinem Vater Dr. Maurice Roch her bergsteigerisch angetan. Die Genfer waren immer schon zielbewußte Bergsteiger mit außergewöhnlichen Fähigkeiten; in dieser Zeit sind es Asper, Bron, Dittert, Gréloz, Lambert, Roch. Die haben ihren Salève am Stadtrand, den Montblanc und die Walliserberge fast vor der Tür.

André Roch erkletterte als vierzehnjähriger Jüngling die Nordgrate der Weißmies und des Rimpfischhorns, mit siebzehn Jahren den Zmuttgrat, mit zwanzig die Badilekante; die Triolet-Nordwand, die er 1931 erstmals durchstiegen hatte, zählt zu den schwierigsten Eiswänden der Westalpen; 1939 wurde er Bergführer, den er aber nicht zum Broterwerb ausübt, sondern nur dann, wenn er selbst Freude daran hat (er arbeitet als Ingenieur seit 1940 im Weißfluhjoch-Observatorium); 1934 bestieg er im Karakorum erstmals zwei Siebentausender, 1939 im Garhwal-Himalaya einen weiteren; vor zwei Jahren war er wieder dort, er kennt die Rocky Mountains und Grönland. Damit ist André Rochs Bergsteigerlaufbahn grob angedeutet. Ein Kraftbolzen? Nein, im Gegenteil. Sein Körperbau ist fast zierlich. Aber abgehärtet durch Stürme, Kälte, Schnee und Sonnenhitze. So ist André Roch, der am 1. August kurz nach Mitternacht mit dem sympathischen Maschinenbau-Ingenieur Reinhard Hürlimann die Hörnlihütte verläßt.

Hürlimann ist erst siebenundzwanzig Jahre alt, aber steigt schon seit zehn Jahren auf die Berge; in André Roch fand er seinen besten Lehrmeister und Kameraden. Die Nacht vor der Wand war kurz, nur drei Stunden Schlaf hatten die beiden gefunden. Aber der frische Morgenwind, der von der Zmuttseite herüberstreicht, macht sie munter. Roch und Hürlimann gehen auf dem Plateau des Matterhorngletschers viel weiter nach rechts als die bisherigen Seilschaften und steigen am westlichen Rand des Einstiegseisfeldes in direkter Linie hinauf zum Beginn des Schrägcouloirs. Dadurch ersparen sie sich die zeitraubende Rechtsquerung, über die sich alle Vorgänger respektvoll äußerten. Die Felsen im Couloir sind teilweise vereist, aber Roch fühlt sich im Eis genauso zu Hause wie im steilen Kalk oder brüchigen Granit. Seillänge um Seillänge läuft ab in einem Tempo, wie es die Nordwand bisher noch nicht kannte. In den Vormittagsstunden schon ist das Couloir unter ihnen. Gegen Mittag klettern sie bereits in der Gipfelwand – um 13.25 Uhr stehen sie auf dem Italienischen Gipfel, zehn Stunden nach Verlassen des Bergschrundes. Rekord? Nein. Reinhard Hürlimann und André Roch sind keine Rekordbergsteiger, ja sie lieben sogar die Gemütlichkeit am Berg. Aber so schön das Matterhorn in seiner Form auch ist, in seiner Nordwand hält sich keiner länger als unbedingt notwendig auf. Sie ist, wie schon Gaston Rébuffat sagte, in ihrem engeren Bereich weder schön noch abwechslungsreich – vielmehr eintönig, erdrückend, monoton, immer unberechenbar gefährlich. Wenn man das obere Ende des großen Couloirs erreicht hat, ist die Sehnsucht nach der Wand bereits erfüllt. Keinen Pfifferling gibt man hier für den Drang nach Rekord. Reinhard Hürlimann sagt es selbst:

»Um ein Wort Andreas Fischers abzuwandeln:

Ein bißchen Mut und Tatendrang gehören auch zum Leben! Bergsteigen war und ist für mich immer stark gefühlsmäßig betont, da es aus dem täglichen Gleichklang aufweckt und zum Nachdenken über die Grundfragen des Lebens zwingt. Die Ehrfurcht vor dem so verstandenen Thema gestattet eine Heldenverehrung nicht.«

Roch und Hürlimann kommen noch am Abend nach Zermatt, wo sie in den Festlichkeiten des Schweizer Nationalfeiertages untertauchen. –

*

Deutsche, Franzosen und Schweizer hatten das große Nordwandabenteuer bisher ausgekostet, nur die Österreicher noch nicht. Und dabei gibt es jetzt zwischen Bodensee und Wien schon wieder eine ganze Reihe Bergsteiger, die das Können dazu hätten. Das weiß man im Kreise der Innsbrucker »Karwendler«. Der Alpine Klub Karwendler ist zwar kein selbständiger Verein, er umfaßt die rund siebzig Mitglieder der Hochtouristengruppe des Zweiges Innsbruck im Österreichischen Alpenverein, aber sie gehören zu den leistungsfähigsten Bergsteigern Österreichs. Männer wie Frenademetz, Jöchler, Knoll, Mariner, Raditschnig, Rainer und Senn sind unter ihnen.

Der dreißigjährige Landecker Sepp Jöchler und der um elf Jahre ältere Ernst Senn nisten sich mit drei Kameraden am 20. Juli 1953 im Abendschnellzug ein, Richtung Schweiz, Zermatt. Die ersten Österreicher, die ersten Tiroler. Wenn die Karwendler ganz große Sachen aufs Korn genommen haben, kann man in der jeweiligen Gegend meist noch andere Karwendler vermuten; das sind die Aufpasser. Sollte der Seilschaft in der Wand etwas zustoßen, dann sind die Aufpasser zur Stelle, oder sie leiten die notwendigen Schritte für eine Hilfeleistung ein. So war es 1952, als Hermann Buhl und Sepp Jöchler in der Eiger-Nordwand um ihr Leben kämpften; so war es bei Buhl und Kuno Rainer anläßlich der ersten Winterbegehung der Marmolata-Südwestwand im März 1950. Das ist nicht nur eine begrüßenswerte Vorsichtsmaßnahme, es trägt auch zur inneren Beruhigung bei. Sepp Jöchler und Ernst Senn sind keine Neulinge, auf die man aufpassen muß, aber das Wissen um die Nähe der Kameraden tut doch gut. Jöchler hatte seine ernsteste Bewährung bei miserablem Wetter in der Eigerwand bestanden, meisterte vor zwei Jahren die elfte Begehung der Dent d'Hérens-Nordwand, kennt schwierigsten Fels in den Ostalpen. Und der unverbesserliche Senn Ernst kann seit zwei Jahrzehnten nicht genug kriegen von extremen Felsklettereien und dunklen Nordwänden. Andere in seinem Alter haben sich längst schon dem braven Bürgertum gewidmet. Heiraten, Familie, am Sonntag im feinen Gwandl spazierengehen. Mit Ernst Senn kann man Pferde stehlen – und die Nordwand des Matterhorns ›machen‹!

Vierundzwanzig Stunden später sind die beiden Tiroler in der Hörnlihütte. Ein verrückter Schlauch war das, die schlaflose Bahnfahrt, dann der mühsame Aufstieg von Zermatt zur Hütte.

In den Wochen zuvor herrschte schlechtes Wetter, überall liegt noch sehr viel Schnee. Senn und Jöchler stützen sich auf die Erfahrungen der Erst- und Zweitbegeher: Schmid und Schmidbauer hatten auch eine verschneite Wand.

Auch den Österreichern ist nur eine dreistündige Nachtruhe beschieden. Die vergangenen Strapazen liegen bleiern in den Knochen. Aber jetzt sind sie da, jetzt gilt's. Schlafen und Rasten und Faulenzen läßt sich's nach der Nordwand besser. Da kann man sich dann ins Gras werfen und hinaufschauen zu dem Berg: dort oben, nahe dem Blau des Himmels, dort war ich . . . Der Weg bis dort hinauf ist weit, steil, gefährlich, zermürbend. Sie wissen es, aber sie wollen ihn erleben.

114

Um halb vier Uhr des 22. Juli geht's los. Ihre zwölfzackigen Steigeisen sind fest an die Füße gebunden, alles ist bereit. Die Ausrüstung hat sich seit Toni und Franz Schmid wesentlich verbessert. Man trägt keine genagelten oder tricounibeschlagenen (Tricouni – ein besonders schwerer Schutzbeschlag aus Eisen), sondern Schuhe mit griffigen Profilgummisohlen, die auch im nassen Fels sicheres Klettern ermöglichen. Es gibt Steigeisen mit zehn vertikalen und zwei frontalen Zacken; diese Anordnung der Zacken erleichtert das Steigen auf hartem Schnee oder Blankeis. Die schweren, unförmigen Eispickel sind abgelöst vom kurzen, handlichen Eisbeil; das bocksteife und gewichtige Hanfseil vom geschmeidigen und leichten Kunstfaserseil; es gibt leichte Biwaksäcke und Sturmbekleidung aus Perlon – alles ist leichter und besser, nur der Berg und seine Wand sind sich gleichgeblieben.

Allerdings, die Verhältnisse an diesem Tag lassen nicht nur zu wünschen übrig – sie könnten kaum schlechter sein. Das Einstiegseisfeld ist noch in Ordnung, in dem beinharten Schnee finden die Frontalzacken ausgezeichneten Halt. Aber das ist verdammt anstrengend. Die beste Ballett-Tänzerin bringt es nicht fertig, sich stundenlang nur auf den Zehenspitzen zu drehen. In der Nordwand muß man es können, wenn man das Stufenschlagen vermeiden will. Nach den ersten zehn Seillängen spüren Jöchler und Senn in den Waden richtige Schmerzen; es wird ihnen übel vor Anstrengung. Bei diesem Nonstoplauf von Innsbruck bis zur Nordwand kein Wunder. Und die Ausgesetztheit ist einfach wahnsinnig . . . endlose Steilheit und lauernde Gefahr.

Aber noch darf nicht gerastet werden. Nirgends ist ein Plätzchen, und zu weit unten sind sie auch noch. Eine Nacht in dieser schrecklichen Wand wollen sie unter allen Umständen vermeiden. Lieber jetzt durchhalten, auf die Zähne beißen. Das Couloir ist total vereist. So ein Schmarrn. Nein, so hatten sie sich das in Innsbruck nicht vorgestellt. Kein Meter ohne Steigeisen, keine Bewegung ohne Absturzgefahr.

Da, das kleine Platzerl im Couloir – schon Horeschowsky hatte hier vor dreißig Jahren gerastet. Zwei Haken bohren sich tief in den Fels, Kampfpause. Jöchler massiert seine steifen Zehen, Senn hängt am Seil – und schläft! Er schläft auf einem abschüssigen Platzl in der Nordwand und träumt vielleicht von Sonne, von Ruhe, vielleicht von luftig angezogenen Dirndln, wie sie auf der Maria-Theresia-Straße herumstolzieren – vielleicht auch vom Gipfel? Er ist näher als Innsbruck und die Maria-Theresia-Straße.

Ernst! Schlafhaubn – auf geht's!

Teifl . . . die Wand . . . der Gipfel . . . Herrgott und grad so schön war's, das kurze Nickerl. Aufi! Es gibt noch schönere Fleckerln auf der Welt zum Schlafen. Aber zuerst hinauf.

Ein zu Eis gewordener Wasserfall, grün-blau schimmernd, starrt sie an – das Couloir.

Verrückt! Alles ist verrückt hier, die Müdigkeit, die unendliche Wand, das Eis, das Klettern.

Vor Stunden noch brannte helles Feuer der Begeisterung in ihren Herzen, jetzt hält sie all das Verrückte, das Wilde gefangen, die Größe und Furchtbarkeit der Wand.

Freilich, das alles stürzt nicht unerwartet auf sie ein. Sie wußten oder ahnten, daß es so oder so ähnlich kommen würde. Aber die harte Wirklichkeit überragt alle Erwartungen.

Nach dem Verlassen des eisigen Couloirs schaut Jöchler links hinauf zur Schulter. Wo sind die Kameraden, die auf dem Hörnligrat sein müßten?

Stille und Einsamkeit dort oben. Allein sind sie, ganz allein, kein Ruf zur Aufmunterung ist zu hören, nichts. Hilfe brauchen sie keine, es ist soweit alles in Ordnung, aber mit den Aufpassern jetzt ein Wort wechseln zu können, das würde guttun.

Sie steigen fast bolzengerade gegen den Schweizer Gipfel auf. Die Felsplatten sind von trügerischem Pulverschnee bedeckt. Gefahr und Schwierigkeit bleiben gleich.

Und der Tag geht zur Neige.

Biwak?

Noch nicht, noch haben sie etwas Licht.

Allein der Gedanke an eine Nacht ohne Ruhepunkt in dieser Wand treibt sie weiter.

Senn und Jöchler geben nicht nach. Aber jeder Meter kostet große Überwindung und Kraft. Nebel ziehen umher, kalt wird es. Die letzte Steilstufe vor dem Gipfeldach bewältigen sie fast schon in der Dunkelheit. Knapp hundert Meter unter dem Gipfel können sie endlich nach links zum Hörnligrat ausweichen. Dadurch wird eine zermürbende Biwaknacht vermieden. Entkommen! Das wilde Abenteuer hat ein glückliches Ende gefunden. –

Sepp Jöchler steht ein Jahr nach der Nordwand mit dem Wiener Herbert Tichy und dem Sherpa Pasang als Erstbesteiger auf dem Gipfel des 8153 Meter hohen Cho Oyu im Nepal-Himalaya. Dann wird er als Baumeister in Fritzens bei Innsbruck ansässig.

Ernst Senn übt den Bergführerberuf aus, wird Ausbilder des Führernachwuchses in Österreich und nimmt in den Jahren 1954, 1955 und 1960 an Himalaya-Expeditionen teil. Dann ist er Leiter der Hochgebirgsschule Tyrol, Innsbruck.

*

Was die Tiroler können, das können die im Osten Österreichs auch. Durch die Begehung von Sepp Jöchler und Ernst Senn hat die Nordwand in Österreich außergewöhnliches Interesse geweckt. Wenn sie zuerst die Wand der Deutschen war, wird sie jetzt die der Österreicher. Das liegt aber nicht allein im vorhandenen Interesse, sondern gleichsam auch in der Leistungsfähigkeit der jungen Generation dieser beiden Länder. Der Nachwuchs Deutschlands ist mehr in den Steilwänden der Dolomiten anzutreffen, nur wenige wagen sich in die wilden Regionen der Westalpen. Der Kreis um Hans Ertl und Franz Schmid gehört bereits zum Gestern.
Leo Forstenlechner, Sepp Larch und Hans Willenpart sind Niederösterreicher, von Beruf Holzfäller, Bäcker und Baumaschinenführer.
Im Gesäuse an der Enns sind ihre Heimatberge, wo sie ihre Namen mit einigen Neufahrten verewigten. Im Haindlkar, Hochburg der Gesäusekletterer, redet man mit Respekt von den dreien. Im Februar dieses Jahres 1954 durchstiegen Larch und Forstenlechner die dreihundertfünfzig Meter hohe Dachl-Rosskuppen-Verschneidung in vier Tagen erstmals im Winter; die berüchtigte Todesverschneidung. Wenn man sich im Gesäuse eine Forstenlechner-Route vornimmt, muß mit äußersten Schwierigkeiten gerechnet werden. Der Holzfäller hat seit 1950 einen fast legendären Namen. Damals war ihm mit dem Wiener Erich Waschak die Eiger-Nordwand in achtzehn Stunden gelungen; die vierte Begehung. Und mit Hans Willenpart hatte er 1952 den himmelstrebenden Walkenpfeiler an den Grandes Jorasses bezwungen. Nun braucht er noch die Matterhorn-Nordwand, dann stehen ›Die drei letzten Probleme der Alpen‹ auf seiner Tourenliste. Sepp Larch war 1952 die siebte Eigerwand-Begehung gelungen. –
Zu dritt braucht man normalerweise fast noch einmal so viel Zeit wie in einer Zweierseilschaft, obschon dreien eine größere Sicherungsmöglichkeit gewährleistet ist. Aber Forstenlechner, Larch und Willenpart stürmen am 25. Juli 1954 kurz nach fünf Uhr über das Einstiegseisfeld hinauf, als wäre überhaupt nichts dabei; ohne Seil, ohne Sicherung. Erst vor der Querung nach rechts zum Couloir binden sie

die Seile um. Das sind wilde Gesellen, die das Althergebrachte in den Wind schlagen. Willenpart trägt eine Skimütze mit Sonnendeckel, Forstenlechner eine Gebirgsjägermütze, Larch hat sich ein Taschentüchl um die Stirn gebunden. Prachtvolles Wetter und ausgezeichnete Verhältnisse. Teilweise können sie sogar die Anorakärmel hochstülpen, so schön warm ist's.

Aber Wärme in dieser Wand ist gefährlich; der Eiskitt taut auf, Steine lösen sich. Dennoch ist die Wand ziemlich ruhig. Nichts passiert. Alles läuft ab, Zug um Zug, ohne Überraschung. Im Couloir brauchen sie nicht einmal Steigeisen. Die drei klettern nicht weniger schnell als eine Zweierpartie; sie haben eine richtige Gaudi am Aufstieg, ab und zu ist sogar ein kurzer Jodler zu hören. So geht's vom Couloir geradlinig hinauf.

Mensch! . . . dort oben . . . zwei riesige Blöcke in der Schlucht, die von der Schulter herabzieht. Unheimliches Gekrache . . . sie reißen andere mit, teilen sich . . . eine donnernde Steinlawine.

Der neben Larch stehende Forstenlechner ist fast gelähmt vor Schrekken und schreit verzweifelt: »Hans . . . Steine . . . jetzt ist's aus!«

Das Krachen kommt näher – Willenpart ist unter ihnen.

Ohne Plan, ohne Überlegung, von ihrem Instinkt getrieben, finden sie rechts spärliche Deckung.

Donnern – Surren – Pfeifen – Zischen.

Dann Gestank, polternde Nachzügler – Ruhe.

Forstenlechner und Larch schauen hinab, wo Willenpart sein muß. Er ist da und am Leben. Nur Splitter hatten sie abbekommen, sonst nichts. Das ist Glück! Aber aufgeregt hat es sie anständig. Jetzt nur raus aus diesem Trichter. – Gegen neunzehn Uhr geben sich die drei Niederösterreicher auf dem Schweizergipfel den Händedruck der Freude und Dankbarkeit. Immer noch herrscht herrliches Wetter, so daß sie genießerisch verweilen können. Nach den vierzehnstündigen Anstrengungen tut das gut. Am gleichen Abend erreichen sie die Solvayhütte. –

Sepp Larch und Hans Willenpart verschlug das Glück in den Karakorum, wo sie mit Fritz Moravec den 8035 Meter hohen Gasherbrum II erstmals besteigen.

Auch für sie führte der Weg zu den höchsten Bergen der Welt durch die Nordwand. –

*

118

Zu den besten und hoffnungsvollsten Westalpenmännern gehören Kurt Diemberger aus Salzburg und Wolfgang Stefan aus Wien. Der Bergsommer 1956 bringt ihnen Erfolg auf Erfolg. Kluge Köpfe, die sich größte Ziele stecken, aber überlegt. Nie wird ein Unternehmen zur Farce. Vor Tagen durchstiegen sie die Breithorn-Nordwand und eröffneten in der Nordostwand des Lyskamm-Westgipfels eine neue Route. Vor einem Jahr waren sie gemeinsam in der Dent-d'Hérens-Nordwand – schon richtige Westalpenfüchse.

Ihre Durchsteigung der Matterhorn-Nordwand am 26. Juli 1956 bei sehr schlechten Verhältnissen in siebzehn Stunden ist nur eine kurze glückliche Station auf ihrem langen, steil emporziehenden Weg als Bergsteiger. Ein unvergeßlich schöner Höhepunkt von vielen. Warmes, sonniges Wetter begleitet sie, und es gibt keinen ernsten Zwischenfall. Wolfgang Stefans Worte bringen es zum Ausdruck:

»Die harte Arbeit der letzten siebzehn Stunden, Kälte, Hunger, all das ist vergessen. Mit ehrfürchtigem Schweigen nehmen wir die Schönheit der verdämmernden Natur rings um uns auf. Erst bis das letzte Rot am Himmel verlöscht ist, legen wir das Seil ab, verlassen den Gipfel und beginnen den Wettlauf mit der Finsternis hinunter zur Solvay-hütte. Es ist stockdunkel geworden, und erst auf wenige Meter Entfernung erkennen wir das kleine Hüttlein. Dankbar für den sich uns bietenden Schutz betreten wir den dunklen Raum, wo uns bald der Schlaf übermannt ... Alles überschattend ragt das Matterhorn mit seiner wuchtigen Wand aus dunkler Tiefe zum hellen Licht, als wir von Zermatt Abschied nehmen.« –

Kurt Diemberger machte die Nordwand erstmals mit den neuartigen Steinschlaghelmen bekannt. Helme aus festem Ultramid-B-Kunst-stoffmaterial, die den Bergsteiger weitgehend vor gefährlichen Steinschlagverletzungen schützen. Bei dem Traunsteiner Gustl Kröner hätte ein solcher Schutzhelm 1933 zweifellos den tragischen Ausgang vermeiden können.

Wenige Tage darauf sieht man die beiden in der Grands-Charmoz-Nordwand. Ein Jahr später, 1957, bezwingt Diemberger mit Buhl, Schmuck und Fritz Wintersteller den Achttausender Broad Peak; 1960 mit Schweizern den Dhaulagiri, seinen zweiten Achttausender. Wolfgang Stefan leitet 1960 eine Expedition in den Karakorum. –

Kurt Diembergers Helm macht noch seine Geschichte: Wolfgang Stefan sagte vor dem Wandeinstieg, daß er eine solche »Kachel« (Hafen, Topf) niemals aufsetzen werde. Nach dem Eishagel in der Wand kaufte sich Stefan einen Helm, wie ihn heute alle Bergsteiger in großen Wänden tragen. Diemberger schenkte später seinen Helm der Triestiner Bergsteigerin Bianca Di Beaco – auf ihrem hübschen Kopf zerbarst er schließlich unter der Wucht eines Felsblocks während einer Klettertour in der Türkei.

Allein?

Österreichs Bergsteiger scheinen die Nordwand in ihr Herz geschlossen zu haben. Kurz nach Diemberger und Stefan, August 1956, ist schon wieder einer von ihnen oben in der Hörnlihütte: Leo Forstenlechner, der Gesäusespezialist, der sich mit dem sechsten Schwierigkeitsgrad genauso gut versteht wie mit dem Umlegen der Bäume. Allein. Was will er? Die Nordwand kennt er doch schon. Er hat sie in bester Erinnerung, erst zwei Jahre sind seit seiner Durchsteigung mit Hans Willenpart und Sepp Larch verstrichen. Allein durch die Nordwand? Ja.

Wenn die Eroberung einer Wand Jahre zurückliegt und auch mehrere Wiederholungen gut gelungen sind, wird nach Neuem gesucht. Schon 1941, zehn Jahre nach der Erstbegehung, hatten drei Italiener am Matterhorn eine neue Idee: die Umrundung des Gipfelmassivs in 4300 Meter Höhe. Ost-, Süd-, West- und Nordwand.

Am 25. September 1941 wurde sie Wirklichkeit.

Albert Deffeyes mit Louis Carrel und Pierre Maquignaz verließen um 5.30 Uhr die Hörnlihütte, erreichten über den Hörnligrat um 8.15 Uhr die Schulter, begannen um 9.00 Uhr mit der Querung durch die Ostwand, gelangten um 10.30 Uhr zum Furggengrat, standen nach traversierter Südwand um 11.15 Uhr am Liongrat und nach der Westwand um 12.10 Uhr am Zmuttgrat, also rechts des Nordwand-Gipfeldaches. Das Gesehene war bis dorthin sehr eindrucksvoll. Aber auch für dieses Unternehmen wird die Nordwand zum Höhepunkt.

Albert Deffeyes:

»Es ist kaum möglich, ein verräterischeres Gelände zu finden: wo die Griffe fest sind, ist der Fels vereist, aber meistens sind sie nicht fest . . . Auf diese Weise setzt sich unsere Traversierung fort, ohne jegliches Vergnügen . . . Wir haben scheußlich Angst . . . Solche Augenblicke vergißt man nie, und man muß das durchgemacht haben. Nicht umsonst wollte Maquignaz seiner Führerlaufbahn ein würdiges Ende setzen, um zu guter Letzt sich sagen zu können, daß er, Maquignaz, seines Zeichens Bauer oder Maurer, schließlich sogar die Nordwand des Matterhorns durchquert hat. Um sein bescheidenes Maurerhandwerk bis ans Ende seiner Tage ausüben zu können, brauchte er ein solches Erlebnis.«

Um 15.00 Uhr erreichten sie, hundert Meter über ihrem Ausgangspunkt, den Hörnligrat. Die Nordwand hatte den dreien am meisten Zeit abverlangt, den härtesten Einsatz, aber sie vermittelte ihnen auch den nachhaltigsten Eindruck. –

Leo Forstenlechner ist nicht zum Matterhorn gefahren, um mit einem gewagten Alleingang durch die Nordwand seiner Bergsteigerlaufbahn ein würdiges Ende zu setzen. Er steht im besten Mannesalter, voll Kraft und Unternehmungsgeist.

Die erste Alleinbegehung der Wand ist fällig, das nächste Problem.

An den Fähigkeiten des Österreichers ist beileibe nicht zu zweifeln. Und viele günstige Voraussetzungen liegen auf seiner Seite – er kennt die Wand und ihre Gefahren. Aber die Verhältnisse haben sich seit Diemberger kaum gebessert.

Auf dem Einstiegseisfeld lagert eine windgepreßte Neuschneeschicht. Der Schnee ist griffig.

Das ungesicherte Aufsteigen kann Forstenlechner nicht aus der Ruhe bringen. Er kennt es von seiner letzten Nordwand-Begehung. Aber es ist gefährlich. Er wandelt auf der Grenze des Verantwortlichen.

Nur ein kleiner Stein braucht ihn zu treffen, und schon kann er das Gleichgewicht verlieren.

Großes Erleben will seinen Zoll.

Leo Forstenlechner ist vom Bergschrund weg noch keine Stunde unterwegs, da hat er bereits mehr als die Hälfte des Eisfeldes unter sich, dreihundert Meter über dem Plateau des Matterhorn-Gletschers. Noch hundertfünfzig Meter sind's hinauf zu den Felsen.

Plötzlich ein dumpfer Knall, wie eine erstickte Explosion . . .

Die Hölle ist losgebrochen . . . der Berg . . . alles unter Forstenlechner bricht zusammen . . . kommt in Bewegung . . . stürzt in die Tiefe, in den Abgrund . . . mit ihm! Eine Höllenfahrt.

Die Spannung in der windgepreßten Schneeauflage war gebrochen – eine Schneebrettlawine.

Forstenlechner erlebt alles in vollem Bewußtsein. Er muß die Nähe des Todes in sich fühlen, zumindest die bohrende Ungewißheit, was die nächsten Sekunden, Sekundenbruchteile für ihn bringen – Leben oder Tod, dazwischen schwebt er.

Ein Glück, daß hier das Eisfeld noch geschlossen ist, ohne vorspringende Felsen – die Fahrt ist haltlos, ohne Hindernis.

122

Forstenlechners Körper fliegt über den dunklen Bergschrund hinweg, landet darunter im noch steilen Auslauf des Eisfeldes, wird von den Schneemassen weitergeschoben, getragen. –
Noch liegend, bewegt Forstenlechner seine Glieder – alle sind ganz. Er ist mit Schrecken und leichten Verletzungen davongekommen! Allein? Nein. Jetzt nicht mehr. Die rasende Fahrt war ausreichend abenteuerlich. Und vielleicht auch ein gütiger Wink des Schicksals.

Mehr Glück
als Verstand

Im darauffolgenden Jahr bleibt die Nordwand ohne Ereignis – die
Eiger-Nordwand wird zum Mittelpunkt. Dort kämpfen Bergrett-
tungsmänner um das Leben des Italieners Claudio Corti; Stefano
Longhi bleibt tot am Seil hängen, die Deutschen Günter Nothdurft
und Franz Mayer sind verschollen. –
Zwei Jahre nach Forstenlechners Alleinversuch findet sich in der
Hörnlihütte wieder ein einsamer Österreicher ein: Diether Marchart,
Student; mit neunzehn Jahren ein junger Hupfer, den der Kronig
Mattäus zunächst gar nicht ernst nimmt. Aber ein ›pfundiger‹ Kerl,
gescheit, zielbewußt, sympathisch. An die einsachtzig groß und dürr
wie eine Stange, mit einem richtigen Bubengesicht. Aber sein Gesicht
trügt, er ist ein ganzer Mann. Er redet nicht viel. Und wenn, dann hat
jedes Wort Gewicht. Diether Marchart ist am 31. Juli 1958 in der
Hörnlihütte. Da bringt ihm ein herrlicher Zufall den dreiundzwanzig-
jährigen Günther Stärker, bergbegeisterter Gärtner aus Wien; Klub-
kameraden in der Sektion »Austria« des Alpenvereins. Günther ist
einen guten Kopf kleiner als Marchart, bärenstark, wendig und flink,
auch in punkto Entschlußkraft.
Nordwand? Warum nicht! Marchart bringt es fertig, den älteren Spezl
in kürzester Zeit für die Sache zu begeistern.
Das dritte Mal, daß die Matterhorn-Nordwand an einem 1. August
angegangen wird.
Das Glück teilt ihnen heute nicht große Stücke zu: Den ersten Ärger
gibt's durch Verschlafen, erst gegen vier Uhr können sie die Hütte
verlassen; dann das zweifelhafte Wetter und das vollkommen blanke
Einstiegseisfeld, das um fünf Uhr angegangen wird.
Die Wand ist schneefrei, der Fels dürfte trocken sein.
Im oberen Teil des Eisfeldes werden sie von starkem Steinschlag
heimgesucht. Also nach rechts ausgewichen und dort, ähnlich wie
Roch und Hürlimann, über steilen Fels gerade hinauf zum Couloir.
Das ist nur bei diesen Verhältnissen möglich.
Jetzt geht's ohne Steigeisen. Für Marchart hat das den Nachteil, daß

seine Zehen mit dem Fels fast ein Liebesverhältnis anbandeln können, denn die Schuhe sind vorne durch. Vorausblickend hatte er über die Strümpfe Nylonsäckchen gezogen – immerhin. Überhaupt war's mit der Ausrüstung ein arger Jammer, versteht sich auch, bei diesem Blitzentschluß für die Nordwand, mühevoll mußten in der Hütte die wichtigsten Sachen ergattert werden. Mein Gott, früher waren die Nordwandler auch nicht immer bis aufs letzte Tüpferl beinander.

Marchart und Stärker legen los wie verspätete Feuerwehrleute.

In Wandmitte kommt die nächste böse Einlage: Diether Marchart hängt an einem Überhang . . . Der Überhang bricht mit Diether Marchart ab, aber der baumelnde Diether macht einen verrückten Aufwärtshupfer – und kann sich an einigen herausstehenden Schubladen halten. Der Überhang donnert in tausend Stücken an Stärker vorbei.

Das gibt's nur in der Nordwand. Und aushalten können das nur Männer mit Drahtseilnerven.

Weiter oben stürzt eine Steinlawine krachend und stinkend auf sie zu: Stärker spürt den Wind der vorbeisausenden Felstrümmer, aber es passiert nichts.

Es geht auf die vierte Nachmittagsstunde zu. Sie treiben sich gegenseitig an wie ein eilender Wiener Fiaker seine Gäule.

Biwak darf's keines geben, der Diether hat für den 2. August eine Verabredung in Grindelwald, und der zweite August ist morgen.

Also müssen sie links hinaus zur Schulter und auf den obersten Wandteil verzichten – schade. Aber wenn man eine Verabredung hat, muß sie eingehalten werden, das versteht auch Stärker.

Um siebzehn Uhr erreichen sie das obere Ende der Schulter – bravo!

Diether Marchart: »Alles in allem hatten wir mehr Glück als Verstand.«

Soll mit Moralpredigten auf sie eingepaukt werden? Dann müßte jeder Bergsteiger dazu antreten. Das ist das junge Blut, das stürmische, und da fehlt es auch meist nicht am Aufgebot der Schutzengerln.

Günther Stärker: »Für uns beide war diese Fahrt ein großartiges Erlebnis und persönlich gesehen wohl auch eine ›Begehung‹.«

*

Mitte Juli 1959 flattert eine schöne Ansichtskarte mit dem abgebildeten Matterhorn auf meinen Schreibtisch: »Gestern, 9. Juli 1959, haben mein Heeresbergführerkollege und ich die Matterhorn-Nordwand in neun Stunden direkt bis zum Gipfel durchstiegen.

Verhältnisse waren gut, Steinschlag mäßig, Wetter prima. Ich habe die ganze Wand mit einer 16-mm-Kamera gefilmt. Alles ist sehr ausgesetzt, brüchig, vereist usw., aber großartig. Viele Grüße, Herbert Raditschnig – Hans Zach.«

Die Wand der Österreicher!

Der fünfundzwanzigjährige Kärntner Herbert Raditschnig ist als Heeresbergführer in Salzburg stationiert, der um ein halbes Jahr ältere Salzburger Johann Zach in Absam bei Hall in Tirol. Herbert Raditschnig ist bekannt als Sprinter, nichts kann ihm schnell genug gehen, auch im schwierigsten Fels. Das ganze Jahr stecken die beiden im Gebirg und haben unbegrenzte Trainingsmöglichkeiten.

In neun Stunden durch die Nordwand – und dabei noch einen Film gedreht, das ist auch noch nie dagewesen; immer wieder gibt es etwas Neues. Das können sich nur erprobte Männer leisten wie Raditschnig und Zach. –

Raditschnig sieht ein Jahr später die Eisriesen des Karakorums. –

*

Auch die kurz darauf folgende Seilschaft unternimmt Neues in der Nordwand. Sie unterbricht die lange Reihe der Österreicher. Es sind Schweizer: Fredy Hächler aus Hérémence im Val d'Hérens und Alois Strickler aus Morges am Genfersee; vertraut mit schwierigsten Fahrten in den Ost- und Westalpen. Ruhige Männer, von denen jedes Wort mit der Beißzange herausgezogen werden muß.

Das Wetter wäre schon recht. Aber vor einigen Tagen schneite es bis zum Schwarzsee hinunter, die Wand schaut verdammt weiß her. Also muß gewartet werden.

Am 16. Juli steigen Hächler und Strickler über das Einstiegseisfeld auf, legen eine schöne Stufenleiter an und steigen wieder ab zur Hütte. Sozusagen als Zeitvertreib und Vorarbeit.

Aber am nächsten Tag, 17. Juli, an dem sie richtig einsteigen, zeigt sich's, daß die Stufen von herabgewehtem Pulverschnee angefüllt sind. Doch erleichternd sind sie.

Bereits bei Tagesanbruch stehen die beiden Schweizer am oberen Ende des Eisfeldes. Die Querung zum Couloir: sehr heikel. Im Couloir: Steinschlag. Sie versuchen, der gefährlichen Zone zu entkommen: Aus dem Couloir wird zwei bis drei Seillängen nach rechts gequert. In völliges Neuland. Dort zieht eine Rippe hinauf. Es gelingt. Dort, wo das Couloir einen Bogen nach links beschreibt, verliert sich die Rippe in der Wand. Der Neuschnee macht ihnen schwer zu schaffen. Ihr Vorhaben, an einem Tage durchzukommen, müssen sie aufgeben.

Bei einbrechender Nacht beziehen Strickler und Hächler achtzig Meter unterhalb der letzten Steilstufe in der Gipfelwand das Biwak. Ein markanter Überhang schützt sie vor Steinschlag: der Höhenmesser zeigt 4300 Meter. – Um acht Uhr des nächsten Tages (18. Juli) wird bei schönstem Wetter der Gipfel erreicht.

Alois Stricklers Eindrücke:

»Was mir an dieser Wand ganz besonders gefallen hat, ist der Umstand, daß der Bergsteiger nicht an vorgezeichnete Kletterstellen gebunden ist. Die Struktur der Matterhorn-Nordwand läßt, im Gegensatz zu anderen Wänden, seinen Begehern größten Spielraum in der Wahl der Führe. Je nach Verhältnissen und Umständen wählt der Bergsteiger seinen Weg. Also erlebt er sie fast so, wie sie die Erstbegeher erlebt haben müssen.« –

Zwei Jahre später bezwingt Alois Strickler mit dem Österreicher Leo Schlömmer die Eiger-Nordwand in sehr kurzer Zeit.

In fünf Stunden!

Am 21. Juli 1959, also kurz nach Hächler und Strickler, taucht der hochgeschossige Mann mit dem freundlichen Bubengesicht in Zermatt wieder auf: Diether Marchart.
Allein.
Diesmal sucht er nicht nach einem Partner, er braucht keinen, allein will er durch die Nordwand, die er 1958 mit Günther Stärker bis zur Schulter kennengelernt hat. Seit einem Jahr verkehrt zwischen Zermatt und Schwarzsee eine Seilbahn. In den sicheren Kabinen kann man die neunhundertfünfzig Höhenmeter in elf Minuten hinaufsegeln. Aber Diether Marchart segelt die Strecke nicht hinauf, er geht die Strecke zu Fuß; die Bahn kostet zwölf Franken, und der Weg durch die Lärchenwälder ist schön. Lassen wir den Einsamen sein Abenteuer erzählen; aus seinem Bericht, den ich wenige Tage später, handgeschrieben, in Händen halte, weht der frische Wind vom Matterhorn:
»Hoch über mir schweben die silbernen Gondeln der Seilbahn, tief unten wird das blaue Visptal immer undeutlicher. Bei der Bergstation halte ich kurze Rast und betrachte vergnügt das Wettrennen, das bei den anderen Matterhorn-Stürmern wegen der Schlafplätze in der Hörnlihütte beginnt. Mir eilt es nicht, denn ich habe mein Nachtlager im Rucksack. In Ruhe kann ich den gewaltigen Aufbau des Matterhorns bewundern. Makellos ragt es in den blauen Himmel, umspannt von seinen vier berühmten Graten.
Dann gehe ich weiter und erreiche bald die Hütte, in der gefährtenlose Touristen auf Einzelgänger warten; es wimmelt von Menschen. Jung und alt, Männer und Frauen aller Nationen wollen morgen das Horn erstürmen.
Ich gehe an der lärmenden Schar vorbei und steige hinauf bis zum ersten Aufschwung des Hörnligrates. Mit Steinplatten baue ich mir einen Biwakplatz, wobei ich mißgestimmt das Aufziehen eines Gewitters beobachte. Dann noch der böse Streich meines Kochers: er explodiert. Es gibt nur ein kaltes Nachtessen, und, was noch schlimmer ist: ein

128

*kaltes Frühstück. Ich krieche in den Schlafsack und ziehe den Biwak-
sack über die Ohren. Es beginnt zu regnen. Eintönig klatschen die
Regentropfen auf die Perlonhülle. In mir steigen dunkle Gedanken
auf, Bedenken, die aber von meinem gefaßten Plan genauso abpral-
len, wie die Regentropfen durch die glatte Hülle des Biwaksackes nicht
einzudringen vermögen. Es wird Nacht...*

*Das Wettrüsten der Hörnligrat-Anwärter weckt auch mich. Etwa drei
Uhr dürfte es sein, höchste Zeit, aufzustehen und den Biwakplatz zu
verlassen. Mit Freude sehe ich den Mond, der gespenstische Zeich-
nungen auf meinen Biwaksack zaubert; das Wetter ist gut!*

*Das Frühstück, bestehend aus etwas Brot und Margarine, würge ich
lustlos hinunter, dann packe ich den Kletterrucksack.*

*Daunenjacke, Biwakschuhe, Sturmhaube, Fäustlinge, lange Unterho-
sen und Biwaksack, etwas Proviant und das Kletterzeug: zwei Eishaken, drei Felshaken, drei Karabiner, Steigeisen, Eisbeil und zehn
Meter Reepschnur aus Perlon – das wird genügen. In der Hosentasche,
wie immer, Notverband und Schneebrillen. Auch Reserveriemen für
die Steigeisen, seit mir in der ›Direkten Großglockner-Nordwand‹ ein
Stein den Riemen durchschnitten hat.*

*Die Steigeisen lege ich gleich an, dann trete ich in den Schatten der
rechten Gratflanke. Etwas absteigend, überquere ich zwei Spalten auf
schmalen Eisrücken, so erreiche ich, über Fels und eine Eisflanke an-
steigend, den Matterhorngletscher. Bald strebe ich dem Bergschrund
zu, der wie ein Burggraben unterhalb des Einstiegseisfeldes verläuft.
An der schwächsten Stelle will ich die Abreißkluft überlisten. Wo sich
diese befindet, kann ich in der Dunkelheit nicht feststellen. Deshalb
benütze ich die Unterlippe der Kluft, um zu queren, bis ich endlich
einen günstigen Übergang entdecke. Auf unsicherem Eisbogen ge-
winne ich ein überdachtes Eisband, auf dem ich hinauskrieche in die
Ausgesetztheit der Flanke.*

*In der Rechten das Eisbeil, in der Linken den Eishaken, geht es,
gleichmäßig atmend, dem oberen Ende der blanken, gewölbten Eis-
fläche zu. Bevor ich die Felsen erreiche, entdecke ich einige alte Stufen,
die mich daran erinnern, daß vor vier Tagen eine Seilschaft die Wand
durchstiegen hat. Ich vertraue aber der Schärfe meiner Steigeisen und
steige, um Zeit zu sparen, direkt zu den Felsen hinauf. Eine vereiste,
mit einem Überhang bewehrte Verschneidung zwingt mich, die
Zwölfzacker abzulegen. Bald komme ich aber wieder ins Eis und muß
sie neuerlich anschnallen.*

Es gilt nun, das Couloir – die Schlüsselstelle der ganzen Wand – durch eine sehr heikle Querung zu gewinnen. Nur lose liegt das Eis auf dem Fels; wenn man durchtritt, springen große Schollen ab und verschwinden krachend in der Tiefe. Ab und zu, wenn die Steigeisen hart auf den Fels schlagen, sprühen Funken auf, kleine Sternschnuppen in der stillen Nacht, die nur langsam dem neuen Tag weicht.

Dent Blanche und Weißhorn sind die ersten, die ihre Häupter aus der Dunkelheit zu heben vermögen, verschlafen folgt das Rothorn und reckt seine wilden Zacken in das lodernde Licht des jungen Tages.

Das Couloir, das sich im letzten Sommer aper zeigte, ist jetzt vollständig mit Eis bedeckt. In grünlichen Schläuchen rinnt es herab und sieht aus, als griffe der Winter, in seinem letzten Versteck aufgescheucht, mit eisigen Krallen nach dem winzigen Menschlein, das, einer Ameise gleich, der riesigen Flanke Meter um Meter abgewinnt.

Die Felsen weichen zurück, der Blick zum Schweizergrat wird frei. Die vielen Führer-Seilschaften, die auf der luftigen Gratschneide zu erkennen sind, schauen aus, als marschiere eine Kolonne von kleinen Käfern gegen den Himmel. So nahe ist der Grat, und doch sind unsere Welten, die der Führer und meine, so unendlich voneinander entfernt. Alle jene Menschen sehen in der Erreichung des Gipfels, wie ich, die Erfüllung eines großen Wunsches; ich werde den gleichen Gipfel erreichen, doch ist mein Gipfel völlig anders geartet; von dem Gipfel der anderen getrennt durch den schmalen Grat der Entbehrungen, der Mühsal und des harten Trainings.

In Fels und Eis suche ich meinen Weg. Es ist die Zone des Pulverschnees, den das gestrige Gewitter auf die blanke Unterlage gestäubt hat: das Klettern wird zur Qual. Einmal komme ich an einem Felshaken vorbei, der beweist, daß es in der Wand doch ab und zu gelingt, einen sicheren Haken anzubringen; er ist rostig und verbringt sein Dasein in einer einsamen Welt. Ich schlage eine Stufe ins Eis: meine einzige in der ganzen Wand. Auf ihr kann ich ein wenig rasten.

Dann geht es im Steileis weiter. Fast mechanisch schiebt sich mein Körper Stück für Stück hinauf; das Tempo wird langsamer, denn ich habe die 4000-m-Grenze schon überstiegen. Noch ein paar vereiste Platten, dann der Grat – der Gipfel!

Ist es Siegesfreude oder Stolz, die mein Herz bewegen? Nein, beileibe nein, es ist Wehmut. Ja, richtige Wehmut, weil diese herrliche Fahrt nur noch Erinnerung sein kann in mir, weil sie nun ausgeschieden ist aus dem wechselnden Spiel der Wünsche und Sehnsüchte: erlebtes Abenteuer.

Es ist eine fast heilige Wehmut, die auch das Herz des alternden Berg-steigers erfüllt, wenn er sagt: ›Siehst du, da oben war ich.*

›Sie sind es also, der allein durch die Nordwand gestiegen ist – Sie sind wohl lebensmüde?‹ *sagt der Schweizer Bergführer, der Tag für Tag fä-hige und unfähige Touristen über den Hörnligrat auf das Matterhorn zu führen hat; er spricht offen aus, was sich viele andere Menschen denken.*

Bin ich nun wirklich ein Selbstmörder? Ich stünde jetzt nicht auf dem Gipfel des Matterhorns, hätte ich mir diese Frage nicht schon längst beantwortet, wenn ich nicht schon vor der großen Fahrt zu dem Schluß gekommen wäre, daß eine Alleinbegehung dieser Wand nicht mehr *an Gefahren bietet, als alle großen Anstiege durch berühmte und be-rüchtigte Wände der Alpen . . . Es geht auf die elfte Stunde zu. Wäh-rend ich mich bei leichtem Schneegestöber an den Abstieg mache, durchdenke ich nochmals alle Überlegungen, die mir das Gelingen dieser Fahrt wahrscheinlich hatten scheinen lassen.*

Es ist bekannt, daß von den vielen Wänden in den Alpen drei Anstiege herausragen, die an Schwierigkeit und Gefährlichkeit ihresgleichen suchen: Eiger-Nordwand, Walkerpfeiler an den Grandes Jorasses und die Matterhorn-Nordwand. Gewiß gibt es viele andere Anstiege, die technisch bedeutend größere Schwierigkeiten bieten, die drei erste-ren werden aber auch künftig die drei größten und bedeutendsten Unternehmungen in den Alpen darstellen, gleichgültig, ob mit künstli-chen Hilfsmitteln überhängende Dolomitenwände gemeistert werden. Und ausgerechnet eine von diesen drei großen Wänden wollte ich al-lein durchsteigen?

Ich versuche die Frage zu beantworten, warum ich das scheinbar grö-ßere Risiko einer Alleinbegehung auf mich genommen habe. Warum klettere ich überhaupt allein?

Zwei Gründe sind es vor allem:

Erstens, daß der geplante Anstieg in seinen technischen Schwierigkei-ten den vierten Grad nicht überschreitet, so daß auch bei unvorherge-sehenen Zwischenfällen meine Leistungsgrenze nicht überschritten wird;

zweitens, daß ich die Fahrt schon kenne und daher alle Möglichkeiten des Gelingens, aber auch die eines Rückzuges oder eines Ausweichens genau abschätzen kann, so daß auch eine Fahrt, wie sie die Nordwand des Matterhorns bietet, genügendes Können vorausgesetzt, mit gutem Gewissen angetreten werden kann.

Außerdem gibt es noch einen anderen Grund, der mich die Alleinbe-

gehung einer Zweierseilschaft vorziehen läßt. Bei ›meiner‹ Nordwand war dieser Grund nichts anderes als der Steinschlag. Er scheint bei flüchtiger Betrachtung die größte Gefahr für den Alleingänger zu sein. Setzt man sich mit dieser Gefahr, die ja das eigentliche Problem darstellt, kühl berechnend auseinander, kommt man zu dem Ergebnis, daß gerade der Alleingänger die größte Chance hat, ihr nicht zu begegnen. Er, der Alleingeher, beansprucht nämlich nur die halbe Kletterzeit einer Zweierseilschaft und weist nur deren halbe Masse auf. Schon daraus ergibt sich eine viermal so große Sicherheit, von keinem Stein getroffen zu werden. Zu guter Letzt ist es dem Alleingeher möglich, den unteren, wirklich gefährlichen Wandteil zu einem Zeitpunkt zu bewältigen, an dem keine Steinschlaggefahr herrscht, da der Nachtfrost die losen Steine festfrieren läßt.

Was aber, wenn der Alleingeher trotz aller Berechnungen und Überlegungen von einem Stein getroffen wird?

Die Antwort: in der Matterhorn-Nordwand ist ein Rückzug nur sehr fraglich, ebenso auch eine Hilfe von oben; die Sicherungsmöglichkeiten für eine Seilschaft sind mehr als zweifelhaft, da fast keine Zwischenhaken und nur selten gute Standhaken angebracht werden können; eine Verletzung oder ein Sturz des Seilersten würde sicherlich zu einer Katastrophe führen, ebenso wie beim Alleingeher, der somit wirklich kein größeres Risiko einzugehen braucht. Vorausgesetzt natürlich, daß er den technischen Schwierigkeiten einwandfrei gewachsen ist.«

Diether Marchart schreibt mir in seinem Begleitbrief: »Meine Bergfahrt, auf die ich mich bestens vorbereitet habe, wird in Bergsteigerkreisen vielleicht Entrüstung hervorrufen.«

Entrüstung? Vielleicht bei den Gestrigen, die noch nie das Abenteuer in dunklen Wänden ausgekostet haben, sich davor zu hüten wußten. So müßte die Bergsteigerwelt heute noch entrüstet sein über die Taten eines A. F. Mummery, eines Georg Winkler, eines Hermann Buhl, der vor zwei Jahren an der Chogolisa im Karakorum zu Tode stürzte.

Bei Diether Marcharts Unternehmen haben sich die Vorteile des Alleingehers bestätigt. Er benötigte nur fünf Stunden, halb soviel Zeit wie eine erstklassige Zweierseilschaft. Und er blieb vom todbringenden Steinschlag verschont.

Dazu aber muß ein Alleingeher Nerven haben, so stark, daß ihn selbst die zweite Nordwand-Bekanntschaft nicht abzuschrecken vermag. – Ein Jahr später bezwingen Diether Marchart und Günther Stärker den 7885 Meter hohen Distaghil-Sar im Karakorum. –

Aber drei Jahre später geht Diether Marcharts Alleingang-Rechnung, daß man allein »kein größeres Risiko einzugehen braucht«, leider nicht mehr auf: am 22. August 1962 stürzt er als Alleingeher in der Eiger-Nordwand tödlich ab.

*

Acht Jahre nach Diether Marchart kommt der nächste Alleingeher: Am 28. Juli 1967 steigt der Salzburger Max Friedwanger allein in die Schmid-Führe ein: »Bevor ich jedoch die ›Schulter‹ erreichte, stürzte ich 50 Meter durch das Ausbrechen einer Schuppe ins Seil. Ich hatte eine Selbstsicherung, das heißt ein 50-Meter-Seil, durch eine Haken-öse gezogen. Wie durch ein Wunder hielt der nach unten stehende Haken den enormen Ruck aus. Ich hatte dabei vielleicht mehr Glück als Verstand.«
Friedwanger hat sich bei diesem Sturz einen Knöchelbruch und Verletzungen an beiden Händen zugezogen. Mit einer Schweizer Seilschaft erreicht er nach einem Biwak etwa 60 Meter unterhalb der »Schulter« am 29. Juli den Hörnligrat.

Im Schneesturm

Im Sommer 1960 herrscht in Zermatt nur selten sommerliches Wetter. Immer wieder frißt sich der Neuschnee weit ins Tal hinab. Die Fremden sind meist in die feinen, teppichbeladenen Räumlichkeiten der Hotels verbannt. Die Hotelbesitzer schimpfen. Eine schlechte Saison – Zermatt ist nicht voll belegt. Das kommt selten vor. Sogar im Hotel Bahnhof ist nicht viel Betrieb. Das Hotel Bahnhof in Zermatt unterscheidet sich von den anderen Hotels sehr – es ist eine Hochburg der Bergsteiger. Ein Asyl für verwegene Gestalten, die nichts anderes wollen, als Berge besteigen.
Bernard Biner ist der gute Geist dieser Hochburg, sozusagen der Besitzer des Hotels.
In den Zimmern gibt es kein Telefon, aber Tapeten, die vielleicht fünfzig Jahre alt sind.
Zimmer, in denen sich nur selten Leute mit einem Bankkonto zur Ruhe legen. Aber jeder in Bernard Biners Obhut fühlt sich wohl. Biner sitzt abends mit den bärtigen Gesichtern zusammen im Keller, im Selbstversorgerraum, wo der eine seine Suppe löffelt, der andere eine Bratwurst knackt. Mit Bernard Biner kann man übers Wetter reden, über die Geschichte Zermatts, über Politik, über Literatur und Philosophie. Er ist einer der weisesten Männer im Dorf. Er spricht außer gepflegtem Schriftdeutsch und breitem Walliser Dialekt Italienisch, Französisch und Englisch.
Als Bergführer – aus Gesundheitsgründen kann er den Beruf nicht mehr ausüben – steht er seinen Schützlingen mit besten Ratschlägen zu Diensten.
Bernard Biner hat für sein Haus einen Werbeslogan, auf den er stolz sein darf: »Hier wohnen die besten Bergsteiger und die nettesten Mädchen!«
Auf Prospekten steht das freilich nicht, denn es gibt keine. Die Bergsteiger kommen auch so. Sie wissen, daß Bernard Biner die unterste Preisgrenze Zermatts hält. Wenn Bernard Biner und sein Hotel nicht mehr sind, dann ist Zermatt nicht mehr Zermatt. –

134

In diesem miserablen Bergsommer frage ich Bernhard Biner, wie es um die großen Sachen stehe. Und er sagt:

»Die sind zur Zeit nur in den Führern enthalten.«

Dennoch sieht die Nordwand ihre Belagerer:

Walter Almberger aus Eisenerz in der Steiermark, Adolf Weißensteiner aus Hieflau, die Brüder Adolf und Franz Huber aus Palfau und Landl bei Hieflau; Gerhard Jungwirth aus Niederösterreich und Gernot Urschler aus Innsbruck.

Am 27. Juli 1960 stehen sie um fünf Uhr am Bergschrund. In der Wand herrschen winterliche Verhältnisse, das Wetter ist zweifelhaft. Almberger und seine drei Kameraden beratschlagen, sind hin und her gerissen. Jungwirth und Urschler wollen nicht einsteigen. Die Steirer, in den Gesäusewänden groß geworden, haben ihre eigene Meinung. Sie steigen ein. Das stimmt die andern um. Was sich die Steirer zumuten, können wir auch wagen! Ein gefährliches Spiel, ein Treiben auf dem Strom des Schicksals. Jungwirth fühlt sich mit seinen neuen Griveleisen (Grivel-Steigeisen, benannt nach ihrem Hersteller im Aostatal) nicht sehr sicher; sie greifen nicht so gut wie die Steigeisen aus Fulpmes, die ihm beim gestrigen Einstiegsversuch gebrochen waren. Bereits am Beginn der Querung nach rechts zum Couloir setzt Schneefall ein. Nicht selten muß der Kletternde einige Minuten stehenbleiben, um von den kleinen Schneerutschern nicht aus dem Gleichgewicht geworfen zu werden.

Im Schneegestöber wird bis zwanzig Uhr weitergeklettert. Am Ende des Couloirs finden sich nur sehr schlechte Biwakmöglichkeiten. Aber es gibt keine andere Wahl. Jungwirth und Urschler sind zwanzig Meter unter den Steirern.

Eine kalte, scheußliche Nacht. Almberger, Weißensteiner und die Brüder Huber haben schlechte Schuhe und ziehen sich empfindliche Erfrierungen an den Füßen zu. Aber alle sind es harte Burschen, die kein Jammern kennen und die Zähne zusammenbeißen: Bergmann, Zimmermann, Bahnstreckengeher.

Am nächsten Morgen hat sich das Wetter etwas gebessert. Die Vierer- und Zweierseilschaft steigen um sechs Uhr in der weißen Felslandschaft weiter. In den Mittagsstunden bricht ein neuer Wettersturz mit noch größerer Gewalt und Härte über sie herein. Bittere Stunden und nur langsames Höherkommen.

Die Steirer lassen für ihre folgenden Kameraden die Haken stecken, Franz Huber wirft ihnen immer wieder Seilschlingen zu, und sie sind froh um diese Hilfe. In so ernster Lage muß man zusammenhalten.

Zweihundert Meter unter dem Gipfel sind alle sechs Österreicher fürs Hinausqueren zum Schweizergrat, alles andere ist sinnlos.
Doch wenig später, nach zwei Seillängen, sind Jungwirth und Urschler in der Waschküche untergetaucht. Wohin?
Almberger und seine Kameraden können nur hoffen, daß die beiden nun doch noch bis zum Gipfel durchsteigen wollen. Die Steirer erreichen ohne Zwischenfall das obere Ende der Schulter und am gleichen Abend noch die Hörnlihütte.
Jungwirth und Urschler raufen sich noch durch bis zum italienischen Gipfel, den sie, die letzten fünfzig Meter auf dem Zmuttgrat kletternd, um halb acht abends erreichen. In der zweiten Nacht hocken sie hundert Meter oberhalb der Solvayhütte auf dem Schweizergrat; am Vormittag des 29. Juli kommen sie vollkommen erschöpft mit Erfrierungen an den Füßen zur Hörnlihütte. –
Ein gutes halbes Jahr später stellt Walter Almberger seine Fähigkeiten erneut unter Beweis: erste Winterbesteigung der Eiger-Nordwand. –
Der hoffnungsvolle Gerhard Jungwirth wird im März 1961 mit zwei Kameraden Opfer einer Schneelawine in der Watzmann-Ostwand.

136

Das Nordwandjahr

Der 23. Juli sieht in der Hörnlihütte die ersten Nordwand-Kandidaten des Sommers 1961. Am Horn liegt noch viel Schnee; große Sachen wurden noch nicht gemacht in diesem Jahr. Der steirische Heeresbergführer Leo Schlömmer und der Südtiroler Karl Schönthaler, wechselhaft in München oder Innsbruck ansässig, wollen es mit der Nordwand probieren. ›Charlie‹, wie Schönthaler genannt wird, war von Schlömmer telegraphisch nach Zermatt beordert worden.

Außer dem Charlie sind auch noch zwei andere da: Brian Nally und Robin Smith, die ersten Engländer für die Nordwand.

Edward Whymper hätte an den beiden wilden Gesellen seine helle Freude. Die hat auch Schönthaler. Er findet sie mit ihren verwitterten Blue jeans, zerschlissenen Anoraks und luftigen Schuhen herrlich: »Des san halt Bursch'n, de sich mit solchene Sach'n in d'Nordwand trau'n!«

Weniger der Leo, der zwar gut improvisieren kann, aber von der britischen Leichtigkeit nicht viel hält.

Er denkt weiter: Was ist, wenn die Engländer mit ihrer dürftigen Ausrüstung in der Wand versagen. Wenn etwas passiert?

Was den Charlie noch sehr beeindruckt, das sind, wie er sagt, die beiden feschen Pupp'n, die den Engländern Brote streichen. Sie bringen den Charlie ganz durcheinander! –

Am nächsten Morgen, 24. Juli, interessiert ihn aber nur noch die Nordwand. Er ist etwas unruhig, die Barometernadel steht vier Striche tiefer.

Mal sehen. Bis zum Wandfuß kann man auf jeden Fall gehen.

Am Wandfuß sind sich beide einig: Zmuttgrat als Ausweichtour. Die Engländer steigen ein. Schönthaler und Schlömmer graben das für den Zmuttgrat nicht notwendige Material, darunter Seil und Haken, in den Schnee ein und turnen über den Zmuttgrat hinauf. Bereits am Vormittag tritt schlechtes Wetter ein. Nally und Smith halten sich von der Mitte des Einstiegseisfeldes ab stark nach links und betreten in etwa 3500 Meter Höhe den Hörnligrat.

Charlie und Leo erleben tags darauf eine böse Enttäuschung: ihr im Schnee deponiertes Material – das gute Seil! – ist nicht mehr zu finden; eine Lawine hatte es begraben. Sie wollen nichts mehr wissen von der Nordwand. Mein Reserveseil ist ihnen Retter in der Not – und weg sind sie, via Montblanc.

*

Es scheint, als sei die Nordwand zur Pflichttour für österreichische Heeresbergführer ernannt worden. Westalpenfüchse sind Felix Kuen und Johann Rietzler, Tiroler, keine. Aber in den Ostalpen kennen sie einige der schwierigsten Eisfahrten, wie etwa die Nordwand der Königspitze. Und das ganze Jahr bringt ihr Beruf hartes Training. Da kann eine Wand auch mal schlecht herschauen, sie beißen sich schon durch.

So am 26. Juli. Das Einstiegsfeld (3.00 Uhr) geht prima, griffiger Hartschnee.

Wegen der heiklen Querung brauchen sie bis zum Couloir sieben Stunden, für das eisgefüllte Couloir vier. Harte Arbeit. Nicht anders die Fortsetzung. Es beginnt ein Wühlen durch den haltlosen Pulverschnee, der den Fels bedeckt. Es ist sehr kalt, der Wind pfeift. Johann Ritzlers Füße sind gefühllos geworden. Sie befreien sich von der Steigeisenberiemung, das Blut kann wieder zirkulieren. Aber ohne Steigeisen geht's schlechter. Und die Gefühllosigkeit in Rietzlers Füßen erfährt keine Linderung. In Daunenjacken gehüllt, klettern die zwei Tiroler entschlossen weiter. Bis hundertfünfzig Meter unter den Gipfel. Dann ziehen sie die Querung nach links zum Hörnligrat vor. Um neun Uhr abends kommen sie dort an. Zwei Stunden später betreten Kuen und Rietzler die Hörnlihütte.

Felix Kuen eilt später von Erfolg zu Erfolg. Sein Höhepunkt ist 1970 eine Nanga-Parbat-Besteigung über die Rupalflanke; am 23. Januar 1974 nimmt er sich als Achtunddreißigjähriger das Leben.

*

Wenn die meisten Hotelbesitzer zufrieden sind, ihre konsumierenden Gäste unterm Dach zu haben, so trifft das auf Bernard Biner nicht zu. Bernard hält den Nordwand-Briten, die sich bei ihm eingenistet haben, eine Standpauke: Nordwand-Flausen im Schädel haben, sonst nur faulenzen und keinen anderen Berg anschauen, das zieme sich

138

nicht für Leute, die mit ihm unter einem Dach hausen und am gleichen Tisch hocken. Sie sollen sich nur ein bis'l zusammenreißen und ihm keine Schande machen, ihm, der es gewohnt ist, die besten Alpinisten zu beherbergen. Die Moral von der Geschicht: entweder ihr macht was, oder ich mag euch nicht! Verdammt, da pfeift ein scharfer Wind. Aber er tut denen von der großen Insel ganz gut, möbelt sie tüchtig auf: Breithorn-Norwand, Zmuttgrat. –

Indessen sich die Briten auf Biners Rat hin die Sporen für die Nordwand verdienen, kommen die Italiener Giuseppe Andreani und Piero Nessi über den Theodulpaß am 13. August zur Hörnlihütte. Die beiden Studenten aus Villaggo und Como hatten vor zehn Tagen den Zentralpfeiler in der Nordwand des Lyskamm-Westgipfels erstmals begangen. Und jetzt kommt die Matterhorn-Nordwand dran. Die ersten Italiener.

Aber die Wand schaut aus wie im Winter.

Am 14. August beginnen sie um halb drei Uhr mit dem Aufstieg. Überall, auch auf dem Fels, liegt hart gefrorener Neuschnee. Nach dem zweiten Drittel des Couloirs müssen sie bereits biwakieren. Es scheint, als wären die neuzeitlichen Begeher darauf aus, möglichst lange in der Nordwand zu verweilen. Doch bei diesen elenden Verhältnissen geht's nicht anders. Nach einer winterlich kalten Nacht wollen sie so schnell als möglich der Wand entrinnen. Zweihundertfünfzig Meter unter dem Gipfel traversieren sie nach links zur sogenannten Schulter. –

*

Polen! Die erste Seilschaft aus den östlichen Ländern hat sich die Nordwand zum Ziel gesetzt. Daß sie bei Bernard Biner wohnen, versteht sich. Er kennt die beiden Polen seit 1959, und für ihn ist ihr neues Ziel gar nicht sensationell, war ihnen doch schon im April 1959 die Matterhorn-Ostwand gelungen, trotz heftigem Schneesturm. Auch sonst sind sie mit herrlichen Erfolgen hervorgetreten. Der zweiunddreißigjährige Stanislaw Biel, Ingenieur der Metallurgie, durchstieg 1957 die Dru-Westwand, bezwang 1959 den Walkerpfeiler der Grandes Jorasses.

Jan Mostowski ist dreiunddreißig Jahre alt und von Beruf Elektro-Ingenieur. Ihm war 1957 die einundzwanzigste Begehung der Dent-d'Hérens-Nordwand gelungen. Er kennt schwierige Kaukasusfahrten und führte 1960, zusammen mit Biel, die zweite Besteigung des 7490 Meter hohen Noshaq im afghanischen Hindukusch durch.

Um sie braucht Biner nicht bangen, und Auftrieb haben die Polen auch genug.

Die Verhältnisse in diesem Sommer hat der Teufel gesehen.

Normale Besteigungen können ohne weiteres durchgeführt werden. Doch die Nordwände sind mehr weiß als dunkel. Am 20. August steigen Biel und Mostowski um vier Uhr ein. Das ganze Eisfeld hinauf müssen sie hacken, acht Stunden lang. Um halb neun beenden sie ihre Tagesarbeit, sechzig Meter vom Ende des Couloirs entfernt, auf einer schmalen Felsrippe sitzend.

Bei den abendlichen Essensvorbereitungen entgleitet der Benzinkocher, saust in die Tiefe. Kaltes Essen, keine Flüssigkeit. Das ist bei großen Anstrengungen bitter. Noch den ganzen nächsten Tag hält sie die Wand in Bann. Um halb sieben abends wird der Gipfel erreicht. Am gleichen Abend kommen sie noch bis zur Solvayhütte. –

Als Biel und Mostowski am nächsten Tag – 23. August – über den Hörnligrat abgestiegen waren, treffen sie nahe der Hörnlihütte mit zwei nordwandverdächtigen Gestalten zusammen. Kommt ihr von der Nordwand? wollen die neuen Ankömmlinge wissen. Ja. Und wie waren die Verhältnisse? Schlecht, zwei Tage vor uns sind zwei Italiener abgeblitzt. Es stellt sich heraus, daß man sich doch schon kennt. Klar! Eine feine Überraschung. Die Tschechen Radovan Kuchař und Zdeno Zibrin haben in den beiden Polen ausgezeichnete Berater. Eigenartig: Kuchař und Biel kennen sich seit vier Jahren, aber in der Hohen Tatra waren sie nie zusammengestoßen. Dafür in den Alpen: 1957 am Einstieg der Dru-Westwand, 1959 an den Grandes Jorasses, jetzt am Matterhorn.

Kuchař und Zibrin sind Meister des Sports, das ist in ihrer Heimat die höchste sportliche Auszeichnung, und sie wird sogar den Bergsteigern verliehen. Außer großen Unternehmungen in den Alpen, durchstiegen sie auch schwierigste Tatra-Wände im Winter, kennen große Kaukasusfahrten.

Radovan Kuchař kann seines Partners wegen beneidet werden: Zdeno Zibrin ist Meteorologe. Wenn Zdeno sagt, daß sich das Wetter halte, dann hält es sich auch. Vor zwei Tagen waren die Tschechen auf dem Monte Rosa, und da sagte Zibrin, daß nun eine Periode schönen Wetters im Anzug sei. Kuchař und Zibrin treten einen Tag nach ihrem Zusammentreffen mit den Polen das Nordwand-Abenteuer an.

Aber gleich die Eiswand gehen sie viel zu weit östlich an. Vom oberen Ende des Eisfeldes müssen sie dreihundert Meter nach rechts queren, um den Beginn des Couloirs zu erreichen.

140

Es ist schon Mittag. Den Rest des Tages schluckt das Couloir, in dessen unterem Teil sie auf einem Band biwakieren. Also fast dreihundert Meter tiefer als die Polen. Am nächsten Morgen geht's durch das Couloir hinauf und weiter über schneebedeckten Fels.

Beide sind froh, dem Couloir entronnen zu sein, denn die Hörnligrat-Touristen waren mit dem Ablassen von Steinen alles andere als sparsam. Ein Glück, daß sie mit Steinschlaghelmen ausgerüstet sind.

Im oberen Teil der Wand bricht an Kuchařs linkem Steigeisen ein Zacken ab. Er denkt an Gaston Rébuffats Beschreibung, die das gleiche von Raymond Simond berichtet. Kuchař weiß, daß der Franzose deshalb nicht hat aufgeben müssen. Also wird's ihm auch gelingen: Um siebzehn Uhr gelangen sie in die kleine Scharte zwischen den beiden Gipfelpunkten. Die tschechische Begehung hat nach vierundzwanzig Stunden ihr Ende gefunden. – Und knapp eine Woche später treffen Kuchař und Zibrin wieder mit Biel und Mostowski zusammen: an der Eigerwand. Diesmal ist es umgekehrt. Den Tschechen gelingt die neunzehnte, den Polen die zwanzigste Begehung. –

*

So, und jetzt ist's auch für die Briten Zeit geworden. Der Nordwandfanatiker Brian Nally, in New Barnet (Herts, nördlich von London) beheimatet und seit einem Jahr Alpinist, fand sich mit Tom Carruthers zusammen. Carruthers aus Glasgow ist ein echter Schotte – ob das gutgeht? Beide haben den Zmuttgrat hinter sich.

Daß die Nordwand reichlich früh als ihr Ziel auserkoren wurde, beeindruckt sie kaum.

»Schließlich sind wir«, sagt Carruthers, »Whympers Nachfolger. Der Schutthaufen (das abbröckelnde Horn) muß gemacht werden.«

Sie passen zueinander wie rauhe Seebären und Whisky und leisten sich sogar den Luxus der Seilbahnfahrt hinauf zum Schwarzsee.

In der Hörnlihütte ist die Nacht zum 29. August fast unangenehm kurz: fünfundvierzig Minuten nach Mitternacht bemerkt ein nebenan liegender Schlafgenosse aus Edinburgh:

»Ich dachte, ihr wollt um Mitternacht losziehen?«

So eine Bösartigkeit. Aber was kann man schon von jemand aus Edinburgh erwarten! Das Verhältnis zwischen Edinburghern und Glasgowern ist so wie das zwischen Wienern und Innsbruckern, oder Boznern und Römern. Der Mann aus Edinburgh grunzt zufrieden weiter, dreht sich um. Er kann sich das leisten, auf ihn wartet der

Hörnligrat. Knapp vor drei stehen Nally und Carruthers am Berg-schrund. Sie scheinen es den Tschechen nachmachen zu wollen, denn auch sie befinden sich viel zu weit links, zu nahe am Hörnligrat.

Allein bis zum oberen Rand des Eisfeldes vergehen geschlagene Vier-zehn Stunden – Rekord!

Ein Engländer und Schotte auf Irrwegen in der Nordwand. In der Querung nach rechts zum Beginn des Couloirs verliert Tom seinen Eisstichel. Das kleine Gerät, erst seit wenigen Jahren bekannt, ist, wenn man es besitzt, sehr nützlich. In einer Hand den Stichel, in der anderen das Eisbeil, so findet man auch im steilen Eis ausreichenden Halt. Es muß auch ohne Stichel gehen, das haben die Nordwandvete-ranen bewiesen.

Wenig später wächst oben aus dem Couloir eine kleine Wolke aus Schnee, gemischt mit Steinen, und schon ist auch das Pfeifen und Kra-chen zu hören.

Aber Nally und Carruthers fühlen sich in ihren Steinschlaghelmen si-cher. Toms Helm, in Okkasion erworben, kennt die Nordwand wie kein anderer. Er stammt von Diether Marchart, der den Schotten nicht ohne Helm in der Nordwand wissen wollte. Aber der Helm redet nicht. Und die Hoffnung, an einem Tag durchzukommen, haben sie längst schon begraben. Noch ganz unten im Couloir müssen sie biwa-kieren.

Was dann alles geschieht und die beiden mutigen Briten beeindruckt, kann nur Tom Carruthers erzählen. Und wenn man Freund von gutem schottischen Whisky ist (mindestens sieben Jahre alt), tut man gut daran, sich jetzt einen kräftigen Schluck (ohne Wasser) zu gön-nen:

»*Die Wärme unserer Daunenjacken freut uns, aber die langen Unter-hosen müssen infolge Platzmangels und Sturzgefahr über die Kletter-hosen angezogen werden. Schuhe ziehen wir aus und hängen sie an die Haken. Daunenjacken wärmen nicht mehr, die Kälte frißt sich in die Knochen, wir warten, bis das Eis im Primuskocher schmilzt. Außer den Flämmchen des Ofens interessiert uns nichts, ausgetrockneter Mund wartet geduldig auf Tee. Sterne schon am Himmel, tief unten die Lichter von Zermatt. So ein Salontourist hat es doch gut. Ein Wink mit dem kleinen Finger, und schon steht eine Tasse Kaffee da. Wir da-gegen plagen uns wegen eines Bechers voll Tee. Dennoch beneiden wir den Salontouristen nicht. Mit viel Mühe wird der Tee doch gebraut. Nally hebt den heißen Becher, schreit auf, da seine eiskalten Finger plötzlich mit Hitze in Berührung kommen, läßt den Becher fallen. Der*

Becher landet auf seinem Rucksack, aber ohne Tee darin. Allgemeine Bestürzung. Jetzt sitzt Nally die ganze Nacht mit nassen, kalten Füßen. Kein Wort fällt, Abendessen wird trocken gegessen und bleibt uns fast im Hals stecken. Zwanzig Uhr: Füße in die Rucksäcke, Hände tief in die Taschen, Schlafen wäre schön. Lange, kalte Nacht, Stille, gelegentlich unterbrochen durch Klappern der Zähne und Versuche, durch vorsichtige Bewegungen eine etwas bequemere Lage zu finden.

Vor uns viel frische Luft. Die Sonne geht links am Horizont unter, bis Sonnenaufgang können wir uns nicht bewegen. Glieder steif gefroren, zügiges Klettern undenkbar. Endlich wieder das Wunder der Morgendämmerung in den Alpen. Herrliches Farbenspiel im Osten, plötzlich blitzen die ersten Sonnenstrahlen über ferne Bergspitzen rechts, wärmen oberen Wandteil mit goldenem Licht. Nur eine Stunde Sonne in der Wand am Morgen. Wie schön nach der Kälte der Nacht. Schuhe steif gefroren, Klopfen gegen Fels zwecks Erweichung nützt nicht viel. Mühsam werden Stiefel angezogen. Ofen funktioniert einwandfrei, bald halten wir Becher mit dampfendem Porridge in den Händen, diesmal mit Handschuhen an. Gestärkt durch echtes schottisches Frühstück, geht es am zweiten Tag um sieben Uhr weiter. Nally stellt fest, es sei der 30. August. Ich führe etwa 30 Meter über Fels und Eis gemischt. Brian kommt nach, übernimmt die Führung, und so lösen wir uns ab, bis nach oben. –

Jetzt sind wir fast am Ende der Rinne, und hier hätte unsere Durchsteigung beinahe ein plötzliches Ende gefunden. Brian über mir im Fels, um eine schwierige, überhängende Stelle zu vermeiden, beginnt eine Traverse nach rechts, damit er wieder in die Rinne kann. Die Lage ist, gelinde ausgedrückt, gefährlich. Meine Sicherung hoffnungslos, den Haken nehme ich nachher – wie bei den meisten unserer Sicherungen – mit der Hand wieder heraus. Glücklicherweise findet Brian eine einigermaßen vertrauenerweckende Ritze im Fels für einen Haken, in den wir einen Karabiner einhängen. Sieben Meter weiter rechts will er in die Eisrinne einsteigen und rutscht ab . . . ich werde aus meinem Stand gerissen, jetzt pendeln wir beide am gleichen Haken. Mit mehr Glück als Verstand krieche ich auf meine brüchige Kante zurück, Brian hackt sich schon eine Badewanne in das Eis. Nur drei Seillängen nach diesem Zwischenfall nehme ich die Steigeisen ab, wegen schwieriger Stelle im Fels, und hänge sie an den Rucksack. Beim starken Anheben des Knies löst sich eines meiner Steigeisen und verschwindet in der Tiefe. Teufel noch einmal. Im Eis wird es schwierig für mich. Dennoch kommen wir gut weiter, stellen jedoch am Ende der großen

Rinne fest, daß wir ihr zu weit nach links gefolgt sind. Wir hätten etwa siebzig Meter tiefer nach rechts traversieren sollen, um einen Felssporn zu erreichen, der sich gegen den Gipfel zu fortsetzt. Wieder einmal verhauen, wieder eine schwierige und zeitraubende Traversierung. Ununterbrochene, wenn auch nie extreme Anstrengung. Niemals eine Viertelstunde leichteres Klettern, nicht einmal eine Minute darf man nachlassen. Immer wieder gespaltene, brüchige Platten, zertrümmerter, zersprengter Fels, irgendwie durch Eis zusammengehalten und mit Wassereis überzogen. Wie konnte der Berg diesen Vernichtungsprozeß nur überstehen und so schön bleiben? Alles sitzt lose und zerfällt in Stücke, wenn man es nur berührt. Rechts über mir ruft Nally ›Ich sehe das Gipfelkreuz!‹

Herrlich, bald haben wir es geschafft.

17.45 sitzen wir am Gipfel, letzte Sonnenstrahlen, schöner Abschluß von zwei Tagen. Unter uns der Abgrund der Nordwand. Unangenehme Kletterei war es, aber schön.

Wir essen etwas, und in der Abenddämmerung geht es den Hörnligrat hinunter. Da es dunkel wird und der Grat schwierig, beschließen wir, am Grat zu biwakieren. Diesmal ist Platz genug da, wir können uns sogar hinlegen. Am Morgen wecken uns die ersten geführten Partien, Herren und Führer gratulieren uns herzlich. Abstieg zur Hörnlihütte ein böser Traum. Finger zerrissen, wund von Erfrierungen, Kehlen ausgedörrt. Endlich sind wir im Hotel Belvédère. Man klopft uns wieder einmal auf den Buckel, wieder wird gratuliert. Nachdem wir Limonade getrunken haben, fühlen wir uns schon wieder wohler. Diese Limonade – man bedenke: einen Franken fünfzig für eine Flasche Limonade!

Rückkehr nach Zermatt, Freund Biner heißt uns willkommen mit der britischen Flagge, die über dem Hoteleingang weht. Schön, wieder aus der Wand heraußen zu sein. Es geht eben nichts über die Abwechslung.«

Was der gute Tom aber nicht erzählt, das ist die letzte Nordwand-Überraschung für die beiden Briten.

Kurz nachdem sie am zweiten Tag – 30. August – in der Rinne zu weit hochgestiegen waren, hörten sie unten aufgeregtes Rufen:

»Hee! . . . Attenzione . . . Sassi!« Die ausgelösten Steinsalven brachten die nachkommenden drei Italiener an den Rand der Verzweiflung. Drei Italiener plötzlich in der Wand, aufgetaucht wie Gespenster. Sie kletterten in einem Tempo, über das die Briten nur so staunten; sie erreichten den Gipfel eine Stunde vor Carruthers und Nally. Aber als

144

die beiden den höchsten Punkt betraten, waren die drei Italiener auch schon wieder weg wie Gespenster; sie saßen noch am gleichen Abend in Breuil beim guten Roten. –

Das waren der dreißigjährige Piero Nava, Rechtsanwalt aus Bergamo, mit den beiden Valtournanche-Führern Jean Bich, fünfundvierzig Jahre alt, und Pierino Pession, neunundzwanzigjährig.

Ein erstklassiges Dreigespann, das sich schon lange kennt. Die drei waren gemeinsam in Patagonien (1958) und im Karakorum (1959), Bich und Pession außerdem noch in Grönland und Afrika. Auch in den Alpen brachten sie scharfe Sachen hinter sich. So ist es also nicht verwunderlich, daß die Italiener in vierzehn Stunden vom Bergschrund bis zum Gipfel gelangten.

Ob sie bei diesem Tempo als Dreierseilschaft ein größeres Risiko auf sich genommen hatten, ist eine andere Frage. Denn fast immer kletterten zwei von ihnen: der erste und letzte Mann; der in der Mitte sicherte. Das geht. Aber stürzen darf keiner! Piero Nava fühlte eine ehrliche Begeisterung für die Wand und stellte fest:

»Die Matterhorn-Nordwand ist schön.«

Er dachte in der Wand an die Worte des Schweizers Marcel Kurz:

»Das Matterhorn bietet nichts schöneres als seine Grate, aber der Hochmut der Menschen trieb dazu, die Wände zwischen diesen Graten zu erstürmen. Nichts ist menschlicher. Überlassen wir ihnen die Verantwortung für ihre Taten, und ahmen wir sie nicht nach . . .«

Piero Nava sagt, daß er und seine Führer nicht aus Hochmut gekommen seien, und ist überzeugt, daß diese Nordwand des Matterhorns auch nachdem sie von hundert, von tausend Seilschaften durchstiegen wurde, immer noch jeden Alpinisten locken wird. –

Aber auch bei den Italienern gab es neben dem gefährlichen Steinschlag peinliche Zwischenfälle: Pierino Pession war die ganze Wand hinauf von quälendem Durst geplagt. Im oberen Drittel nahm er seinen Rucksack ab, um die Teeflasche auszupacken, da machte sich sein Pickel selbständig und sauste in weiten Sprüngen in den Abgrund. Doch oben auf dem Gipfel war alles vergessen. Nur nicht die Freude am Erleben; die herrlichen Stunden der Kameradschaft, des Abenteuers zählten. Piero Nava sagt es:

»Haben wir gesiegt? Nein. Andere Male habe ich den Stolz der Eroberung empfunden, heute bin ich einfach bewegt. Wir sehen uns in die Augen. Auch Jean und Pierino sind bewegt: die Nordwand ist nicht unter uns, sie ist in uns.« –

Es hat den Anschein, als habe sich die europäische Bergsteigerschaft

in diesem Jahr ein Nordwand-Stelldichein gegeben, um das dreißigjährige Jubiläum der Erstbegehung zu feiern. Denn schon neun Tage darauf, am 8. September, finden sich die nächsten vier Anwärter ein. Diesmal sind es wieder Schweizer: Fredy Affolter, dreiundzwanzig, aus Court im Berner Jura; Robert Boegli, Biel, zweiundzwanzig Jahre alt, Bernard Meyer, Mouttier, Vater von drei Kindern, und der dreiunddreißigjährige Martial Perrenoud aus Biel. In Biel und im Berner Jura waren schon immer ausgezeichnete Bergsteiger herangewachsen, z. B. Fuchs, Hamel, Monney, Seiler (fünfte Begehung der Eigerwand), Weber (zweite Ersteigung des Dhaulagiri), um nur einige zu nennen. Die vier in Zermatt eingetroffenen Welschschweizer tragen eine einheitliche Kleidung, wie sie die Nordwand noch nie gesehen hat: Militäruniformen. Warum nicht? Der Schweizer Uniformloden ist warm und strapazierfähig. Meyer und seine Kameraden sind freilich nicht so gekleidet, um ihre eigenen Sachen zu schonen.
Sie büffeln in der Nähe von Arolla ihren Militärdienst ab und wollen ihre Freizeit in der Nordwand verbringen.
In einem Zug: Zermatt – Hörnlihütte – Bergschrund, der um zwölf Uhr erreicht wird. Damit will keine neue Durchstiegstheorie verwirklicht werden; das späte Eintreffen ist zeitbedingt. Aber der neuartige zeitliche Ablauf erweist sich als gut: es passiert nichts, kein Steinschlag; die Hörnligrattouristen sind um diese Zeit nicht mehr gefährlich. Bei schönem Wetter finden sich die vier am Beginn des schrägen Couloirs um neunzehn Uhr ein. Da kann verhältnismäßig gut biwakiert werden. Ohne Zwischenfall verläuft auch anderntags der Aufstieg. Gegen sechzehn Uhr betreten Affolter, Boegli, Meyer und Perrenoud den Gipfel und sind zwei Stunden später wieder bei der Hörnlihütte. Der Schweizer Matterhorn-Chronist, Hans-Fritz von Tscharner, vermerkt im Journal der Schweizerischen Stiftung für alpine Forschungen (Vol. IV-Nr. 11/1962, S. 116), daß diese Begehung am 2. und 3. September stattgefunden habe und die vier Schweizer der Hüttenwart der Hörnlihütte um die Mittagszeit wieder begrüßen konnte. Mit dem 17-Uhr-Zug fuhren sie von Zermatt ab, um sich pünktlich bei ihrer militärischen Einheit einzustellen. Demgegenüber steht die authentische Privatmitteilung von Bernard Meyer, auf die die Daten und Zeiten unserer Aufzeichnung gründen.

*

Seit Ende August herrscht herrliches Wetter; der tschechische Meteorologe Zibrin hatte sich in der Prognose nicht geirrt. Zermatt erlebt einen selten schönen Spätsommer.

Noch nie waren an der Nordwand so späte Begehungen zu verzeichnen. Die neuen Belagerer treffen am 22. September (!) bei der Hörnlihütte ein. Mattäus Kronig ist durch den Betrieb der letzten Monate des Beobachtens schon müde geworden. Noch nie hatte er in derart kurzen Abständen so viele Nordwandler gesehen. Wie sich die Zeiten ändern – oder die Menschen? Was war das noch vor dreißig Jahren! Ja, es ist nicht zu vertuschen, daß er, Mattäus, ein gutes Stück älter geworden ist. Noch ein, zwei Wochen, dann hat ihn wieder Zermatt. Im Winter ist Mattäus' Leben nicht so aufregend. Er steht, immer genießerisch an seiner Stielpfeife zuzelnd, oben auf Sunegga beim Skilift und drückt den internationalen Pistenrasern die Liftbügel unter den Hintern.

Und wenn dem Mattäus Kronig eine Mademoiselle oder Miß besonders gut gefällt, patscht er, sozusagen als Zugabe, einen freundlichen Klaps hintendrauf.

Die neue Nordwandgesellschaft ist ziemlich international: ein Schweizer, ein Österreicher, zwei Deutsche: der Basler Nick Baumann und der in Zürich lebende Allgäuer Robert Übelhör; der in Sitten arbeitende Bayer Rasso Eggert mit dem Wahlzermatter Erich Krempke aus Wien. Baumann und Übelhör kommen aus den Dolomiten, wo sie überhängende Wände eroberten; Eggert und Krempke haben einen prächtigen Westalpensommer hinter sich; u. a. waren ihnen die schwierigsten Nordanstiege am Lyskamm gelungen. Für beide Seilschaften – sie lernten sich erst in der Hütte kennen – soll die Nordwand den Sommer beschließen.

Als Baumann und Übelhör am 23. September gegen vier Uhr zum Bergschrund kommen, sind Eggert und Krempke schon ein gutes Stück im Eisfeld oben. Beide Seilschaften begnügen sich beim Steigen allein mit dem Halt der Frontalzacken ihrer Steigeisen.

Als es hell wird, sind die zwei Seilschaften beisammen. Die Führung wird von den Nachkömmlingen übernommen, dann wieder von Krempke und Eggert. Die vier vertragen sich, arbeiten ausgezeichnet zusammen.

Biwakiert wird am oberen Ende des Couloirs. Die zwölf Stunden lange Nacht ist empfindlich kalt – und das meist in Schlingen hängend! Die Anstrengungen des nächsten Tages sind, um wieder warm zu werden, geradezu willkommen. Nach insgesamt vierundzwanzig Stunden

Kletterzeit kommen die beiden Seilschaften gegen sechzehn Uhr auf den Gipfel. –
Ein wahrhaftig bewegter und erfolgreicher Nordwandsommer geht zu Ende: 21 Bergsteiger waren bis zum Gipfel oder zur Hörnligrat-Schulter durchgekommen; zwei Briten, zwei Deutsche, fünf Italiener, drei Österreicher, zwei Polen, fünf Schweizer, zwei Tschechen.

Das Ringen um die eisige Wand und Sprint in 6 Stunden

Kein Gebiet der menschlichen Fertigkeit, des Wissens ist abgeschlossen, die Entwicklung geht immer weiter und strebt zur Vollkommenheit, vermerkt der Wiener Sepp Brunhuber in seiner Auslegung über das Bergsteigen im Winter.

Matterhorn-Nordwand im Winter? Hat die junge Generation im Problem um die winterliche Nordwand ihres Tuns Vollkommenheit zu suchen?

Vollkommenheit ist relativ und im Äußeren des Bergsteigens nicht zu finden – nur im menschlichen Erleben am Berg. Und meßbar vielleicht in der Technik und Wissenschaft. Der Bergsteiger sucht das Erlebnis. Und es ist dort, wo er absolutes Neuland betritt, am erregendsten. Die Alpen sind größtenteils erschlossen, nur da und dort ist noch eine einsame Kante, eine unberührte Wand zu finden. Im Sommer! Im Winter ist jede Wand Neuland, auch wenn sie im Sommer schon oft durchstiegen wurde.

Besonders gilt das für die Wände, die keinen allzu großen Aufwand von Haken voraussetzen, wie das in den senkrechten Kalkwänden der Ostalpen der Fall ist.

Der menschliche Einsatz im Winter ist weit größer, körperlich und psychisch. Die Wintertage sind kurz. Und: beißende Kälte, im verschneiten Fels weit größere technische Schwierigkeiten, das Problem der sinnvollen Ernährung, Erfrierungsgefahr. Dafür aber schenkt das Bergsteigen im Winter größeres Erleben, eindrucksvollere Abenteuer. Also ist es ein Aufgabenbereich der Jugend.

Unbestritten hat das Winterbergsteigen auch sehr schätzenswerte Vorteile aufzuweisen: keine Hochgewitter, der Niederschlag (Schnee) ist in diesen Höhen trocken, also geringere Unterkühlungsgefahr; wenig Steinschlag, keine ernsthafte Lawinengefahr, da der Schnee sich in steilen Wänden nicht zu großen Massen sammeln kann (die Nordwand hat auf 870 Meter eine Durchschnittsneigung von 57,5°).

Das Winterbergsteigen ist keineswegs erst für die heutige junge Generation zum Metier geworden; es hat eine große Geschichte.

Schon am 31. Januar 1876 standen Miß Straton und einige Führer als die ersten Menschen im Winter auf dem Gipfel des Montblanc, der Engländer Coolidge mit Christian Almer 1879 auf dem Schreckhorn; im Januar 1880 wurde die Königsspitze bestiegen, und am 16.–17. März 1882 gelangten Vittorio Sella mit Jean-Antoine, Louis und Baptiste Carrel sogar über den Liongrat aufs Matterhorn.

Als erste große im Winter durchstiegene Wand ist die Watzmann-Ostwand zu nennen: 6.–8. Dezember 1930 durch Toni Beringer, Simon Flatscher und Ludwig Zankl. Dann die äußerst schwierige Schüsselkarspitze-Südostwand am 27.–29. Februar 1936 durch Adolf Göttner und Rudolf Peters, im Dezember 1940 in vier Tagen die Dachstein-Südwand durch Gerald Leinweber und Rudolf Peters. Sogar vor der neunhundert Meter hohen Hochtour-Nordwand im Gesäuse schreckten Brunhuber, Kasparek und Wiegele nicht zurück (15.–19. Februar 1941). Am Matterhorn wurde am 28. März 1948 durch die Bieler Jean Fuchs und Raymond Monney der obere Teil des Furggengrates bezwungen; am 20.–21. März 1953 bewältigten Roberto Bignami und Walter Bonatti den Furggengrat in seiner ganzen Länge. Die Steigerung ließ nicht lange auf sich warten: Dru-West-wand am 10.–14. März 1957 durch Jean Couzy und René Desmaison; Direkte Nordwand der Großen Zinne am 13.–17. Februar 1961 durch Werner Bittner, Rolf Jäger, Rainer Kauschke und Peter Siegert; Eiger-Nordwand durch Walter Almberger, Toni Kinshofer, Anderl Mannhardt und mich (6.–12. März 1961), und schließlich auch der mächtige Dru-Südwestpfeiler am 15.–17. März 1961 durch Robert Guillaume und Antoine Vieille. –

Die Matterhorn-Nordwand im Winter zu durchsteigen, war nicht nur eine logische Folgerung, es war sogar verwunderlich, daß sie nicht vorher schon ihre Begeher gefunden hatte.

Zur gleichen Zeit der Eiger-Nordwand-Durchsteigung im Winter war auch am Matterhorn der erste Versuch zu verzeichnen: Die Italiener Bonatti und Cattelino stiegen am 12. März 1961 über das Eisfeld hinauf und erreichten eine Höhe von 3700 Metern. Wegen schlechtem Wetter mußte das Unternehmen abgebrochen werden.

Auch der Italiener Romano Merendi scheiterte Tage später.

*

Ab Ende Mai 1961 sind die Gedanken um die winterliche Nordwand nicht mehr aus meinem Schädel zu treiben. Und ich bin gar nicht unglücklich darüber. Denn alles, was mich vor einem großen Unternehmen bewegt, ist herrlich: das Planen und Vorbereiten. Was liegt näher, als sich wieder mit den Kameraden von der Eigerwand zusammenzutun? Doch mit dem Eisenerzer Walter Almberger ist nicht zu rechnen; er trat nach dem Eiger in die Montanistische Hochschule ein, muß büffeln. Anderl Mannhardt, der ganz Schlaue, will sich vor seiner Fahrt zur Diamirflanke des Nanga Parbat (1962) auf keine derartigen Unternehmungen mehr einlassen. Das ist verständlich. (Toni Kinshofer, Siegfried Löw und Anderl Mannhardt bezwingen erstmals die riesige Diamirflanke und erreichen am 22. Juni 1962 den Gipfel des Nanga Parbat; im Abstieg verunglückt Löw tödlich, Kinshofer und Mannhardt erleiden schwere Erfrierungen an den Füßen. 1964 stürzt Toni Kinshofer im Battert-Klettergarten tödlich ab.) Bleibt Kinshofer.

Toni Kinshofer aus Bad Wiessee kommt Ende Juli 1961 gesund vom Nanga Parbat zurück und sagt:

»Wenn d'moanst!« Er ist dabei.

Kinshofer redet nicht viel, aber wenn er sein Wort gibt, kann man sich auf den siebenundzwanzigjährigen Tischler verlassen.

Der dritte Mann: Heinz Pokorski, ein prächtiger Kerl, besonnen, zuweilen von herrlichem Optimismus erfüllt. Er ist siebenundzwanzig Jahre alt, in Mülheim-Ruhr geboren, war vier Jahre in Spanien und lebt jetzt in Erlangen. Der einssechsundachtzig große Heinz ist ein stattliches Mannsbild und lebt, auf seine Schuhnummer bezogen, auf großem Fuß – sonst bescheiden. Der vierte Mann wird sich finden, denke ich. Denn zu viert wollen wir sein, das ist klar. Auch wenn eine Viererseilschaft bedeutend langsamer vorwärts kommt als zwei Bergsteiger. Aber wenn man die Berichte der Sommerbegeher über die schlechten Sicherungsmöglichkeiten liest, erscheint eine Viererseilschaft sehr wohl begründet. –

Bereits im Juli schauen sich Heinz Pokorski und ich die Sache aus nächster Nähe an.

Leo Schlömmer und Charlie Schönthaler, die auf die Nordwand spitzen und mit uns zur Hörnlihütte bummeln, bezichtigen uns schlechter Witze:

»Macht's koane Mäus«, sagt der Charlie, »nach Zermatt fahr'n und nur den Zmuttgrat mach'n woll'n, des kennt's enkera Großmuata erzölln!«

Charlies Nordwandverdacht ist unbezähmbar. Und den Zmuttgrat nimmt er uns erst nach Besichtigung der geringen Ausrüstung ab.

In der Tat: Wir wollen den prächtigen Zmuttgrat erleben, den Berg kennenlernen, den Abstieg über den Hörnligrat erkunden und so oft als möglich in die Nordwand luchsen.

Und daß es nur der Zmuttgrat allein schon in sich haben kann, bestätigt Charlie anderntags, nachdem er und Schlömmer der Briten wegen auf die Nordwand verzichtet hatten und jetzt mit uns auf dem Grat ist.

Nebel, Sturm und Schneetreiben begünstigen unsere Phantasie. Würden wir auf trockenem Fels, umspielt von einem warmen Lüfterl, über den Zmuttgrat klettern, so müßten in unserer Vorstellungswelt die eindrucksvollsten Bilder künstlich erzeugt werden.

Alles ist da, auch winterliche Kälte.

Am nächsten Tag, nach einem höllischen Schneesturm, vor dem uns die gute Solvayhütte schützte, haben wir sogar Gelegenheit, in eine winterliche Nordwand zu schauen. Das hat sich gelohnt. –

Nach der ersten großen Trainingstour am Lyskamm, wo wir in der tausend Meter hohen Westgipfel-Nordwand einen rassigen Eisanstieg eröffnen konnten, findet der glücklich begonnene Urlaub ein trauriges Ende. Mein Kamerad Roland Löbl ist tot, am 31. Juli in der Grands Charmoz-Nordwand abgestürzt. Mit Toni Kinshofer, der das Schreckliche miterlebte, kann ich erst Wochen später wieder über die Matterhorn-Nordwand reden – er ist zerrüttet.

Und mein Vorschlag, mit der Nordwand-Begehung schon im Dezember zu beginnen, paßt ihm gar nicht:

»So bald schon?«

»Du wirst sehen«, sage ich, »schon am einundzwanzigsten wird's losgehen – die andern schlafen nicht!«

»Moanst, daß glei so gach angfanga wird?«

Ja, das glaube ich. –

Der vierte Mann im Bunde findet sich anläßlich des internationalen Bergsteigertreffens in Trient: Pierre Mazeaud, zweiunddreißig Jahre alt, Vater von zwei Kindern, Doktor der Rechte, Paris. Er ist die Lebenslust selbst, charmant, Kamerad durch und durch, ein Gefühlsmensch und glänzender Gesellschafter, in dessen Umgebung alles wackelt, wenn er einen Twist hinlegt – ja, das kann der Pierre auch.

Aber in Trient humpelt Mazeaud, er geht am Stock, am linken Fuß ist eine Zehe amputiert. Zum Sommerauftakt erlebte er Furchtbares: die Tragödie am Frêney-Pfeiler des Montblanc. Beim Versuch, den siebenhundert Meter hohen Pfeiler erstmals zu begehen, wurden sieben Bergsteiger von einem langanhaltenden Wettersturz überrascht.

Im Abstieg starben der Italiener Andrea Oggioni, die Franzosen Pierre Kohlman, Robert Guillaume und Antoine Vieille an Erschöpfung. Walter Bonatti, Robert Gallieni und Pierre Mazeaud sind die Überlebenden.

Kinshofer und ich haben Mazeaud bald in unsere Herzen geschlossen, denn er ist irrésistible – undwiderstehlich, was er anderen stets mit Vergnügen unterstellt.

Und wenig später schreibt er mir:

»Ich bin glücklich über Dein Vertrauen, bin mit Euch gern dabei und überzeugt, daß daraus eine Freundschaft wird. Gesundheitlich geht es mir gut, das Training wird bald aufgenommen. Ich bin also mit Beginn des Winters bereit. Gut, daß Du ab Mitte Dezember da bist. Die Konkurrenz ist groß . . . man muß in den ersten schönen Tagen zugreifen.«

Ohne Zweifel.

Dann erhalten die Kameraden die Ausrüstungsliste für Matterhorn-Nordwand und die letzten Einzelheiten mitgeteilt:

Persönliches:

1 Steinschlaghelm, 1 Stirnlampe mit Reserve-Batterie, 1 Mütze als Kälteschutz; möglichst mit Gesichtsmaske und Hals eingearbeitet; 1 Anorak (wenn vorhanden, auch noch einen leichten Perlon-Überanorak), 1 Kletterhose, möglichst aus festem Lodenstoff; 1 Überhose aus beschichtetem Perlon-Gewebe, 1 Unterhose, lang; 1 Wollunterhemd, 1 Paar Wollstrümpfe, 1 Paar Wollfäustlinge, 1 Paar Überhandschuhe aus beschichtetem Perlon-Gewebe, 1 Paar Spezial-Bergschuhe, 1 Hemd, 1 Pullover, 1 Daunenjacke aus Perlon-Gewebe, 1 Daunen-Fußsack aus Perlon-Gewebe, 1 Schutzbrille gegen Schneestaub, 1 Biwaksack, 1 Eisbeil, 2 Reepschnüre, 1 Kletterrucksack, 1 Luftsitzkissen, 1 kompl. Skiausrüstung, 1 Eßbesteck, 1 Paar Steigeisen (12 Zacken), 1 Taschenmesser.

Gemeinsames:

1 Seil 100 m/9 mm (Kernmantel), 1 Seil 100 m/7 mm (Kernmantel), 20 verschiedene Felshaken, 20 Karabiner, 15 Expansionshaken (als Rückzugsicherung), 2 Gesteinsbohrer, 2 Eishaken, 6 Eisschrauben, 2 Jümar-Steigbügel, 1 Borde-Benzin-Kocher, 1 Kerze, 1 Thommen-Höhenmesser, 1 Trinkbeutel (2 Liter), 2 Kochgeschirre, 2 Kletterhämmer, 1 Signalstift, 4 Leuchtraketen, 1 Apotheke, 1 Transistorgerät.

Ernährung:
Ich werde die Ernährung nach den Erfahrungen in der Eiger-Nordwand ausrichten und glaube, daß in diesem Sinne wohl eine treffende Zusammenstellung erfolgt.

Aufenthalt:
Für den Zeitraum vom 19. Dezember d.J. bis 15. Januar n.J. habe ich im ›Chalet zum Steg‹ in Zermatt eine kleine Wohnung reserviert. Ich werde also ab 19. 12. 61 in Zermatt wohnen und ab diesem Zeitpunkt täglich die Verhältnisse in der Wand und die Wetterlage genauestens studieren.
Am 31. Dezember d.J. sollte jeder der Kameraden bereit sein, um nach Eintreffen des entscheidenden Telegramms die Fahrt nach Zermatt antreten zu können.
Pierre Mazeaud wird im dringenden Falle von Paris nach Genf fliegen, um gleich – wie die deutschen Kameraden – innerhalb eines Tages in Zermatt sein zu können.
Letztere erhalten noch früh genug eine genaue Fahrplan-Zusammenstellung, so daß sie nach Abfahrt am Morgen bereits am frühen Abend in Zermatt eintreffen können. Im Hotel Bahnhof in Zermatt (Bernard Biner) finden die Kameraden Unterkunft.
Übertriebene Vorbereitung? Nun, ich habe auch Bergfahrten mit andersgearteten Voraussetzungen kennengelernt: ich bin barfüßig geklettert, ich habe auf Dreitausendern Kartoffeln gegessen, und ich hatte in langen Nächten am Berg keinen Biwaksack als Kälteschutz, wenn's gutging papierene Totenhemden (die zu kaufen immer peinlich waren, da man meist nach der Größe des Verblichenen befragt wurde). Gewiß, mich hatte das alles nicht umgebracht, und die Erinnerung daran möchte ich nicht missen. Aber da waren vielleicht noch mehr Schutzengerln um mich, und immer sollte man sich nicht auf sie verlassen.
Wie war das noch, was mir vor Jahren ein alter Fuchs zugeflüstert hatte? Ein glänzender (erfolgreicher) Bergsteiger zu werden sei keine Kunst, aber als Bergsteiger alt zu werden, das brächten viele nicht recht hin.
Und weil ich auf unserer schönen buckeligen Erde steinalt werden will, lege ich mir fürs Bergsteigen, da es ja doch nicht ganz ungefährlich ist, lieber alles fein säuberlich zurecht.
Unberechenbare Überraschungen gibt's dann am Berg in der Regel immer noch genug. –

Mit acht großen Gepäckstücken, in denen auch das Gemeinsame und fast die komplette Ausrüstung für Pierre stecken, komme ich am 19. Dezember nach Zermatt. Die Geschäftsleute des Dorfes klagen über das Ausbleiben des für sie unentbehrlichen Schnees. Die Nordwand des Matterhorns schaut aus wie im September.

Bernard Biner nimmt mich am Bahnhof in Empfang und sagt:

»Die Polen werden auch kommen.«

»Wann?«

»Ende Februar, Anfang März.«

»Bis dahin wird alles vorbei sein.«

Bernard Biner weiß, was gespielt wird. Er hält dicht. Und meine Idee, mit der ganzen Familie nach Zermatt zu kommen, um brav-bürgerliche Winterferien vorgeben zu können, findet er gar nicht schlecht. –

Am nächsten Abend gibt es mit Erich Krempke freudiges Wiedersehen, seine Frau ist dabei. Vor einem halben Jahr lernten wir uns in der Monte-Rosa-Hütte kennen. Zum Essen gibt es den süffigen Dôle, der rot in den Gläsern funkelt, als brenne in ihm lebendiges Feuer.

»Ich hab schon geglaubt, du bist wegen der Nordwand gekommen«, sagt Krempke forschend, aber belanglos im Ton.

»Ach, was denkst denn, ich brauche endlich gute Erholung.«

Prost! Meine Stimme ist weniger belanglos.

»Na ja«, fährt er fort, »für die Nordwand wärst eh zu spät dran.«

»Wie . . . warum – zu spät? Morgen ist doch erst Winteranfang!«

»Ja, ja, das schon, aber heute sind zwei zur Hütte hinauf . . . morgen wollen sie einsteigen. Vielleicht kennst sie: Hilti von Allmen, den Namen weiß ich genau; der andere heißt Etter oder so ähnlich.«

Erich Krempke sagte auch das ziemlich gelangweilt.

»Schmeckt Ihnen das Fleisch nicht?« fragt Frau Helga Krempke, weil ich an einem Brocken zu ersticken drohe.

»Doch, doch, wunderbar . . . wunderbar, und der Dôle ist auch wunderbar . . . Prost!«

Ich schwemme mit einem kräftigen Schluck das Zeug runter und fasse mich, denn das war doch eine scharf gewürzte Beilage:

»Und ob ich den Hilti kenne! Ein Pfundsbursch.«

Ein junger Führer aus Lauterbrunnen. Erst vor wenigen Jahren fing er an, scharfe Sachen zu machen . . . ich weiß es noch gut . . . vor drei Jahren erst schenkte ich ihm ein von mir bearbeitetes Lehrbüchl über neuzeitliche Felstechnik. Im Sommer neunundfünfzig hat er gleich ganz toll losgelegt . . . Eiger-Nordostwand. Und im letzten Sommer, du weißt ja, Badile-Nordost- und Eiger-Nordwand.«

»Der hat's in sich!« vermerkt Erich Krempke respektvoll und fragt: »Und der andre?«

»Das kann nur der Etter aus Walenstadt sein . . . Paul Etter, seit Jahren im Kletterclub Alpstein . . . ich kenn' ihn nicht persönlich, aber im Rätikon tauchte er ab und zu in schwierigen Wänden auf . . . und die Badilewand soll er auch gemacht haben.«

Er muß gut sein, denke ich, sonst würde sich Hilti von Allmen mit ihm niemals auf ein solches Unternehmen einlassen. Da hast du nun monatelang alles schön durchdacht – am Schreibtisch! –, alle Überraschungen berüchsichtigt, und da ist plötzlich alles umsonst!

Umsonst? Quatsch! Das waren nur die ersten Gedanken – nichts ist umsonst. Wenn Allmen und Etter alles gut hinter sich haben, warten wir, bis es richtig Winter wird – und machen die Wand auch, basta!

Am nächsten Morgen ein Anruf aus Paris: »Toni! . . . du hast gehört die schlechte Situation von Face Nord? . . . du hast gelesen!? . . . in Zeitungen von Paris es steht . . . im France Soir . . . jetzt alles kaputt . . . du hast verstanden? . . . alles kaputt . . .«

Den armen Pierre hat die Aufregung ganz schön gepackt. Ich versuche ihn zu beruhigen:

»Nur langsam, Pierre, nix ist kaputt . . . du sollst nur gleich kommen! So rasch es geht!«

»Und dann müssen wir gleich zu Walker!«

Wie? Habe ich richtig verstanden?

»Walkerpfeiler?«

»Oui! Ja . . . gleich . . . sofort! . . . du hast verstanden? . . . sonst kommen die Franzosen!«

Verdammt, da geht es her wie zu Napoleons Zeiten.

Ich mache dem Pierre verständlich, daß er zuerst mal nach Zermatt kommen soll, dann würde man alles Weitere sehen.

Und tatsächlich, es steht in den Zeitungen; die Rotationsmaschinen waren angelaufen, bevor die Schweizer einstiegen:

Die beiden Schweizer Hilti von Allmen und Paul Etter haben sich am Mittwoch (20. 12.) von Zermatt aus in die Hörnlihütte begeben, von wo aus sie beabsichtigen, am Donnerstag (21. 12.) die erste Winterbesteigung des Matterhorns über die Nordwand durchzuführen. Morgens um 2 Uhr wollen sie sich aufmachen, um dann nach einem Biwak den Gipfel am Freitag zu erreichen. Die Boden- und Wetterverhältnisse sind gegenwärtig gut. Das Terrain ist hart gefroren. Die beiden Kletterer sind für ihr Unternehmen gut ausgerüstet und zuversichtlich. (»Berner Tagblatt«).

156

Der Informationsdienst von Zermatt aus scheint einwandfrei und lük-
kenlos zu klappen.
Dann bin ich bei Erich Krempke, dem ich den ganzen Jammer anver-
traue.
»Dachte es gestern schon«, sagt Frau Helga, »das Fleisch war doch
sehr zäh!« Das stimmt.
Es wird telefoniert. Nach Bad Wiessee: Toni Kinshofer will sofort
kommen. Nach Erlangen: Heinz Pokorski ist familiär und geschäft-
lich in dieser Zeit unabkömmlich. Das ist die nächste Niederlage. Aber
wenn Heinz etwas sagt, ist es sehr wohl begründet. Abwarten.
Am Nachmittag treffe ich mit Krempkes im Dorf zusammen.
»Du«, sagt Erich geheimnisvoll, »komm, ich muß dir was sagen.«
»Wie hoch sind sie in der Wand?«
»Schon wieder im Abstieg!« platzt Erich heraus.
»Erich, horch, zum Witzemachen bin ich heut nicht aufgelegt . . . die
werden bei dem herrlichen Wetter absteigen . . . und bei den Verhält-
nissen!«
»Wirklich, im Abstieg sind sie – und keiner weiß, warum.« –
Am Tag darauf – 22. Dezember – erfahren wir, daß Paul Etter
Magenbeschwerden gehabt und sich nicht wohl gefühlt habe. So
steht's wenigstens in den Zeitungen. In der Tat hatten auch Etters
Füße eine maßgebliche Rolle gespielt. Denn nur Hilti von Allmen war
im Besitz der Eiger-Spezial-Schuhe, die ich vor der winterlichen
Eigerwand hatte entwickeln und anfertigen lassen. Paul Etter trug
normale Skischuhe und zog sich empfindliche Erfrierungen zu. –
Pierre Mazeaud trifft ein. Und es ist naheliegend, wegen Pokorskis
Ausfall Erich Krempke für das Unternehmen zu begeistern – er ist
dabei.
Am 23. Dezember steigen Mazeaud und ich zur Hörnlihütte auf,
schleppen Material, treffen Vorbereitungen.
Die Hörnlihütte im Winter ist wie geschaffen für hartes Biwaktrai-
ning. In der Hütte liegt da und dort Schnee, die Holztäfelungen tragen
eine glitzernde Frostschicht.
Und der Hüttenherd des Mattäus Kronig, er würde dem Zermatter
Museum unter der Bezeichnung alpiner Vergiftungsapparat Ehre
machen. Kein Wunder, daß sich Paul Etter eine unangenehme Rauch-
vergiftung zugezogen hatte. Was für unerwartete Gefahren im
Gebirge auftreten können!
Mit dem Pierre beisammen zu sein, ist herrlich. Nur mit der Sprache
hapert es ein wenig. Pierre kann nicht gut Deutsch, ich noch weniger

157

Französisch. Dennoch, auch ohne Simultan-Anlage, wie sie die Politiker zur Verfügung haben, verstehen wir uns bestens. Und das ist für große Unternehmungen am Berg absolute Voraussetzung.

Vermassung! Überzivilisation! Überbevölkerung! Einsamkeitsbedürfnis! Das sind die schreienden Begriffe, die dem Durchlauf unserer Zeitgeschichte nur zu gerne angehängt werden und mit denen ich nichts Rechtes anzufangen weiß. Vermassung?

Nirgends fühle ich mich einsamer als in der Großstadt! Einsamkeitsbedürfnis?

O ja, sie ist schön, die Einsamkeit in den Bergen, auch die in dunklen Nordwänden. Aber am großartigsten empfinde ich sie erst dann, wenn mir das Glück zukommt, *den* Menschen zu finden. Ja, den guten Menschen in der Einsamkeit zu erleben – ich weiß nichts, was tiefere Eindrücke in mir hinterlassen könnte. Seine Schwächen, seine Stärken, seine Güte und Wärme – alles.

Eine Bergfahrt ohne einen solchen Menschen, sie läuft vor mir ab, versickert im Belanglosen wie ein schlechter Film. Was freilich nicht aufs Alleingehen zutrifft. Das ist anders, da ist man begleitet vom Ich, das kennenzulernen zuweilen auch nicht schlecht ist! –

Kurz vor dem Heiligen Abend sind wir wieder in Zermatt. Dort ist inzwischen Toni Kinshofer eingetroffen. Auch der richtige Winter war endlich im Tal eingezogen. Das wetterbraune Chalet zum Steg trägt einen satten Schneegupf. Und es ist eine schöne Weihnacht; Kinshofer und Mazeaud feiern im Kreise meiner Familie. Alles ist friedlich. – An einen Versuch ist bei diesem Wetter nicht zu denken.

Pierre Mazeaud reist am 31. Dezember ab nach Paris, Toni Kinshofer und ich gehen am 1. Januar 1962 zur Hörnlihütte, wo wir, von Stürmen umtost, vier Tage verweilen.

Dann wird Pierre aus Paris gerufen. Die Spezialschuhe für Krempke sind eingetroffen. Nur meine noch nicht! Ich trage zwei verschiedene Schuhe: den linken von dem Paar, das ich für letzten Sommer anfertigen ließ; den rechten von dem, das ich am Eiger getragen hatte. Die Gegenstücke schickte ich vor Monaten meinem französischen Freund Lionel Terray, der sie für seine Jannu-Expedition testen wollte. Jetzt liegen sie irgendwo auf der Strecke. Es wird auch so gehen. Das Wetter ist prächtig, nur in den Hochlagen herrschen starke Stürme.

Am 6. Januar kommen Kinshofer, Krempke, Mazeaud und ich zur Hörnlihütte, um die der Sturm pfeift. Der Höhenmesser (= Barometer) zeigt hundert Meter weniger (= 10 Striche) als die tatsächliche Höhe an, das ist gut. Das Thermometer mißt 22 Grad Kälte. Wir pakken unsere Rucksäcke. Außer der festgelegten Ausrüstung nehmen wir mit: 300 g Trockenfleisch, 250 g Salametti, 2 Dosen Räucherlachs (77 g), 1 Liter Reinbenzin, 6 Würfel Traubenzucker (à 50 g), 1 Beutel Traubenzucker mit Zitrone (85 g), 400 g Dextropur, 1 Beutel gemischtes Dörrobst (250 g), 1 Beutel Studentenfutter (150 g), 250 g getrocknete Feigen, 180 g getrocknete Bananen, 3 Tuben Confiture (à 225 g), 2 Tuben gezuckerte Kondensmilch (350 g), 125 g gekörnte Brühe, 16 Dosen Sanddorn-Vollfruchtkonzentrat (2400 g), 4 Pakete ungesüßten Vollkorn-Zwieback (2000 g), 1 Paket Haferkeks (155 g), 100 Beutel Ovomaltine (à 20 g) und 100 Zigaretten. Das reicht gut für fünf Tage. –

Der Sturm tobt bis zum Morgen des 7. Januar unvermindert weiter. Er hebt ganze Schneeplatten auf, trägt sie fort wie leichte Papierfetzen. Der 7. Januar ist ein denkwürdiger Tag in der Geschichte des Matterhorns.

Genau vor hundert Jahren hatte der Engländer T. S. Kennedy die Meinung vertreten, das Matterhorn im Winter besteigen zu können. Mit den Führern Peter Perren und Peter Taugwalder (»Geppi«) befand er sich auf dem Grat, der zur heutigen Hörnlihütte hinaufzieht. Und es muß auch damals sehr winterlich gewesen sein: »Der Sturm wirbelte den Schnee auf, warf uns Eisstückchen scharf wie Nadeln ins Gesicht und riß vom Gletscher unten Schollen von einem Fuß im Durchmesser los, die an uns vorbeiflogen.« Es könnte für den heutigen 7. Januar geschrieben worden sein!

So verlassen wir erst gegen Mittag die Hütte. Wenn das Wetter hält, spielt ein Biwak mehr oder weniger keine große Rolle, denn in unserer Ausrüstung sind auch die kältesten Nächte gut durchzuhalten. Der Aufstieg zum Plateau des Matterhorngletschers ist sehr mühsam. Bei jedem Schritt brechen wir bis zu den Hüften ein. Erst um fünfzehn Uhr können wir einsteigen. Toni Kinsdorfer und ich bilden die erste Seilschaft. Das Verbindungsseil zu Krempke und Mazeaud hat einer von uns beiden mit einem Schnappring nur an die Brustschlinge gehängt. So können wir nach jeder Seillänge – fünfzig Meter – die Führung wechseln.

Die Verhältnisse sind gut: windgepreßter Pulverschnee, der sicheres Steigen erlaubt.

»Wie geht, Toni?« ruft Pierre fragend zu mir herauf. Und ich gebe ihm zurück, daß es glänzend gehe – auf französisch, versteht sich. Die Stimmung könnte nicht besser sein. Jeder hat seine Aufgabe, und dazu braucht es gar nicht vieler Worte.

Nach jeder Seillänge wird das Eisbeil bis zur Haue in den Schnee gerammt, gesichert, weitergestiegen. Ein Rhythmus, mit dem jeder von uns seit Jahren vertraut ist. Und der stechende Westwind singt das Lied der Nordwand.

Die Schneefahnen, die pausenlos über die Wand herabstäuben, sorgen für ein malerisches Winterbild – fast zu malerisch!

Das Steigen ist richtig schön, nur das Warten auf den kleinen ausgehackten Standplätzen, ohne Bewegung, ist nicht sehr angenehm.

Wir entkommen der Tiefe, steigen hinein in das unheimliche Licht des Winterabends – siebeneinhalb Seillängen. Dann erreiche ich den Beginn einer Felsrippe. Drei bombensichere Haken singen in den Fels, Kinshofer kommt nach, schafft Platz für die andern, die nicht lange auf sich warten lassen. Die Bank im Eis ist drei Meter breit, einen halben Meter tief, da läßt sich's gut sitzen.

»Erich! Los . . . die Rakete . . . es ist Zeit«, sage ich zu Krempke. Unseren beiden Frauen hatten wir versprochen, jeden Abend um sechs pünktlich eine rote Rakete abzuschießen: das Zeichen unseres Wohlbefindens. Eine grüne Ladung hat der Raketen-Schießer Erich auch dabei. Aber die ist nur für den Ernstfall bestimmt. Der rote Feuerstrahl schnellt in weitem Bogen hinaus und erlischt, bevor er sich dem Bergschrund nähert. Gespenstische Sekunden.

Mit Stirnlampen bewehrt, richten wir uns für die Nacht her. Da wird übergezogen, unterlegt, die Sicherung fixiert, und jeder schwört auf sein Patent.

Das Austreten – selbst in einer Nordwand nicht zu vermeiden! – ist zwar etwas kompliziert, aber es klappt: der Klagende wird, um gebührend Abstand zu gewinnen, am Seil in die Tiefe gelassen. Anstand muß sein . . .

Kinshofer sitzt links von mir, an ihn schließen sich Krempke und Mazeaud.

Vier hungrige Mäuler zufriedenzustellen, ist nicht die einfachste Sache. Der Bordekocher surrt munter in die Nacht hinein, macht Eis zu Wasser – und bald wird die dampfende Brühe mit den Salamibrocken herumgereicht. Der Ärmste von allen ist Toni Kinshofer, der die heißen Behälter nach links weitergeben muß, er schimpft auf das

Ausblick von der Hörnlihütte gegen das tief-
verschneite Matterhorn im Winter.
Links Furggengrat und Ostwand,
rechts Hörnligrat

Oben links: Der Österreicher Leo
Schlömmer bezwang mit Erich Krempke
die Nordwand erstmals im Winter.
Oben rechts: Erich Krempke, Österreich,
Seilpartner von Leo Schlömmer im Winter.
Links und unten: Die deutsche Dreierseilschaft mit Peter Siegert, Rainer Kauschke
und Werner Bittner erreichte im Rahmen
der Nordwand-Wintererstbegehung als
dritte Gruppe den Gipfel.

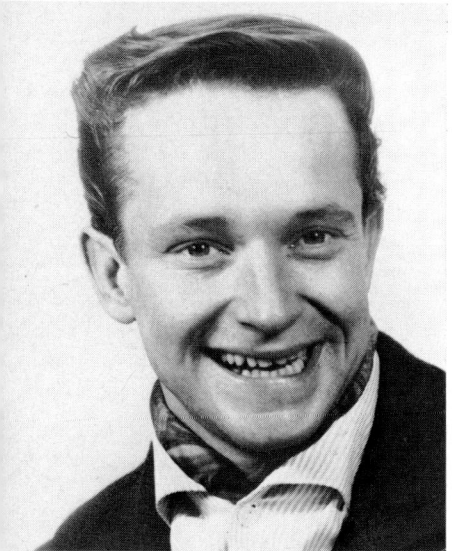

Rechts: Blick vom Hörnligrat – unterhalb des Roten Turmes –
in die Matterhorn-Nordwand. Die beiden Schweizer Bergführer Michel Darbellay und Hilti von Allmen sind gerade
dabei, das untere Wanddrittel zu überwinden (Kreise).
Die Begehung erfolgte anläßlich der Hundertjahrfeier (1965)
der ersten Gipfelbesteigung.
Tief unten der Matterhorngletscher.

Links: Ausblick im Winter von der Hörnlihütte hinauf zum Furggengrat mit seinen Steilaufschwüngen, rechts noch ein Teil der Ostwand.

Oben: Biwak in der winterlichen Nordwand. Erich Krempke (sitzend) und Toni Kinshofer befinden sich am oberen Rand des Einstiegseisfeldes.

Rechts oben: Der Zugang zum eigentlichen Nordwandeinstieg ist oft mit Schwierigkeiten verbunden; es muß der Abbruch des Matterhorngletschers überwunden werden. Im Winter (Bild) kommt zu den technischen Schwierigkeiten noch das anstrengende Tiefschneespuren dazu.

Rechts: In der winterlichen Nordwand. Vom Ende des Einstiegseisfeldes bis zum Beginn des Schrägcouloirs ist heikles Gelände zu überwinden.

nks: Aufstieg im untersten
il des Hörnligrates.

ten: Die Jugoslawin Nadja
idiga gelangte als erste Frau
rch die Nordwand bis zur
* örnligratschulter.*

chts: Nadja Fajdiga mit Ante
ihkota (Jugoslawien).

en: Die erste vollständige
rdwand-Begehung durch eine
au glückte der Genferin
ette Vaucher im Sommer 1965.
chts: Die Schweizerin Yvette
aucher (Mitte) mit Othmar
onig (unten) und Michel
ucher nach dem Abstieg.

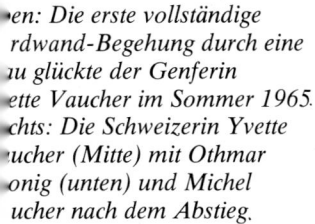

Links: Die Nordwand weist oft auch im Sommer winterliche Verhältnisse auf. Dadurch erhöhen sich meist die technischen Schwierigkeiten, aber die Steinschlaggefahr ist geringer; Kletterstelle am Beginn des Schrägcouloirs.

Rechts: Die Österreicher Gerhard Werner und Konrad Scharnreiter 1962 im oberen Teil der Nordwand.

Unten: Pit Schubert (Deutschland) gelingt 1962 mit dem Österreicher Mathias Hofpointner eine Nordwandbegehung. Die Wandverhältnisse sind fast winterlich; auf den Standplätzen muß gewissenhaft gesichert werden.

Unten rechts: Der Deutsche Pit Schubert im oberen Teil der Nordwand in Höhe der Hörnligratschulter. Dieser Wandbereich weist nur wenige Absätze auf, ist haltlos.

Blick aus dem unteren Teil der Nordwand am Ende des Einstiegseisfeldes gegen die Zermatter Seite; das Bild vermittelt einen Eindruck von der Steilheit der Wand.

Der Japaner Tsuneaki Watabe am Beginn des Schrägcouloirs der Nordwand. Bei winterlichen Verhältnissen mitten im Sommer; fast jede Seillänge muß mit Steigeisen überwunden werden.

Oben links: Der Wiener Richard Hoyer im Aufstieg über das Einstiegseisfeld der Nordwand; nach seiner geglückten Durchsteigung kam er im Himalaya um.

Oben: Sehr heikle Kletterei zwisc[hen] Ende Einstiegseisfeld und Beginn[?] Schrägcouloir bei ungewöhnlich schlechten Verhältnissen (Richar[d] Hoyer); hinten die Zmuttzähne.

Links: Sommerbegehung der Nordwand bei winterlichen Verhältnissen; Kletterei im Schrägcouloir (Richard Hoyer). Unten sieht man das heikle Verbindung[s]stück zum Einstiegseisfeld.

Rechts: Mit einem Fixseil abgesicherte Kletterstelle am Italienischen Grat, der zu den beiden leichtesten Matterhorn-Anstiege[n] gehört (mit Hörnligrat).

Links: Eindrucksvolle Kletterei auf der Japaner-Route durch die Nordwand. Der Kletterer befindet sich am Beginn der eigentlichen Hauptschwierigkeiten. Bis zum Erscheinen dieses Buches war über das ungewöhnliche Unternehmen der drei japanischen Alpinisten so gut wie nichts bekannt.

Oben: Ein Bild von der jüngsten Winterbegehung der Nordwand (Schmid-Route) Anfang Januar 1976 durch drei Seilschaften aus Tirol und Bayern, die sich hier am Beginn des Schrägcouloirs befinden; es handelte sich um die fünfte vollständige Durchsteigung im Winter.

Rechts: Kletterei während einer Sommerbegehung im Schrägcouloir der Nordwand – die Schlüsselstelle der klassischen Schmid-Route. Wie man sieht, herrschten relativ gute Verhältnisse, wenn man die Aufnahme mit anderen Schrägcouloir-Bildern vergleicht.

brennende Zeug. Pierre hingegen verspricht mir feierlich, daß er mich, sollte er Justizminister werden, als seinen Leibkoch einstellen wolle (was man doch alles werden kann!). Kinshofer erzählt von seinen Biwaknächten am Nanga Parbat, vom schönen (sonnigen) Pakistan. Krempke von unserer Nordwand, die er vor Monaten durchstiegen hatte.

Es ist Zufriedenheit in uns. Das eintönige Geräusch des über den Biwaksack herabrieselnden Schnees wirkt einschläfernd.

Wir schlafen nicht einmal schlecht. Nur die Knie schmerzen wegen der eingezogenen Beine ein wenig, sonst geht's ganz gut. –

Am Morgen nach einer winterlichen Biwaknacht kann der größte Erdensünder Buße tun, wenn es gilt, sich von den warmen Daunensachen zu trennen und in den eisigen Tag hinauszutreten.

Da bleibt das Eisenzeug vor Frost an den Fingern kleben, da empfindet man alles, was man berührt und anschaut, als feindlich.

Die aufgehende Sonne macht die Dent Blanche zu einer riesigen, hellroten Flamme, am Hörnligrat drüben glitzert ein Silbersaum, den Zmuttgrat rechts wünschen wir zum Teufel, denn er bringt uns den kalten Sturm. Über dem Dorf hängt ein kalter, durchsichtiger Schleier. Nie werden wir Sonne haben. Nur im Sommer bestreicht sie für kurze Zeit den oberen Wandteil.

Zum Frühstück wird heißer Sanddornsaft mit Traubenzucker serviert. Um halb zehn macht Toni Kinshofer den Anfang. Fels und Schnee, Eis und Fels – darin liegt die Abwechslung. Keine sicheren Standhaken? Nein. Nach jeder Seillänge bringen wir einwandfrei sichere Stifte an. Wenn der erste verdächtig ausschaut, kommt ein zweiter oder dritter hinzu. Das kostet freilich Zeit. Aber es bringt absolute Sicherheit und schließt die Absturzgefahr für die ganze Mannschaft aus.

»Hee, Toni! . . . du mußt grad hinauf!« rät mir Krempke.

»Was? Der Toni ist doch auch links hinauf!«

»Egal, grad rauf geht's besser.«

Also gerade durch die steile, vereiste Verschneidung hinauf. Besser? Vielleicht im Sommer. Ich muß mich ganz schön plagen. Und am Ende drängt es mich doch nach links. Ein scheußliches Gelände: Auf

Der Deutsche Hans Engel (vorne) und der Tiroler Otto Wiedmann während der jüngsten Winterbegehung der Schmid-Route Anfang Januar 1976. Kürzeste Winterbegehung

dem Fels haften hingepappte Eisplatten; hält man sich an ihnen, brechen sie weg wie die Zuckerglasur einer Torte; hält man sich an den herausragenden Felsschubladen, ist das Knistern des Eiskittes zu hören. So ist es kein Klettern und sauberes Steigen, mehr ein Schleichen und Schieben – ein Eiertanz. Ja, so ist es: einen Tanz auf rohen Eiern stelle ich mir so vor, jeden Augenblick gefaßt, daß alles zusammenbricht und . . .

Die Stunden laufen erschreckend schnell ab. Nur der Sturm ist gleichbleibend. Und die ersten Aufklärungsflugzeuge kommen auch schon angebrummt. Sie halten sich in respektvollem Abstand, denn der Sturm beutelt die kleinen Vögel wüst hin und her. Mit den Insassen möchte ich nicht tauschen, da würde ich vielleicht den bekannten Schweiß auf den Handflächen spüren, und den liebe ich nicht . . .

Die anschließende Querung nach rechts in Richtung Couloir bringt Verschärfung. Pierre und ich melden kalte Füße an. Mazeauds linker Fuß hat vom Frêney-Pfeiler her noch offene Erfrierungsschäden. Bei mir macht sich die Misere mit den ungleichen Schuhen bemerkbar: der linke Fuß, an dem ich den Schuh des verbesserten Modells trage, ist warm, der rechte gefühllos. –

Um halb fünf nachmittags erreichen wir in 3800 Meter Höhe einen kleinen Felsvorsprung, der uns weit und breit als die günstigste Biwakmöglichkeit erscheint. Ein kurzer Tag war das: nur sieben Stunden Kletterarbeit. Dieses zweite Biwak ist, nachdem wir gut einen Kubikmeter Fels abgetragen haben, zweistöckig: Krempke und Mazeaud oben, Kinshofer und ich unten, alles zusammen so groß wie die Fläche eines Schreibmaschinentischchens. Aber es geht, wir können sitzen. Erich und Pierre sind so rücksichtsvoll, daß sie, um mit ihren Schuhen nicht auf unseren Köpfen herumtrampeln zu müssen, für ihre Füße sogar Halteschlingen anbringen. Das nenne ich wahre Menschlichkeit. Allein schier unerträglich sind die Kälteschmerzen in meinem rechten Fuß. Erst später, in Daunen gepackt, schaut die Welt rosiger aus. Einige Ronicoltabletten bringen die Blutzirkulation wieder in Ordnung.

Auf das Abkochen muß wegen des Sturms verzichtet werden. Etwas Zwieback und Dörrobst zwischen die Zähne, Confitüre und Kondensmilch in den Mund gedrückt, das muß reichen. Unten grüßen die Lichter von Zermatt; wir grüßen, Punkt sechs, mit einer roten Rakete – alles in Ordnung. Dann hören wir aus dem kleinen Transistorgerät den Genfer René Dittert, den ich seit Jahren als einen der mutigsten Alpinisten bewundere, auch in bezug auf das, was aus seiner Feder

178

kommt. Dittert ist ein charmanter Optimist, der sagt, daß die Alpinisten in der Matterhorn-Nordwand höchstwahrscheinlich morgen den Gipfel erreichen werden.

Oho! Da kann also nichts schiefgehen – morgen auf dem Gipfel, das wird ein Fest.

»Dann dürf'ma aber pressier'n!« meint Toni Kinshofer.

Und Pierre malt schon die unglaublichsten Bilder von der Seinestadt in unsere Schädel. Er sagt, daß wir dann – vielleicht meint er nach dem Gipfel? –, daß wir dann also geschlossen mit ihm kommen müßten, im Sturmlauf Paris zu erobern. Und zwar so, daß sogar die Taten des Herrn Bonaparte nichts mehr zählen würden. Dieser Revoluzzer von Pierre bringt noch die ganze Nordwandgesellschaft durcheinander. Prompt erkundigt sich Toni, wo uns der Eroberungshäuptling überall hinführen wolle. Aufhören! Wenn das der gute Julius Kugy hören würde, müßte er sich im Grabe umdrehen und uns wegen Ketzerei verurteilen – an der Spitze den Pierre, bittschön! –

Die Bergbauern und Älpler schauen, bevor sie ins Bett gehen, nach dem Wetter. Das ist ihnen in Fleisch und Blut übergegangen. Vielleicht ist es nicht nur ihre Verbundenheit mit dem Wetter, die sie dazu treibt. Ich kann mir denken, daß sie auch der nächtlichen Pracht wegen vor die Türe treten. Denn jede Nacht ist anders. Ich brauche mich nicht lange vor eine Türe zu bemühen, um in die Nacht zu schauen. Ein Blick durch das kleine Luftloch des Biwaksackes tut mir sie auf. Die Nacht am Berg zähle ich zu den Wundern auf Erden. Da braucht man noch gar nicht ein hoffnungsvoller Romantiker zu sein. Die Nacht am Berg hinterläßt etwas, das der Tag nie geben kann. Ein Gefühl, das alle meine Empfindungsschwächen der menschlichen Kreatur berührt – Angst und Sorge um das Morgen. Aber die Nacht in dieser Urlandschaft gehört zu dem Ganzen, das wir, wenn auch für jeden andersgeartet, in den Bergen erwarten. Tiefe und Höhe, Nacht und Tag, Gefahr und Sicherheit, das sind die unverrückbaren Gegensätze im Bergsteigen, der Nährboden des Erlebens.

An die fünfzig Nächte am Berg liegen hinter mir, keine möchte ich missen, und keinen der Menschen, die in den Nächten alles mit mir zu teilen bereit waren, könnte ich je vergessen.

Die Sterne über uns haben heute ein eigenartiges Funkeln; wohl hell, aber so unruhig – so, als müßte ihr Licht in dieser Nacht erlöschen. Die Lichter von Zermatt nehmen sich viel ruhiger aus, aber sie werden immer weniger, bis zu später Stunde dann nur noch die Beleuchtungskörper der paar Straßen und Gassen zu erkennen sind. Ich denke an

Menschen, die dort unten schlafen und das alles nicht sehen. Mein Mathias wird gleich morgen beim Frühstück fragen, ob der Vati auch gut geschlafen habe; er wird den Berg verwünschen, denn seinetwegen kann er, der schneidige Lauser, nicht jeden Tag mit dem Vati über die Pisten hinunterbolzen. Und sonderbarerweise denke ich auch an einen Menschen, den ich nur vom Sehen her kenne: der ›Steigeisen-Jonny‹, wie er im Dorf genannt wird. Ein würdevoller Engländer, der seit Jahren den Zermatter Winter zu schätzen weiß, ein Mann, dem Sicherheit und Wohlbefinden alles bedeuten. Jeden Tag, bei Schlechtwetter und Sonnenschein, wandelte er durch die Gassen. Der Herr wird deshalb Steigeisen-Jonny genannt, weil er seine Spaziergänge stets nur mit richtigen Steigeisen an den Füßen genießt. Da könnte ja immerhin . . . Steigeisen! Verdammt, wo sind meine?

»Hallo!« schreie ich in meinem Biwaksack auf. »Wo sind meine Steigeisen!?«

Die ganze Gesellschaft wird aufgescheucht wegen meiner Vergeßlichkeit, ich weiß nicht mehr, wohin ich die wertvollen Dinger verfrachtet hatte. Und war es vor einiger Zeit nicht so, als sei etwas Klirrendes dem Abgrund zugesprungen?

»Crampons?« erkundigt sich Pierre nach meinen Nöten.

Und wie vornehm er das sagte!

»Oui, crampons – meine Steigeisen!« Am Ende der Nordwand werde ich Pierres Heimatsprache perfekt beherrschen.

Ein Wühlen und Suchen hebt an. Zuletzt richte ich mich auf – das ist ja auch am anstrengendsten –, hebe mein Luftkissen: da liegen sie. Erlösung. Was so unscheinbare Steigeisen schon für Aufregungen hervorrufen können!

Ach ja, der Steigeisen-Jonny. Wenn ich mit ihm ins Gespräch komme – das soll bei Männern seines Schlages gar nicht leicht sein! –, dann werde ich ihm diese Geschichte erzählen; vielleicht freut sie ihn. Der Steigeisen-Jonny schwört auch im Winter aufs Frühstück im Freien, das ist gesund. Besonders dann, wenn am Oberkörper vorne und hinten frischgefüllte Gummiwärmflaschen hängen. So läßt es sich schon aushalten. Jetzt zwei solche Wärmeflaschen, das wäre eine feine Sache. Schon eine für den Rücken, der von Eis und Fels gestützt wird, täte gut. Unten, zwischen Tag und Nacht, kriecht ein Scheinwerfer auf der Straße nach Staffelalp, die ganz fleißigen Leute beginnen ihr Tagwerk; es wird der Schneepflug sein. Dann hören wir den Wetterbericht der Frühnachrichten:

»Wallis, Alpennordseite: Im Mittelland strichweise noch Nebel, obere

Grenze um sechshundert Meter, sonst zunächst im allgemeinen heiter. Im Laufe des Tages zunehmend bewölkt. Gegen Abend Aussicht auf Niederschläge in der West- und Nordwestschweiz. In den Bergen mäßiger bis starker, im Flachland anfangs schwacher, dann mäßiger bis starker Südwestwind.«

Im Norden hängen unheildrohende Wolkenbänke, und das fahle Licht der Morgensonne will uns allen auch gar nicht gut gefallen.

Erich Krempke, der die Wetterregeln in dieser Gegend am besten kennt, ist überzeugt und sagt, daß ein Wettersturz im Aufkommen sei. Und im Wettersturz durch die Matterhorn-Nordwand zu klettern, scheint mir nicht das ausgewählteste Vergnügen zu sein.

»Toni, isch glaube, Situation ist sehrr schlecht!« mahnt Pierre.

Kinshofer sagt: »Ich trau der Sach' a net recht.«

Was bleibt uns übrig?

Rückzug. Von weiter oben wäre ein Rückzug weit mühevoller und gefährlicher.

Das ist eine bittere Sache. Aber wir sind uns einig. Der Rückzug mit unseren beiden Hundertmeterseilen ist die einfachste Sache der Welt, könnte man meinen. Die Arbeit macht zunächst gute Fortschritte: Es wird alles zusammengepackt, dann werden zwei sichere Abseilhaken geschlagen und diese mit einer Reepschnur verbunden. Doppelt genäht hält besser, sagt man. Das Abseilen ist für den, der es kann, eine lustige Sache, und für den, der es nicht kann, ein grausiges Spiel. Wir können es. Und dennoch scheint mir das Abseilen zum Gefährlichsten im Gebirge zu gehören. Selbst nach zwanzigjähriger Erfahrung hat man es nicht in der Hand, daß der Abseilhaken auch wirklich sicher hält. Bei dem berühmten Dolomitenführer Emilio Comici hatte nur einmal so ein Abseilhaken nicht gehalten – und das im Klettergarten!

Ich hatte es schon dreimal gesehen, wie Abseilhaken langsam aus ihrem Riß kamen. Aber wenn der Haken hält, dann gewinnt man, im bewährten Seilsitz abfahrend, rasch an Tiefe.

Toni Kinshofer macht den Anfang. Er hat die Aufgabe, nach seiner Ankunft, hundert Meter weiter unten, den nächsten Fixpunkt zu schaffen. Dann folgen Krempke und Mazeaud. Pierre will sich nach einigen Metern nochmals vergewissern:

»Situation gut?« Er meint den Haken, an dem er hängt. Der Haken federt zwar, aber das ist kein Grund zur Besorgnis.

»Gut, sehr gut!« sage ich, und bald ist auch Pierre unten gut angekommen.

Als Schlußmann versuche ich, die beiden Stränge möglichst genau parallel zu führen, um sie dann gut abziehen zu können.

Toni und ich beginnen zu ziehen. Es geht nicht. Dann zu viert – geht nicht! Keinen Zentimeter.

»Glumpp!«

Wir beraten, jeder auf zwei kleinen Tritten stehend. Die Seile müssen runter. Nochmals zu viert; Toni und ich hängen frei an den Seilen – keinen Zentimeter.

Es fängt zu schneien an. Seit zwei Stunden stehen wir da. Pierre und ich haben bereits wieder gefühllose Füße. Wir hacken Standstufen aus dem Eis, um uns besser bewegen zu können. Mein gutes Eisbeil bricht. Einer müßte an den Seilen hinaufklettern können. Mit den Jümar-Steigbügeln wäre das eine Sache von Minuten. Aber die liegen, gut verpackt, in der Hütte. In der Nordwand werden wir sie nicht brauchen, glaubten wir. Der von dem Wiener Karl Prusik erfundene Klemmknoten klemmt nicht, die Seile sind vereist.

Von einem Seilstrang hängen etwa sieben Meter herab.

Wenige Meter links von uns trägt das spröde Blankeis eine Schneeauflage. Wieviel?

»Dann lassen wir die verdammten Seile eben hängen und steigen seilfrei ab!« schlage ich vor. Jeder für sich, ohne Sicherung.

Krempke bindet sich den verbliebenen Seilstrang um, ist gesichert, hackt sich in dem beinharten Glas nach links, um die Schneelage zu erreichen.

»Nix! Der Pulverschnee hält nicht . . . geht nicht!« Der aufliegende Schnee hat mit dem Eis keine Bindung. Krempke kommt zurück. Mir geht der Gaul durch: »Herrgott! Das bissl Blankeis macht doch nichts, weiter unten wird die Schneeauflage besser sein!« Weiter unten aber ist auch noch eine Felsstufe, die wir von hier nicht einsehen können. Die Stunden vergehen – es muß etwas geschehen.

An das Seilende binde ich einige Reepschnurstücke, um Länge zu gewinnen. Ich probier's, komme wohl einige Meter weiter als Krempke, aber auch dort liegt auf dem Eis nur lockerer Pulverschnee. Und noch weiter unten? Ich schaue die Eiswand hinab und schau in die Gesichter meiner Kameraden. Sie haben einen Ausdruck, als beobachteten sie einen Nichtschwimmer, der sich den Ärmelkanal vorgenommen hat.

»Nicht, Toni! . . . nicht . . . sehrr schlecht . . . sehrr gefährlich!« warnt liebevoll der Pierre, eine Boyard nervös vom einen in den andern Mundwinkel schiebend. Ich steige zurück.

Was jetzt? Die rote Rakete?

»I hau' mi aufi – was willst sonst mach'n?!« sagt der Toni entschlossen. In dem Ton könnte Kinshofer mit seinen Drahtseilnerven auch gesagt haben:
Schau ich mir den Drecksfilm halt an!
Toni bindet sich das Seilende um, zieht die Handschuhe aus, beginnt zu klettern. Langsam wohl, aber in bestechender Sicherheit. Zwei Stunden lang, denn der eisgepanzerte Fels ist schwierig.
Wir nützen die Zeit, brauen heiße Getränke – die Überraschung für den zurückkommenden Toni.
So findet auch dieses aufregende Zwischenspiel sein Ende.
Dem Haken für die nächste Abfahrt traut Pierre gar nicht:
»Nix gut . . . sehrr nix gut! Du bist mort mit diese Hake!« Kinshofer und ich prüfen nochmals – er sollte halten. Und er hält auch, Kinshofers Abfahrt beweist es.
Dann noch mal hundert Meter. Und das Einstiegseisfeld selbst steigen wir seilfrei ab. Abends in der Hütte kurieren Pierre und ich unsere Erfrierungen. Bei Pierre sieht es schlimm aus, meine Frostschäden sind harmlos.
Am nächsten Tag – 10. Januar – schneit es. Wir steigen ab, fahren Richtung Schwarzsee, treffen mit den Genfern Guido Tonella und Michel Vaucher zusammen . . . Servus . . . hallo . . . freudiges Wiedersehen mit Kameraden . . .
»Stimmt es«, fragte Tonella, »daß ihr mit batteriegeheizten Anoraks und Schuhen ausgerüstet seid?«
Der gebürtige Italiener Guido scheint heute – ganz anders als sonst! – nur faule Witze auf Lager zu haben. Dem besorgen wir's.
»Klar, tolle Sache – sogar mit Thermostat!«
»Allerhand! Laßt sehen . . . ist das Zeug schwer?«
Der gute Tonella schaut gar nicht witzig drein.
»Schuhe mit . . . Anoraks geheizt?!«
»Ja – natürlich, alle Zeitungen schreiben davon!« sagt er. Großes Gelächter.
Heizbare Anoraks und Schuhe – der Witz des Jahres. Es schwant mir: Pierres Steigeisen mußten vom Dorfschmied auf die neuen Schuhe gepaßt werden.
Ich weiß es, der Mann war von den Schuhen ziemlich beeindruckt. Vielleicht äußerte er, daß sie warm sein müßten: wie von Batterien geheizt! Wenn das ein eifriger Skribent hörte, der über Bergsteigen soviel weiß wie ich über die Kernspaltung, dann ist es zur heizbaren Ausrüstung nur noch ein kleiner Sprung. –

Pierre muß nach Paris, schon wegen seiner Füße; Toni Kinshofer fährt mit, denn der ketzerische Pierre hatte ihm zuviel von der schönen Stadt erzählt. Vor Februar habe ein zweiter Nordwand-Versuch ohnehin keinen Wert mehr. Ich bleibe in Zermatt; da läßt es sich besser arbeiten als in München. –

*

Zur gleichen Zeit breitet sich im Schatten der Gesäuseberge, in der Steiermark, das brennende Nordwandfieber aus. Hast die Zeitungen gelesen? . . . die vier mußten zurück! Packen wir's. Und ob! Das ist ein Wink für uns – auf geht's!

Am Nachmittag des 14. Januar sitzen die drei Steirer im Zug, unter ihnen rattern die Räder ihr hartes Lied in die Winterlandschaft. Richtung Zermatt: Adolf und Franz Huber, zwei Brüder, Hubert Sedlmayr. Drei Männer, die es auch mit dem Teufel aufnehmen: mutig, entschlossen, stämmig, sehr abgehärtet, bescheiden, fast ein wenig verdruckt, mit brennendem Ehrgeiz. Adolf Huber aus Palfau bei Hieflau (Eisenerz) hat in einem Monat seinen zweiundzwanzigsten Geburtstag, ist Zimmermann in den Stollen des Erzbergs, steigt seit sechs Jahren auf die Berge. Sein um vier Jahre älterer Bruder Franz dient als Streckengeher der Österreichischen Bundesbahn, wobei er jeden Tag siebenundzwanzig Kilometer bewältigt – ob Hitze oder Schneetreiben. In seiner zehnjährigen Bergsteigerlaufbahn lernte er beachtliche Fahrten kennen. Franz Hubers einjähriger Bub Ewald und seine verständnisvolle Frau bleiben zurück – sie wollen in Zermatt ja nur einige pfundige Skitouren machen. Hubert Sedlmayr aus Eisenerz, zweiundzwanzig Jahre alt und Installateur, hatte im Herbst des Vorjahres die erste Bergführerprüfung hinter sich gebracht, kennt die klassischen Eisfahrten der Ostalpen, den Schreckhorn-Südwestgrat und Mönch-Nollen in den Westalpen. Adolf und Franz hatten sich im Juli 1960 mit Almberger und Weißensteiner im Sturm durch die Nordwand bis zur Hörnligrat-Schulter geschlagen. Und alle drei erlebten, wie Walter Almberger nach der winterlichen Eigerwand in das für ihn aufgeputzte und jubelnde Eisenerz zurückgekommen war. –

Der Zug rast mit ihnen durch die Nacht, mit ihren eilends gepackten Sachen, mit ihren Gedanken, die bereits in der Nordwand hängen: Innsbruck – Zürich – Bern. Sie lesen Zeitungen, nichts steht über die Nordwand drin. Also ist sie noch frei. Brig, Zermatt: viel Menschen,

184

die ihren Spätnachmittagsbummel genießen, und das weiße Matterhorn. Den großen Rucksack am Rücken, den kleineren vorne, so laufen sie durchs Dorf nach Winkelmatten, finden im Hotel Matterhornblick billiges Quartier. Das Hotel Matterhornblick, wie sie das unbewohnte Holzhaus taufen, ist wie geschaffen für sie. Ohne Fenster zwar, aber in den Biwaksäcken läßt es sich hier gut schlafen – nach dieser langen Fahrt.

Der 16. Januar sieht die drei Steirer bereits in der Hörnlihütte. Am nächsten Tag:

Schneefall, Nebel, Wind. Aber sie haben noch Zeit. Am 18. Januar lichtet sich der Nebel: die drei steigen auf zum Plateau des Matterhorngletschers, legen eine Spur zum Bergschrund – die erste Vorarbeit ist getan. Morgen?

Ihretwegen schon, alles liegt bereit, die Rucksäcke sind gepackt: 2 Kernmantelseile 40 m/12 mm, 1 Kernmantelseil 80 m/8 mm, 25 Felshaken, 10 normale Eishaken, 2 Eisspiralen, Bohrhaken und Meißel (für Rückzug), 3 Kletterhämmer, 3 österr. Eisbeile, 3 Paar Steigeisen, normale Bergschuhe, 1 Primus-Benzinkocher, 1 Liter Benzin, 2 Paar Biwak-Daunenschuhe, 3 Biwaksäcke, 3 Steinschlaghelme.

Als Proviant: 1 Dose Ovomaltine, 750 g Zucker, 1000 g Brot, 750 g Speck, Suppe, Keks, Schokolade, Traubenzucker, Dörrobst.

Das Warten in der Hörnlihütte, in Gesellschaft des rauchenden Herdes, macht keine Freude; wenn es endlich losgeht, kann es den Steirern nur recht sein.

Eine Stunde nach Mitternacht macht sich Franz Huber ans Fenster, er muß es aufmachen, denn an den Scheiben haftet eine dicke Frostschicht: »Waschkuchl!« sagt er, Nebel . . . weiterschlafen. Der nächste Tag gibt neue Hoffnungen, der Nebel zieht ab.

Am 20. Januar ist es endlich soweit: sternklare Nacht, es gilt. Ihre etwas abgetragenen Hosen – sie hatten keine Zeit mehr, bessere zu besorgen – waren schon zu Hause mit Speckschwarten präpariert worden. Jetzt noch schnell Plastiksäckchen untergelegt – nach dem Prinzip der Schichtenisolierung – und die Schlitze am Kniebund zugenäht. Punktum, das muß hinhauen! Das mutet zwar etwas primitiv an, aber in der Tat ist dieser Behelf nicht der schlechteste, denn die Körperatmung wird kaum beeinträchtigt. Bergsteiger sind glänzende Improvisationskünstler. Statt Daunenjacken tragen sie ihre gewalkten Lodenjoppen, auf die sie schwören – so baut halt jeder auf seine Erfahrungen.

Um vier können sie die Hütte verlassen. Ihre angelegte Spur ist vom

Wind zugedeckt. Zwei Stunden später überschreitet der Seilerste den Bergschrund. Auf geht's, Buam!

Auf dem Einstiegseisfeld, wo sie eine griffige Schneelage antreffen, gewinnt die Dreierseilschaft rasch an Höhe. Weiter oben, wo sich das Eisfeld in der Wand verliert, herrscht Blankeis vor. Darauf haltloser Pulverschnee. Dann nach rechts und wieder gerade hinauf, das Gelände bleibt gleich: verglaster Fels. Ein Jammer, wie schnell die Stunden ablaufen, schon geht der erste Tag zur Neige. An der markanten Felsrippe, die sie von links her erreichen (3850 m), wird haltgemacht. Sechs Uhr abends. Biwak. Der Vorsprung könnte größer sein, aber zur Not tut's auch dieser kleine Fleck. Sogar der Kocher kann aufgestellt werden – sein Wert ist hier nicht mit Gold aufzuwiegen. Es gibt dampfende Ovomaltine, dann aufgetauten Speck. Echten steirischen Bauernspeck.

Und zeitweise können sie auch schlafen. –

Mit dem ersten Licht werden die umstehenden Berge in Morgenrot getaucht. Es ist etwas fahl, als sei vor die Sonne Milchglas geschoben. Ein schlechtes Wetterzeichen. Augenblicklich schaut es aber noch gut her. Also weiter, halb acht. Die ersten drei Seilängen gelten der hier nur noch schwach ausgeprägten Rippe. Es sind die schwierigsten der ganzen Wand. Dann nach rechts, wegen des dünnen Eises äußerst gefährlich, zum Beginn des Couloirs. Mittag. Von der Dent d'Hérens her schleichen verdächtige Wolken. Wind kommt auf. Er treibt losgerissenen Schnee in die bärtigen Gesichter. Das Klettern im Couloir ist heikel und schwierig. Stunde um Stunde. Abend.

Und noch immer stecken sie im Couloir, in dessen Mitte die zweite Nacht durchgehalten werden muß. Ja, durchhalten. Denn Biwakplatz kann man die Vorsprünge, an denen sie kleben, nicht nennen. Hubert Sedlmayr ist fünf Meter über Adolf und Franz Huber an den Fels gebunden, seine Füße baumeln ins Leere, bewegen kann er sich die ganze Nacht nicht. Franz und Adolf hantieren, zusammengekauert, am Kocher. Wird Zeit, wieder was Warmes zu kriegen. Eine kracherte Steinpilzsuppe, ganz duft, schwebt ihnen vor.

Der elende Kocher. Seine Düse ist verstopft, ausgerechnet hier! Aber auch einen Düsenreiniger haben die Steirer dabei. Ein harter Stoß des zum Sturm gewordenen Windes reiß das feine und wertvolle Instrument mit sich in die Unendlichkeit . . . sakra!

Einen verstopften Kocher, keine Steinpilzsuppe, die ganze Nacht nichts Warmes. Nur heulenden Sturm, beißende Kälte, Nebel. –

Wo sind sie?

186

Das ist am nächsten Morgen in Zermatt die Frage. Bis auf etwa viertausend Meter hängt der wild umherziehende Nebel herab – in der unteren Wandhälfte ist nichts zu sehen, auf der Fläche des Matterhorngletschers ist aber auch kein dunkles Etwas zu erkennen.

Wo sind die drei Steiermärker?

Die Beobachter auf Sunegga und Staffelalp schauen unentwegt in die Nordwand, wo sich, wenn sie Glück haben, ein Wolkenloch auftut. Aber auch dann ist keine Spur zu entdecken. Den ganzen Tag nicht. Und oben rast der Sturm, das melden die Wetterstationen. Keinen Menschen gibt es in Zermatt, der nicht besorgt wäre um die drei. So vergeht der Tag, die Nacht kommt. Was bleibt, das ist der Sturm. Und die Angst um drei Bergsteiger, die sich unter schlechtesten Voraussetzungen hoch hinauf durchgeschlagen hatten.

In den Bars klingen abends die Melodien etwas gedämpfter, überall, wo sich die Leute unterhalten, ist die Nordwand im Gespräch.

Und am nächsten Tag – 23. Januar – überstürzen sich die Schlagzeilen der Zeitungen: verschollen, verloren, ohne Hoffnung. Schrecklich. Wenn das die Angehörigen lesen!

Am Vormittag reißt es kurz auf. Ich schaue durch ein gutes Fernrohr und sehe in dem Schneehang oberhalb der Solvayhütte – bereits am Hörnligrat also – eine tief eingegrabene Spur. Auch Erich Krempke erkennt sie. Die müssen in der Solvayhütte sein – gerettet! Unglaublich, daß ihnen bei diesem Hundewetter doch noch der Aufstieg bis zur Schulter gelungen war. Eine einmalige Leistung.

Täuschung?

Die gut unterrichteten Kreise, wie es sie angesichts solchen Geschehens immer zu geben scheint, sagen es: Das mit der Spur könne nicht stimmen, denn zur gleichen Zeit habe man von der Staffelalp aus zwei Gestalten mitten in der Wand gesehen – regungslos, und nur zwei!

Dann schließt sich der Nebelvorhang, genug des dramatischen Spiels.

Man überlegt die Rettungsmöglichkeiten. Die Zermatter Bergführer sind bereit mitzumachen, wenigstens ein Teil von ihnen. Zermatt fiebert und betet für drei verschollene Menschen – morgen muß etwas geschehen . . .

Und so ist es: herrliches Wetter!

Was? Wirklich?

Ja, man sieht es deutlich: über den Hörnligrat wühlen sie im haltlosen Neuschnee herunter. Die gut unterrichteten Kreise können es kaum fassen. Und der tiefe Neuschnee scheint sie verschluckt zu haben. Denn auf dem Weg zum Berg sind Krempke und ich allein.

Am Berg brauchen die drei keine Hilfe, das ist zu sehen; sie steigen ohne größere Pausen ab, zuletzt abseilend über die Ostflanke.

Im untersten Teil des Hörnligrates klettern drei Italiener, unter ihnen Andreani und Nessi, die Studenten aus Como; auch sie wollen helfen. Ganz nahe hören wir dann:

»Hoo . . . ruck, hoo . . . ruck, hoo . . . ruck!« In einer Stimmkraft, als hätten fünf bullige Holzfäller soeben ihre harte Arbeit begonnen.

Sie ziehen besessen an einem Strang der hängengebliebenen Seile, vergebens.

Egal, der Berg soll sie behalten, jetzt ist alles vorbei.

Die drei Italiener, Krempke und ich treffen mit ihnen zusammen. Ihre Gesichter sind gezeichnet von Sturm und Entbehrungen.

»Was machen die Füße?« ist meine erste Frage.

»A wo, nix fehlt uns, nur den Adolf hat's an de Hax'n erwischt«, sagt Franz Huber.

Auf der Stelle packen die Italiener ihren Kocher aus – der heiße Sanddornsaft schmeckt.

Dann nützt Krempke das letzte Licht aus und fährt nach Zermatt, wo viele Menschen auf seine beruhigende Nachricht warten.

In der Hörnlihütte überlassen uns die Italiener ihren Kocher, worauf sie, mit Stirnlampen ausgerüstet, ihren weiten Heimweg antreten.

Ich widme mich Adolf Hubers Füßen und bin erschüttert: die Zehen sind dunkelblau, aufgedunsen, offen. Aber der Adolf beißt auf die Zähne und sagt dann:

»Hauptsach', daß wir wieder herunten sind!«

Die Ronicol- und schmerzlindernden Tabletten nimmt er wortlos ein, die Injektionen läßt er sich geduldig geben – das ist ein Kerl!

Dann in die warmen Decken und viel Heißes, haut hin.

Franz Huber und Hubert Sedlmayr erzählen das, was niemand gesehen hatte, sie erzählen von ihrem einsamen Kampf:

Ab dem zweiten Biwak hatten sich Adolfs Füße nicht mehr erholen können. An ein Durchkommen in dem Sturm konnte nicht mehr gehofft werden. Zurück? Die technischen Möglichkeiten dazu hätten sie wohl gehabt – das Seil- und Hakenmaterial stand zur Verfügung –, aber ein Rückzug wäre mindestens so anstrengend, gefährlich und zeitraubend gewesen wie das Durchkämpfen bis zur Schulter. Also hinauf. Die drei Steirer legten los in einem Tempo, wie es in dem Sturm nur mit äußerster Entschlossenheit gehalten werden kann. Dreihundert Höhenmeter in Sturm, Nebel und Kälte. Dreihundert Meter Aufstieg, der nur eines zum Ziel hatte: das Leben. Den Gipfel zu erreichen, war nicht mehr ausschlaggebend. Das Maß ihres Wagens war voll, und sie wußten das zu erkennen.

Um siebzehn Uhr erreichten sie, umtost von brüllendem Sturm, das obere Ende der Schulter. Die drei mußten sich festhalten, um nicht in den Abgrund der Ostwand geschleudert zu werden. Zwei Stunden vor Mitternacht gelangten sie zur Solvayhütte, deren Boden und Schlaflager zwar mit Schnee bedeckt waren, aber ihren kleinen, schützenden Raum wußten sie dennoch zu schätzen.

Am nächsten Tag, 23. Januar, hielten Sturm und Schneefall unvermindert an. Der Abstieg über den Hörnligrat war unter diesen Umständen zu gefährlich. Also noch eine Nacht in der Hütte.

Der Morgen des 24. Januar brachte endlich schönes Wetter. Und endlich konnte man sie von Zermatt aus sehen. –

Jetzt, in der Hörnlihütte, beginnt sich in den dreien die seelische Spannung zu lösen. Jetzt lachen sie im Kerzenschein. Das Abenteuer ist überstanden. Zu später Stunde treten drei Besucher in die Hütte: der Berner Journalist Bonnot mit zwei Zermattern. Die Steirer sind wieder unter Menschen. Dann singen sie, froh über den glücklichen Ausgang ihres Unternehmens, das Lied von der Furchtlosigkeit: »Wilde Gesellen vom Sturmwind umweht . . . uns ging die Sonne nicht unter.«

(An Adolf Hubers Zehen mußte später amputiert werden.)

*

Die Nordwand wurde bis zweihundert Meter unterhalb des Gipfels erstmals im Winter durchstiegen. Und das bei denkbar ungünstigen Voraussetzungen. Eine großartige Leistung, eine begeisternde Tat, auf deren Endziel aus Vernunftgründen verzichtet worden war. Ein beispielgebender Entschluß!

Übrig bleibt, die vollständige Winterdurchsteigung bis zum Gipfel zu versuchen.

Aber nicht bei dieser ungünstigen Schneelage und unsicheren Witterung. –

Zur gleichen Zeit, als die drei Steirer in ihrer Heimat nach Zermatt aufgebrochen waren, schrieb ich an den steirischen Heeresbergführer Leo Schlömmer in Aigen im Ennstal: ob er den ausgefallenen Pierre Mazeaud für die Nordwand ersetzen wolle.

Am 16. Januar kam seine telegrafische Nachricht: »Bin dabei – Leo.«

Eine Woche später: »Kommen unmöglich – Leo.«

Mit seinem Dienst will es nicht so recht klappen. Ich wende mich an ein hohes militärisches Amt in Wien. Leo kann kommen. Die Spezialschuhe für ihn sind auch schon besorgt. Am 27. Januar ist Schlömmer in Zermatt. Nächste Niederlage: Toni Kinshofer ist unabkömmlich, da er in zwei Monaten bereits wieder zum Nanga Parbat fährt. Heinz Pokorski erlitt einen schweren Autounfall. Alles ist gegen ein gutes Gelingen. Dann treffe ich hinten in Winkelmatten zufällig mit Hilti von Allmen zusammen:

»He, Servus Hilti, grüß dich!«

»Grüezi, Toni, Servus!«

»Allein?«

»Nein, nein, einen Gast hab' ich bei mir«, sagt Hilti, auf einen Nachkommenden deutend. Hiltis »Gast« ist ein junger, sympathischer Mann, der an seinem Pulli einen glitzernden Miniaturhaken angesteckt hat. Auf dem Miniaturhaken sind drei Buchstaben eingraviert: »KCA« – Kletterclub Alpstein. Mitglieder dieser verschworenen Klettergilde waren niemals »Gast« eines Bergführers, denn jeder von ihnen ist befähigt, schwierigste Unternehmungen durchzuführen. Hiltis »Gast« entpuppt sich als der frischgebackene Bergführer Paul Etter aus Walenstadt. Jeder weiß, was im Schädel des anderen steckt. Lassen wir den angelaufenen Karren also rollen.

Mein Vertrauensmann in der Meteorologischen Zentralanstalt zu Bern sagt am 28. Januar, daß in den nächsten Tagen nur unsicheres Wetter zu erwarten sei. Ich muß für zwei Tage beruflich nach München – bei dieser Wetterlage ist nichts zu versäumen.

In München beschwört mich meine Frau, den Plan fallenzulassen. Flehend sagt sie:

»Wenn du diesmal einsteigst, passiert was . . . ich habe Angst wie noch nie . . . ich habe schreckliche Angst.«

Die Arme. Und mein Dickschädel. Aber ich konnte mich bisher immer auf mein Gefühl verlassen. Und wenn ich am Berg bin, werde ich's wieder empfinden – das weiß ich.

In Zermatt, wo ich am 31. Januar wieder eintreffe, liegt ein Eilbrief von meiner Mutter:

»Lasse mein inständiges Flehen nicht ungehört, Toni! Ich hatte letztes Jahr bei der Eiger-Besteigung so einen festen Glauben und keine Angst, diesmal ist es das Gegenteil . . . du weißt, ich hatte immer recht mit meinen Vorahnungen.«

Oh, wenn sie, die Gute, nur eine verfehlte Vorahnung gehabt hätte! Aber immer kam das, was sie vorausgesagt hatte. Mütter und Frauen

Solvayhütte

2.

2.

3.

1.

1.

Hörnli-Hütte

- - - - ⌂ - - - v. Allmen-Etter

———— ⬟ ———— Schlömmer – Krempke –
Siegert – Kauschke – Bittner

haben einen sechsten Sinn, will mir scheinen. Man sollte ihnen Glauben schenken. Aber wer tut das schon? – Leo Schlömmer fiebert auf die Nordwand, Krempke ist bereit. Und in der Hütte haben sich, das weiß man in Zermatt immer gleich, drei weitere Anwärter für die Nordwand eingenistet: Werner Bittner, Rainer Kauschke, Peter Siegert, drei in München wohnende sächsische Bergsteiger, die zwar noch nie in den Westalpen waren, aber dennoch mit dem Winterbergsteigen gut vertraut sind. Im letzten Jahr war ihnen die erste Winterbegehung der Direkten Nordwand der Großen Zinne gelungen. Auch sonst sind sie erstklassig vorbereitet und haben genau die gleiche Ausrüstung, wie sie sich ein Jahr zuvor am Eiger bewährt hatte.

In der Nacht zum 1. Februar spurt ein Einsamer von Zermatt hinauf zur Hörnlihütte. In seinem Rucksack steckt wichtiges Gut: die endlich eingetroffenen Spezialschuhe für Paul Etter. Ohne sie kann er nicht einsteigen. Am Vormittag sind die beiden Schweizer und die drei Deutschen in der Einstiegseiswand zu sehen. Eisiger Wind treibt sie zurück, Etter, Allmen und Bittner steigen ab nach Zermatt.

Am 2. Februar gehen Schlömmer und ich zur Hütte. Eine Stunde nach uns kommen Hilti von Allmen und Paul Etter, nach ihnen Werner Bittner und Erich Krempke.

Freundliche Begrüßung. Hochbetrieb in der Hörnlihütte. Die Nordwand kommt nur selten ins Gespräch. Acht Bergsteiger für eine Wand: zwei Schweizer, zwei Österreicher, vier Deutsche. Draußen herrschen zwanzig Grad Kälte. Jede Seilschaft rüstet für sich. Und es hat den Anschein, als habe jede eine andere Wand zum Ziel. Schlömmer gibt gelegentlich witzige Nordwandbemerkungen von sich.

Aber es ist mehr Galgenhumor, der von keinem richtig aufgenommen wird. Keiner geht darauf ein.

Eine sonderbare Stimmung: kein rivalisierendes Wort ist zu hören, jeder beantwortet die Frage des anderen freundlich, und doch empfinde ich eine Spannung, die nicht in Worte zu fassen ist.

»Was sagst zum Wetter, Hilti?« fragt Leo Schlömmer.

»Der Flugwetterdienst in Kloten sagte, daß es nur einen Tag lang halte.«

Einen Tag. Das wird von jedem kommentarlos zur Kenntnis genommen. Also in einem Tag durch die Nordwand, denn das Wetter hält nur einen Tag.

»Peter«, wendet sich Schlömmer zu Siegert, »machen wir doch aus unseren beiden Dreierseilschaften drei Zweierseilschaften, dann ist ein zeitliches Beisammenbleiben möglich.«

»Nein«, sagt Siegert, »wir bleiben zu dritt, wir sind es so gewohnt.«
Im Tempo liegt bei dem unstabilen Wetter die einzige Chance für ein
gutes Gelingen.
Ich will allein sein und trete vor die Hütte.
Sternklare Nacht. Nur drüben am Monte Rosa schleichen Nebelfetzen
umher. Es leuchten heute mehr Sterne als sonst. Ihr Funkeln ist
außergewöhnlich unruhig, hell, fast aufdringlich. Das ist ein sicheres
Zeichen dafür, daß in den mittleren Schichten der Troposphäre (6000
m) gewaltige Windbewegungen, die Vorboten einer Wetterver-
schlechterung, vorhanden sind.
Ich kenne dieses Wetterzeichen, und die Folgerung gründet nicht nur
auf eine Bauernregel.
Da ist sie auch schon, diese innere Stimme, die ich vor jedem großen
Abenteuer höre, ungeachtet aller äußeren Umstände: Bleib da, Toni,
bleib da . . .
Nein, es sind keine Worte, die ich höre, es ist keine Stimme, nur ein
unbestechliches Empfinden: bleib da. Mutters Zeilen? Die Worte
meiner Frau? Das Funkeln der Sterne? Dieses Empfinden gründet
nicht auf äußere Wahrnehmungen, es ist einfach da. Und ich bin
glücklich darüber.
Leo Schlömmer kommt zu mir vor die Hütte.
»Du, Leo«, beginne ich vorsichtig, »willst nicht noch etwas warten,
bis das Wetter sicher ist und wir allein in der Wand sein können?«
»Geh weiter, jetzt sind wir doch schon da, jetzt packen wir's auch.
Schau, der Buhl und der Rébuffat, die waren sogar zu neunt in der
Eigerwand – und das Wetter wird sich schon halten!«
»Schon, schon, aber die haben sich, als es hart auf hart ging, zusam-
mengehängt, und hier sind die Seilschaften zahlenmäßig ungleich.«
»Des wird scho hinhaun – komm, morgen stechma aufi!«
»Leo, würdest du, wenn ich verzichte, mit dem Erich allein gehen?«
»Ja.«
»Gut, dann geht zu zweit – meine Ausrüstung könnt ihr mitneh-
men.«
Der Sorge, meinen Kameraden etwas zu verderben, fühle ich mich
enthoben. Sie haben so die beste Aussicht, gut durchzukommen.
Krempke und Schlömmer übernehmen bis auf wenige Stücke meine
gesamte Ausrüstung, Bekleidung und Ernährung – ich kann ihrer
Sicherheit wegen beruhigt sein. Und auch sonst zieht Ruhe ein in mir;
keine Reue wegen des Verzichtes, kein Ärger. –
Ab der zweiten Morgenstunde des 3. Februar ist unten im Aufent-

haltsraum wieder Leben. Die sieben Männer bereiten ihren Aufbruch vor. Das plärrende Kofferradio von Siegert übertönt die spärlichen Gespräche. Für angeregte Unterhaltung ist zu so früher Stunde ohnehin kein Anlaß.

Um halb vier ist die letzte Zeitansage zu hören, dann wird es still, sie gehen. Alle haben schon die Steigeisen an, jede Gruppe ist angeseilt. Es geht los. Draußen herrscht beißende Kälte, und immer noch das unruhige Funkeln der Sterne. Der windgepreßte Schnee knirscht unter den Steigeisen. Den Zugang zur Wand kennen alle, er wird ohne Zwischenfall bewältigt. Um fünf Uhr wird der Bergschrund erreicht, wenige Minuten später eingestiegen. Zuerst die Schweizer Seilschaft. Zwischen den Österreichern und Deutschen gibt es einen kurzen Wortwechsel, beide Seilschaften wollen sofort den Schweizern folgen. Krempke und Schlömmer legen sehr schnell los, steigen an den Deutschen vorbei, so entsteht die festbleibende Reihenfolge: Hilti von Allmen und Paul Etter; Leo Schlömmer und Erich Krempke; Werner Bittner, Rainer Kauschke und Peter Siegert. Der Aufstieg über das Eisfeld erfolgt ohne Seilsicherung. Jede Minute ist kostbar, und das Eintreiben von Haken würde zu viel Zeit kosten. Erst in der Traverse nach rechts zum Beginn des Couloirs schlagen die Schweizer Haken, die sie für die beiden nachfolgenden Seilschaften steckenlassen. Die Platten tragen eine gefährlich dünne Eisschicht. Aber das Zurücklassen der Haken kann für die Schweizer nicht so weitergehen, denn der Abstand zu den Nachfolgern ist bereits zu groß. Also müssen sie alle eingetriebenen Stifte wieder mitnehmen. Im Couloir liegt viel Eis, dennoch ist ein rasches Höherkommen wahrzunehmen.

Die Schweizer bringen an diesem Tag noch das gesamte Couloir unter sich und queren anschließend drei Seillängen nach rechts, wonach sie um siebzehn Uhr dreißig mit den Biwakvorbereitungen beginnen, rund dreihundertfünfzig Meter unter dem Gipfel. Hilti von Allmen verliert seine Steigeisen, das ist ein harter Schlag; der nächste Tag wird dadurch noch anstrengender für ihn werden. Aber aussichtslos ist die Lage für den unverwüstlichen Hilti nicht, ihn bringt nicht so schnell etwas aus der Ruhe. Um neunzehn Uhr wird das vereinbarte grüne Leuchtsignal abgeschossen: alles in Ordnung. Und mit dem Biwakplätzchen – einer Sitzbank aus Fels gleichsehend – können sie auch zufrieden sein. Nur sehr starker Wind war inzwischen aufgekommen. Die Österreicher stecken hundert Höhenmeter tiefer im vereisten Couloir; die Deutschen müssen vierzig Meter tiefer stehend eine furchtbare Nacht verbringen.

194

In der teilweise überhängenden Nordwand der Großen Zinne waren die winterlichen Biwaks für die Sachsen weit angenehmer: sie schliefen in befestigten Hängematten. Hier wird die Nacht zur Tortur. Der Wetterbericht, den die Nordwandleute hören, meldet starken Nordwestwind und Schneefall. Der »Wind« trifft am nächsten Tag als ausgewachsener Schneesturm ein.

Um acht Uhr des 4. Februar kommen die sieben Menschen in der Wand wieder in Bewegung. Die Schweizer Seilschaft wird jetzt von Paul Etter angeführt. Für Hilti von Allmen ist das Höherkommen ohne Steigeisen als Zweiter noch schwierig genug. Andere an seiner Stelle würden sich vielleicht von einer gefährlichen Mutlosigkeit packen lassen. Aber Hilti weiß, daß mit seinem letzten, entschlossenen Einsatz das Schicksal der ganzen Seilschaft verbunden ist. Die Schweizer raufen sich dann in der weiß gewordenen Gipfelwand aufwärts, die Österreicher und Deutschen ringen zur gleichen Zeit im oberen Teil des Couloirs um jeden Meter. Sie bleiben ab dem zweiten Tag immer beisammen. Nach dem zeitraubenden Couloir traversieren sie nicht wie die Schweizer nach rechts, sondern steigen zunächst in Richtung Schulter, dann rechtshaltend aufwärts. Der Sturm behindert sie im Atmen. Es wird noch kälter. Kommen wir heute durch? Das ist die quälende Frage an diesem Tag. Von den Schweizern ist nichts mehr zu sehen.

Hilti von Allmen und Paul Etter erreichen um fünfzehn Uhr dreißig den von einem orkanartigen Sturm umtosten Italienischen Gipfel. Bald darauf wühlen sich die beiden über den verschneiten Hörnligrat hinab, um noch die Solvayhütte zu erreichen. Aber es gelingt ihnen nicht mehr: im Sturm müssen sie achtzig Meter oberhalb der schützenden Hütte biwakieren.

Die Österreicher und Deutschen erreichen am Abend die Aufstiegslinie der Schweizer und müssen sich zum zweiten Biwak entschließen, zweihundert Meter unter dem Gipfel. Eine bittere und trostlose Nacht für sieben Menschen am Berg. Hilti von Allmens Hände weisen schwere Erfrierungen auf. Werner Bittner und Rainer Kauschke an den Füßen. Wieder ist man in Zermatt in Sorge, denn seit den Mittagsstunden konnte am Berg wegen der schlechten Sicht nichts mehr beobachtet werden. Die Schweizer hatten von der Schulter aus nach den Kameraden in der Wand gerufen, aber es war keine Antwort zu hören; der Sturm schluckte jeden Laut.

Die fünf in der Wand halten eisern durch. Trotz schlechtem Wetter und gefühllosen Füßen kommen sie in der Gipfelwand verhältnismä-

ßig rasch höher. In den letzten Seillängen binden sich die beiden Seilschaften zusammen. Um zwölf Uhr, nach vierstündigem Einsatz, geben sich die Österreicher und Deutschen auf dem Italienischen Gipfel
die Hand. An ihren Gesichtern klebt Eis, nur ein kurzes Lächeln beim
Händedruck zeugt von ihrem Glück. Vor zweieinhalb Tagen waren
sie sich am Fuße der Wand nicht einig. Aber jetzt verbindet sie neben
dem Seil auch warme, richtige Kameradschaft.

Acht Stunden später treten die fünf eisverkrusteten, abgekämpften
Männer in die Solvayhütte, in der von Allmen und Etter um halb zehn
vormittags eingetroffen waren. Freudige Begrüßung, aufrichtige
Worte der gegenseitigen Anerkennung. Und heiße Getränke stehen
auch schon bereit. Die erste vollständige Winterdurchsteigung der
Matterhorn-Nordwand hat ihr glückliches Ende gefunden. Ein erregendes Abenteuer klingt aus. Ein Zeugnis von menschlicher Härte
und außergewöhnlicher Leistung geht in die lange und bewegte
Geschichte des Alpinismus ein. –

Zu Mittag des 6. Februar tritt die internationale Bergsteigergruppe
gemeinsam den Abstieg über den Hörnligrat an. Es ist keine Zeit zu
verlieren, denn die Erfrierungen von Bittner, Kauschke und von Allmen sind schmerzhaft und brauchten schnellstens ärztliche Behand-
lung. (Werner Bittner verliert später zehn, Rainer Kauschke drei
Zehen.) Ohne längeren Aufenthalt wird abgestiegen. Die Schwarz-
seebahn entschließt sich zu später Stunde für eine Sonderfahrt, um
Mitternacht treffen sie in Zermatt ein, wo jubelnde Menschen warten.
Gratulationen, Umarmungen, unzählige Fragen, Antworten, Essen
und Trinken, Presseleute, Fotografen – wie es eben ist nach großen
Unternehmungen. Und andere wiegen und werten, begutachten und
urteilen – was außergewöhnlichen Leistungen immer wieder angehängt wird.

Franz Schmid, dem mit seinem Bruder Toni vor dreißig Jahren die erste Durchsteigung gelungen war, gibt ein Interview. Auf die Frage
nach der Einstellung der jungen Bergsteigergeneration von heute sagt
er:

»Leider hat man die Erfahrung gemacht, daß ein Großteil unserer
Jugend solche Unternehmungen fast nur mehr aus reinem Geltungsbedürfnis angeht.« (In der Bergsteigersendung vom 8. Februar 1962
im Bayerischen Rundfunk.)

Geltungsbedürfnis – wirklich? Warum eigentlich? Weil die abgekämpften und ausgepumpten Männer in Zermatt von ehrlich begeisterten Menschen gefeiert werden? Weil ihre gedruckten Bilder hono-

196

riert werden? Oder weil der eine oder andere später einen Lichtbildervortrag hält?

Das gab es doch schon vor dreißig Jahren. Es hat den Anschein, als seien dem guten Franz Schmid diese Worte in den Mund gelegt worden. Denn Bergsteiger, die aus »reinem Geltungsbedürfnis« ins Gebirge ziehen, haben nur eine kurze Laufbahn; ihnen würde der Einsatz schon am Fuße der Nordwand als sinnlos erscheinen. Das große Abenteuer würde vor seinem richtigen Auftakt kläglichen Schiffbruch erleiden.

Hilti von Allmen wird am 14. März 1966 im Val Saluver bei St. Moritz von einer Schneebrettlawine tödlich verschüttet. Paul Etter gehört heute zu den bekanntesten und gefragtesten Bergführern der Schweiz. Werner (»Mack«) Bittner bezwingt 1964 die Eiger-Nordwand erstmals mit einer Frau; er zählt heute zu meinen besten Freunden.

Winterliche Nachzügler

Nach der ersten vollständigen Winterbegehung der Wand wird es, was das bergsteigerische Geschehen anbelangt, in Zermatt wieder ruhig. Auch der »Steigeisen-Jonny« hat das liebliche Dorf verlassen. Nur Skifahrer sind da – und solche, die es werden wollen. Anfang März bekommt Bernard Biner wieder bergbegeisterte Leute zu Besuch, die an den Pisten kein sonderliches Interesse finden, denn die Nordwand im Winter ist ihr Ziel. Zuerst sind es vier Polen, unter ihnen Jan Mostowski, dann drei Bayern: Georg Huber aus Rosenheim, Gerhard Mayer und Albert Schwarz aus Degerndorf. Alle sind seit Monaten mit ihrem Plan vertraut; die Bayern hatten sich lange zuvor schon die Spezialschuhe bestellt. Und wenn auch die »Erste« schon geholt wurde, das ist egal. Das Erlebnis einer Winterbesteigung wird deshalb nicht geschmälert.

Die polnische Gruppe besteht aus qualifizierten Bergsteigern. Und die Bayern können sich mit ihren bisherigen Bergfahrten auch sehen lassen: Huber und Mayer führten im September 1961 die 21. Begehung der Eigerwand durch.

Nur das Wetterglück steht in Zermatt nicht auf ihrer Seite. Sie müssen warten. Vierzehn Tage lang. Das ist gerade die Urlaubszeit für Mayer und Schwarz; es hilft nichts, die beiden müssen wieder nach Hause. Ihre Spezialschuhe lassen sie zurück, das ist Kameradschaft. Auch die Polen bleiben nicht vollzählig: einer zog sich beim Abfahren von der Hörnlihütte eine schwere Fußverletzung zu. Einsatzfähig bleiben Zbigniew Jurkowski, Jan Mostowski und Andrzej Nowacki. Georg Huber ist allein. –

Hellou! Das ist eine Überraschung: der Engländer Brian Nally mischt sich unter die Nordwandgesellschaft im Hotel Bahnhof. Bernard Biner ist überrascht. Der unentwegte Brian kam ohne seinen letztjährigen Glasgower Nordwand-Partner Tom Carruthers. Nally ist ganz allein. Er kommt mit dem Huber-Schorschi ins Gespräch:

»Ich solo in Nordwand!« sagt Brian.

»Sauber, sauber, bist ein ganz wilder Hundling!« kommentiert der

198

Schorsch – er würde sich auch über einen Weltuntergang nur ziemlich trocken äußern. Der Brian, den die Kellnerinnen in der »Walliser Kanne« ganz schön auf dem Korn haben (weil ihm ein Glas Bier für den ganzen Abend reicht), scheint es mit der Nordwand ganz genau wissen zu wollen.

Er steigt tatsächlich auf bis zum Wandfuß, um dort zu biwakieren. Aber in der Nacht ist die Einsamkeit dem Brian doch nicht ganz geheuer, denn gleich am nächsten Morgen steigt er wieder ab nach Zermatt. Dort tut er sich mit dem Schorsch zusammen. Das gibt ein gutes Gespann. Die städtische Blässe in Nallys Gesicht wird sich schon legen. Das »Solo in Nordwand« ist für ihn hinfällig geworden.

Am 17. März steigen die drei Polen und die englisch-deutsche Seilschaft zur Hörnlihütte auf. Nally und Mostowski tragen die Spezialschuhe von Mayer und Schwarz.

Das Wetter ist gut. Aber beißende Kälte herrscht. Eine Stunde nach Mitternacht des 18. März verlassen die beiden Seilschaften die Hütte. Die Polen voraus, die Zweierseilschaft hinterher, wird um halb vier bereits das obere Ende des Einstiegseisfeldes erreicht. Bis hierher wurde auf Hakensicherung verzichtet. Jetzt, im vereisten Fels, geht es wesentlich langsamer voran. Besonders die Rechtsquerung in Richtung Schrägcouloir ist zeitraubend. Um fünfzehn Uhr dreißig betreten Huber und Nally den auffallenden Felspfeiler in 3800 Meter Höhe. Auf ihm läßt sich's gut biwakieren. Die polnische Seilschaft ist zwei Seillängen weiter oben. Mit dieser elendigen Kälte hatte Mitte März keiner von ihnen gerechnet – etwa fünfundzwanzig bis dreißig Grad! Da friert man in der besten Ausrüstung. Das Wetter, die Wandverhältnisse – über nichts ist zu klagen, nur die furchtbare Kälte, sie frißt sich bis in die Knochen. Wenn sie dem baumlangen Muskelpaket Georg Huber schon zu beißend ist, dann mag das was heißen.

Am Morgen des 19. März wird um sieben Uhr mit dem weiteren Aufstieg begonnen.

»Packen wir's!«

»O. k.«

Die Polen kommen zügig voran. Ihre Verfassung ist glänzend. Nally geht es nicht gut, die Kälte setzt ihm stark zu. Der Abstand zu den Polen wird immer größer. In den Nachmittagsstunden hat die Zweierseilschaft das Schrägcouloir unter sich. Die Polen klettern bereits in Richtung Schulter, das zweite Biwak verbringen sie auf dem Hörnligrat, auf die vollständige Begehung bis zum Gipfel mußte wegen zu großer Erfrierungsgefahr verzichtet werden.

Huber und Nally sind noch in der Wand und richten sich in der sehr steilen Felszone – höhenmäßig etwas unterhalb der Schulter – für's zweite Biwak ein. Weder sitzen noch entsprechend stehen können sie. Aber das macht den Schorsch nicht nervös, auch dafür ist gesorgt: Hängematten! Wenn man sich in den an Haken befestigten Perlonhängematten einmal eingenistet hat, ist das Biwakieren ziemlich bequem. Aber bis es soweit ist! Besonders das Einsteigen ist denkbar unangenehm. Und die Haken, an denen die Lebendlast hängt, müssen gut sein – sonst könnte es eine unruhige Nacht geben.

Brian Nally, dessen Zustand sich in den letzten Stunden bedenklich verschlechterte, sieht unten die Lichter von Zermatt. Es scheint, als sei der große Weltenschmerz in ihm eingezogen:

»Schorsch, mein Freund und Führer . . . Schorsch, wir kaputt, nix mehr Zermatt . . . kaputt . . . morgen alles fertig . . . schlechte Wand!«

Das und Ähnliches kommt dem wackeren Schorschi immer wieder zu Ohren. Aber, Brian, so schnell ist man nicht kaputt – laß nur den neuen Tag kommen. Georg Huber muntert seinen englischen Kameraden auf.

Der neue Tag kommt. Immer noch diese scheußliche Kälte. Huber hat in den Händen und Füßen längst kein Gefühl mehr. Hinauf und hinaus zur Schulter! Alles andere ist sinnlos.

Es gelingt. An diesem 20. März kommen sie bis zur Solvayhütte, am nächsten Tag wird durch die Ostwand – ohne Abseilen! – abgestiegen. Am Abend befindet sich Georg Huber bereits in der Zermatter Klinik.

Tom Carruthers stürzt wenige Monate später – am 30. August 1962 – vom Zweiten Eisfeld der Eiger-Nordwand tödlich ab. Georg Huber stirbt 1964 am Cho Oyu (8153 m) an Erschöpfung.

Die schnellste Durchsteigung und weitere Winterbegehungen

Nach der gelungenen Winterbegehung hat die Nordwand viel von ihrem Nimbus verloren. Auch die »Erst«-Möglichkeiten sind geschrumpft. Lediglich die »erste« Frau fehlt noch. Auch Rekorde können in der Wand noch aufgestellt werden. Und außerdem hat die Wand erst eine Route, die nun – nach der ersten Winterbegehung – über dreißig Jahre alt ist.

Ein knappes halbes Jahr nach der ersten Winterbegehung kommen die Walliser Bergführer Michel Darbellay, achtundzwanzig, aus Orsières, und Christophe Vouilloz, fünfundzwanzig, aus Martigny.

Am Montag, dem 2. Juli 1962, sind Darbellay und Vouilloz in der Hörnlihütte. Einige Führer mit ihren Touristen sind da. Die Führer wissen, daß ihre beiden Kollegen nicht wegen des Hörnligrates gekommen sind. Michel und Christophe packen ihre Sachen: 4 Haken, 4 Karabiner, 1 Eispickel. Bewußt nehmen sie wenig Zeug mit, denn sie wollen unbedingt ein Biwak vermeiden. Jeder Rucksack wiegt nur 6 kg. Und sie fühlen sich in Hochform.

Nur das Wetter könnte besser sein. Starker Westwind bläst, kalt ist es. Aber das stört die beiden nicht.

Am 3. Juli 1962 um drei Uhr verlassen Michel und Christophe die Hütte. Bereits um vier Uhr sind sie angeseilt am Bergschrund. Der Firn ist pickelhart, erlaubt zügigen, sicheren Steigeisenaufstieg. Nach dreißig Minuten erreichen sie den oberen Rand des etwa vierhundert Meter hohen Einstiegseisfeldes. Die Dachziegelfelszone ist mit einer dünnen Schneeschicht und mit Rauhreif überzogen. Übles Terrain. Um 5.30 Uhr zeigt der Höhenmesser 3900 Meter an. Fast die halbe Wand liegt unter ihnen – nach eineinhalb Stunden. Nebel kommt auf, Eisgraupeln prasseln gegen die Wand. Der Wind dreht auf Nordwest, legt zu. Um 10.15 Uhr stehen Michel und Christophe auf dem Gipfel, nach sechs Stunden und fünfzehn Minuten Kletterzeit. Um 16.00 Uhr sind Michel Darbellay und Christophe Vouilloz wieder in Zermatt, bei strömendem Regen, in den Hochalpen tobt Sturm.

Das ist heute noch die kürzeste Begehungszeit der Nordwand. Ein

Jahr später (1963) glückt Darbellay die erste Alleinbegehung der Eiger-Nordwand in zwei Tagen; 1975 durchsteigt er sie nochmals mit einem Touristen.

Christophe Vouilloz stürzt am 26. Mai 1963 auf der Montblanc-Normalroute (!) im Bereich der Grands Mullets in eine Gletscherspalte, aus der er nur noch tot geborgen werden kann.

Das Nordwandjahr 1962 ist ergiebig: insgesamt werden 13 Begehungen gezählt, darunter die erste im Winter, die erste spanische – und die kürzeste.

*

Der moderne Winteralpinismus hat viele Anhänger gefunden – bald geht es um die »erste Winterbegehung« von Alpinisten aus verschiedenen Ländern.

Den Auftakt dieser Winterunternehmungen bilden die drei Japaner Masatsuga Konishi, Jiro Endo und Takao Hoshino, Mitglieder des exklusiven Bergsteigerklubs »Sangaku Doshikai« in Tokio. Sie verlassen am 6. Februar 1967, ein Montag, die Hörnlihütte, bewältigen an diesem Tag noch das Einstiegseisfeld und biwakieren in ca. 3 600 m. Am Dienstag, 7. Februar, können sie bei der Querung zum großen Schrägcouloir beobachtet werden. Dann verschlechtert sich das Wetter, die Seilschaft kommt nur noch langsam höher. Am Dienstag abend sind die Japaner 450 Meter unterhalb des Gipfels. Erst am Mittwoch, 8. Februar, am dritten Tag, erreicht der Seilerste um 17.32 Uhr den italienischen Gipfel. Während der Durchsteigung sollen Minus-Temperaturen bis zu 20 Grad geherrscht haben.

Die dritte vollständige Winterbesteigung gelingt den Engländern Dougal Haston und Mick Burke vom 10. bis 12. Februar 1967. Zwei Stunden nach Verlassen der Hörnlihütte sind sie um 7.30 Uhr am Bergschrund. Von den Spuren der Japaner sehen sie auf dem Einstiegseisfeld nichts mehr. Haston und Burke müssen in mühsamer Arbeit Stufen in das Wassereis schlagen. Gegen 18.00 Uhr beziehen die Engländer am Beginn des Schrägcouloirs das erste Biwak. Gutes Wetter, extreme Kälte.

Am nächsten Tag, 11. Februar, biwakieren sie um 17.00 Uhr über dem langen Quergang nach dem Couloir. Bei den Vorbereitungsarbeiten verlieren sie den Biwaksack. Das bedeutet für sie eine bittere Nacht.

Der Gipfel wird am 12. Februar um 14.21 Uhr erreicht. Dougal

Haston über die Durchsteigung: »Die Kletterei war im Ganzen gesehen angenehm und bemerkenswert frei. Wir hatten beide unbedeutende Erfrierungen an den Fingern, bedingt durch das Klettern ohne Handschuhe. Auch im Winter gibt es Steinschlag!«

Aber wenn Dougal Haston – er ist genau genommen nicht Engländer, sondern Schotte – schreibt, daß die Begehung »angenehm« gewesen sei, dann muß man das vorsichtig genießen. Ich kenne Dougal seit einem guten Jahrzehnt. Er ist ein ausgesprochener Romantiker und Träumer, gepaart mit unglaublicher Härte. Und außerdem ist er als Winterbergsteiger einiges gewohnt.

Im vergangenen Winter – März 1966 – glückte ihm mit deutschen Kameraden die Erstbegehung der John-Harlin-Route am Eiger. 1970 glückt ihm die gewaltige Südwand der Annapurna I (8091 m), 1975 bezwingt er die 2200 Meter hohe, oft versuchte Südwestwand des Mount Everest (8848 m). Mick Burke, dieser kleine, bescheidene und liebenswürdige Mann, war an beiden Achttausendern dabei. Er durchsteigt 1975 ebenfalls die Everest-Südwestwand, kommt vermutlich auf den Gipfel – ist seither verschollen.

*

Aber die winterliche Matterhorn-Nordwand findet erneut ihre Bewerber. Ende Dezember 1975 herrscht in der Hörnlihütte – ihr Neubau mit 45 Schlaflagern wurde 1966 eingeweiht – Hochbetrieb. Da sind die Bayern Heinz Zembsch, Berchtesgaden, und Gerold Gröbl, Traunstein. Und die Schweizer Pierre Biedermann, Genf, Erwin Burn, Peter Gyger, Adelboden, und Walter Keusen, Interlaken. Heinz Zembsch gehört zu den erfolgreichsten deutschen Alpinisten der sechziger Jahre, ist Bergführer und Maschinenschlosser. Er versteht mit Kletterhammer und Pickel besser umzugehen wie mit Papier und Schreibmaschine. In seinem Bericht über die vierte Winterbegehung vom 28. Dezember 1975 bis 1. Januar 1976, zusammen mit den vier Schweizern, muß man auch zwischen den Zeilen zu lesen verstehen:

»Nachdem ich bereits die Eigerwand kannte sowie eine der schwierigsten kombinierten Wände der Alpen, die Droites-Nordwand, durchstiegen hatte, rückte die Matterhorn-Nordwand auf meinem alpinen Wunschzettel an die erste Stelle. Mein Gefährte Gerold Gröbl, 28 Jahre, aus Erlstätt bei Traunstein, und ich beschlossen, zwischen Weihnachten und Neujahr 1975/76 die Wand zu durchsteigen. Die objektiven Gefahren (Stein- und Eisschlag) sind im Winter geringer als im Sommer, wir versprachen uns deshalb Erfolg. In der Hörnlihütte trafen wir vier Schweizer. Am nächsten Morgen, 28. Dezember, spurten die Schweizer zum Einstieg. Zu Beginn des Einstiegseisfeldes übernahmen wir die Führung.

Auf einem kleinen Standplatz am Anfang der Querung zum Schräg-Couloir biwakierten wir unter denkbar ungünstigen Bedingungen. Da ich die ganze Nacht stehen mußte, hatte ich die Steigeisen nicht abgelegt. Der Übergang vom Eisfeld in die Felswand am nächsten Morgen, 29. Dezember, war schwierig: Das wenige Eis erwies sich als sehr hart, aber auch als spröde. Die Frontalzacken der Steigeisen drangen nur wenige Zentimeter ein. Oft war die Auflage nicht dick genug, brach weg, glatter Fels. Einen zuverlässigen Haken konnte man überhaupt nicht anbringen. Die Stunden vergingen wie im Fluge.

Am Ende des Schrägcouloirs richteten wir unser zweites Biwak ein. Der Biwakplatz war bedeutend besser als am Vortag. Wir konnten wenigstens sitzen. Die Kletterei am darauffolgenden Tag – 30. Dezember – gestaltete sich sehr schwierig. Die Schweizer baten uns, ein Seil von ihnen mitzunehmen und nach jeder Seillänge zu fixieren. Sie stiegen dann am Seil hinter uns nach. Sie mußten dafür unsere eingeschlagenen Haken wieder entfernen und nachbringen.

Es begann bereits zu dunkeln, als wir einen Biwakplatz fanden. Eine kleine Plattform inmitten dieser steilen, großen Wand, für uns wie ein Paradies. Um uns bei Kräften zu halten, kochten wir die halbe Nacht heiße Getränke. Der vereiste Riß, den wir am nächsten Morgen bewältigten, verlangte von uns den letzten Einsatz. Weiter oben nahm die Steilheit der Wand ab, sie zog gleichmäßig als Eisflanke zum Gipfel hinauf. Gegen 16 Uhr erreichten wir den Grat. Auch den Gipfel hätten wir an diesem Tag noch erreicht, aber dort wären wir dem Wind zu sehr ausgesetzt gewesen. Deshalb war es besser, hier am Grat geschützt zu biwakieren.

Das Wetter schlug in der Nacht von Silvester auf Neujahr um. Es begann zu schneien. Schneeschauer jagten an uns vorüber. Der feine Schneestaub drang überall ein. Wir saßen dicht aneinandergedrängt auf einem kleinen Band. Der Sturm nahm zu. Der Biwaksack knatterte wie ein Maschinengewehr. Wir mußten ihn mit aller Kraft festhalten, damit ihn der Wind nicht wegriß. Ich war froh, als die Nacht vorüber war und es hell wurde.

Der Weiterweg zum Gipfel war ein Kampf gegen die Naturgewalt. Atmen konnte man nur im Windschatten. Eisnadeln und Schnee wurden uns ins Gesicht gepeitscht. Die Augen waren fast zugeklebt, im Bart hingen lauter kleine Eiszapfen. Starke Böen drohten uns manchmal aus dem Stand zu werfen. Wir gingen deshalb sehr vorsichtig. Plötzlich tauchte das Gipfelkreuz des Italienischen Gipfels auf. Alle waren sehr froh, endlich oben zu sein.

Von einer Gipfelrast konnte nicht die Rede sein. Wir flüchteten förmlich vor dem Sturm. Ohne Schwierigkeiten fanden wir die Normalroute des Hörnligrats. An den Fixseilen kamen wir rasch abwärts. Übrigens war der Abstieg wegen des reichlich verwehten Neuschnees schwieriger, als ich erwartet hatte. Es war bereits dunkel, als wir die Solvayhütte erreichten. Die Schweizer kamen etwas später, aber alle doch wohlbehalten zu dieser kleinen Unterkunft. Es wurde nur noch Schnee geschmolzen, gekocht, der restliche Proviant aufgezehrt. Der Sturm veranstaltete draußen ein Höllenkonzert. Trotzdem fiel bald jeder in tiefen Schlaf.

Der neue Tag brachte zwar Sonnenschein, aber der Sturm hatte sich nur wenig gelegt. Wir hofften auf Wetterbesserung. Zwei Schweizer hatten erhebliche Erfrierungen an Händen und Füßen. Sie wollten sich deshalb von einem Rettungsflugwacht-Helikopter holen lassen. Der heftige Wind machte diese Aktion jedoch zunichte.

Gegen 11 Uhr brachen wir auf. Gleich hinter der Hütte seilten wir über steile Platten ab. Mit jeder Seillänge, die wir tiefer kamen, ließ der Wind nach. Wegen des Neuschnees mußten wir sehr vorsichtig gehen, kamen nur sehr mühsam vorwärts. Ein letztes Mal seilten wir uns durch eine Rinne ab und erreichten über unschwieriges Gelände die Hörnlihütte.«

Zur gleichen Zeit, als die Bayern und Schweizer nach ihren fünftägigen Strapazen den Schutz der Solvayhütte genießen und der Sturm »draußen ein Höllenkonzert« veranstaltet, befinden sich sechs neue Winterbegeher in der Nordwand: die Tiroler Franz Kröll, Kufstein, Wolfgang Lackner, St. Johann, Egon Oboyes und Otto Wiedmann, beide aus Kufstein, und die Bayern Hans Engel, Waakirchen-Rieden, und Hans Hillmaier, Garmisch-Partenkirchen. Sie steigen am Neujahrstag 1976 um 2.00 Uhr ein. Otto Wiedmann schreibt mir über die fünfte vollständige Winterbegehung nur wenige Zeilen:

»Die Verhältnisse sind relativ gut. Wir kommen ziemlich schnell voran, erreichen in den Vormittagsstunden bereits das Schrägcouloir. Gegen 9.00 Uhr wird das Wettter etwas schlechter – um diese Zeit steigen die vier Schweizer und zwei Bayern auf den Gipfel, Verf. –, es kommt sehr starker Sturm auf. Gegen 16.00 Uhr erreichen wir nahe des Beginns der Gipfelwand, etwa auf Höhe der Hörnligrat-Schulter, einen dürftigen Biwakplatz – ein Fußsack, ein Schlafsack und ein Kocher verschwinden im Abgrund. Der Fußsack gehörte ausgerechnet mir. Gegen 8.00 Uhr des zweiten Tages – 2. Januar 1976 – klettern wir weiter, um 12.30 Uhr erreichen wir den Italienischen Gipfel; die letzten drei Seillängen befanden wir uns auf dem Zmuttgrat.

Dann steigen wir über den Hörnligrat ab, erreichen um 16.00 Uhr die Solvayhütte, in der wir nächtigen. Am nächsten Tag überholen wir im Abstieg Heinz Zembsch und seine fünf Freunde – am gleichen Tag treten wir die Heimreise an.«

So einfach ist das! Die Tiroler und Bayern kletterten achtzehneinhalb Stunden.

Ein bayerisch-tirolerischer Handstreich.

Der Chronist verneigt sich . . .

Die ersten Frauen

Nach der winterlichen Eroberung im Februar 1962 ist es klar, daß sich bald auch Frauen an der Nordwand einfinden werden.

Da ist zunächst die Jugoslawin Nadja Fajdiga mit ihrem Partner Ante Mahkota, beide aus Ljubljana. Nadja und Ante haben in den Julischen Alpen bereits mit außergewöhnlichen Unternehmungen von sich reden gemacht. Um 4.00 Uhr steigen sie in die Wand. Es ist sehr warm. Wenig später steigt eine italienische Zweierseilschaft ein; ihre Namen bleiben unbekannt.

Nadja und Ante kommen zügig voran. Aber bereits im Schrägcouloir hören sie das Krachen des Steinschlags. Immer wieder schlagen Felsbrocken in ihrer Nähe ein. Ab und zu werden sie von kleinen Steinen getroffen und leicht verletzt. Es herrschen 25 Grad Wärme – zu warm für die Nordwand. Eis und Schnee, die lockere Steine wie Kitt zusammenhalten, schmelzen, der Steinschlag wird von Stunde zu Stunde gefährlicher. Nadja Fajdiga und Ante Mahkota – auch die Italiener – klettern in mörderischem Tempo nach dem Schrägcouloir schräg links hinauf zur Hörnligrat-Schulter, die sie um 15.00 Uhr erreichen, etwa 200 Meter unterhalb des Gipfels. Nadja und Ante hätten wirklich das Zeug, um die Gipfelwand zu schaffen, sogar ohne Biwak, denn die Hauptschwierigkeiten sind überwunden. Aber in dieser Steinschlaghölle kann man den restlichen Aufstieg nicht verantworten – es sollte nicht sein.

Nadja und Ante steigen über den Hörnligrat ab, sind um 18.30 Uhr in der Hörnlihütte. Dort erfahren sie, was sich wenige Stunden nach ihrem Einstieg weiter unten in der Wand abgespielt hatte: Die Bayern Richard Lentner aus Abensberg bei Kehlheim und Georg Haider aus Rosenheim verließen am Morgen des 25. Juli um 5.00 Uhr die Hütte, kurz nach 6.00 Uhr erfolgte der Einstieg in die Wand. Zu diesem Zeitpunkt wird der oberste Wandbereich bereits vom Licht der Morgensonne berührt, so daß gefährlicher Steinschlag zu erwarten ist. Am oberen Ende des 400 Meter langen und 50 Grad steilen Einstiegseisfeldes wird Richard Lentner – er befand sich schon zwanzig

Meter oberhalb des Seilzweiten in den Felsen – von einem Stein über der Stirn rechts getroffen. Der Schutzhelm zertrümmerte. Richard Lentners Schädelbasis war gebrochen, im Gesicht hatte er schwere Verletzungen, doch er konnte die Ernsthaftigkeit des Geschehens noch nicht ermessen: »Es hat mich im Gesicht ein bißchen erwischt, aber es geht schon wieder«, sagte Lentner in vollem Bewußtsein, kletterte die restlichen zwanzig Meter hinauf zum nächsten Standplatz, zu dem Haider bald nachkam. Wegen des starken Blutverlusts mußte die Seilschaft zurück. Der Rückzug wurde zu einem gefährlichen Unternehmen, da Lentner von Stunde zu Stunde durch den Blutverlust schwächer wurde. Auf den Standplätzen, als sich Haider noch oben befand, konnte Lentner nicht mehr sichern. Am Wandfuß angekommen, legte Haider seinen verletzten Kameraden, warm verpackt und steinschlagsicher, in den Bergschrund, um sofort Hilfe zu holen. Aber sie kommt zu spät – Richard Lentner ist das zweite Nordwand-Opfer.

Opfer eines nicht den Erwartungen entsprechenden Steinschlaghelms – und des zu späten Einstiegs in die Nordwand (sie sollte nicht nach 4.00 Uhr angegangen werden).

Die Nordwand weist bis jetzt etwa 35 Begehungen auf. Nach dem tragischen Unglück mit Richard Lentner kann man nur noch eine Durchsteigung beobachten. Die reichlich dramatische Begehung der Italiener Giovanni Brignolo, 25, Giuseppe Castelli, 19, Andrea Mellano, 29, und Romano Perego, 29. Die beiden Seilschaften verlassen um 2.00 Uhr des 15. August 1963 die Hörnlihütte, beginnen um 3.30 Uhr mit dem Aufstieg und werden am Abend von einem schweren Wettersturz überrascht. Die Italiener kehren nicht um, da sie mehr als die erste Wandhälfte schon unter sich haben. Am 17. August macht man sich über die grauenhaften Wetterverhältnisse Sorgen, da die Bergsteiger nie gesehen werden können.

Nach dem dritten Biwak wird am Nachmittag des 18. August der Gipfel erreicht. Der Abstieg erfolgt über den Liongrat nach Breuil. Die zweite italienische Nordwanddurchsteigung. Mellano und Perego gelten als erfahrene Westalpen-Bergsteiger, denen 1962 die Eigerwand gelungen war.

Im Sommer 1964 gibt es nur zwei Begehungen zu verzeichnen; drei Tiroler und ein Südtiroler kommen durch. Immer noch wartet die Nordwand auf die erste vollständige Durchsteigung von einer Frau. Es folgt »1965 – Das Jahr der Alpen«. Dieses Motto sehen die Schweizer legitimiert durch zwei bedeutende Ereignisse, die nun hundert Jahre zurückliegen: 1865 kamen aufgrund einer Wette, die sie mit einem Hotelier in St. Moritz abschlossen, zum erstenmal Touristen im Winter in die Alpen. Es war eine kleine Schar von Engländern. Das zweite Ereignis – es fällt in die Sommerzeit – ist die hundertste Wiederkehr der Erstbesteigung des Matterhorns durch Edward Whymper, seine Begleiter und Führer.

Am Matterhorn macht der italienische Bergführer Walter Bonatti bereits im Winter den Auftakt zum »Jahr der Alpen«. Vom 18. bis 22. Februar bezwingt er westlich (rechts) der klassischen Schmidroute eine Nordwand-Direttissima – allein (siehe Seite 182). Rund 150 Millionen Menschen können am 14. Juli 1965 in vier halbstündigen Direktübertragungen die Gedächtnisbesteigung über den Matterhorn-Hörnligrat bewundern. In der gleichen Zeit wird auch die Nordwand durchstiegen: am 14. Juli durch die Bergführer Hilti von Allmen, Lauterbrunnen, und Michel Darbellay, Orsières. Hilti kennt die Wand von der ersten Winterbegehung, Michel von seiner Sechs-Stunden-Begehung. Ebenfalls für das Fernsehen. Und für eine Gage von rund 1500 Schweizerfranken, die sich die Bergführer angesichts der sehr schlechten Wandverhältnisse ehrlich verdienen.

Am 13. August steigt die Genferin Yvette Vaucher mit ihrem Mann Michel, 29, und dem jungen Zermatter Führer Othmar Kronig, 24, in die Nordwand.

In der zierlich gebauten Yvette Vaucher, geborene Pillard, 36, vermutet man kaum eine Nordwandbezwingerin. Bevor sie mit dem Bergsteigen richtig begann, gehörte ihre Liebe dem Fallschirmspringen. Schon 1963 machte Yvette in der großen Öffentlichkeit als Bergsteigerin von sich reden. Damals hieß sie noch Attinger-Pillard. Mit der Genferin Loulou Boulaz, ihrem jetzigen Mann Michel Vaucher und Michel Darbellay war sie in der Eiger-Nordwand. In Höhe der Rampe zwang sie ein Wettersturz zum Rückzug.

In Zermatt erzählt mir Yvette Vaucher ihre Nordwand-Geschichte: *Vor zwei Jahren faszinierte sie mich zum erstenmal, diese düstere und zugleich wunderbare Wand. Denn in ihrem Schatten wurde ich Michels Frau. In der kleinen Bergkapelle am Schwarzsee, in 2600 Meter Höhe, gab uns der Priester den Segen für die Ehe. Das war kurz nach den Strapazen in der Eiger-Nordwand, wo ein wahnsinniger Wettersturz meinen Wunsch scheitern ließ.*
Vom Schwarzsee aus sah ich die Nordwand ganz nahe vor mir aufragen. Ich war hingerissen. Und meine Gedanken um diese Wand waren nur ein aufregendes Spiel. Ein Traum in weiter Ferne.

Als Michel und ich am 10. Juli dieses Jahres (1965) wieder nach Zermatt kamen, herrschte feierliche Stimmung. Das Dorf bereitete sich fieberhaft auf das hundertjährige Jubiläum der Matterhorn-Erstbesteigung vor. Fernsehen, Presse und viele Menschen waren da. Und über allem stand der wunderbare Berg, den ich längst in mein Herz geschlossen hatte. Aber ich war dennoch unglücklich, denn für eine Matterhorn-Tour durfte ich keine Gedanken aufkommen lassen. Michel war für das Fernsehen verpflichtet. Mit Schweizer Bergführer-Kollegen sollte er die Nordwand durchsteigen. Und ich? Ich sollte ihm bestenfalls zuschauen dürfen? Ich war böse auf alle Männer, die das wollten, auch auf Michel. Und ich war unglücklich. Hatte ich Michel doch nicht zuletzt auch in dem Gedanken geheiratet, künftig ständig einen »eigenen« Führer zu haben. Und nun sollte ich nur Zuschauerin sein?

Am nächsten Tag – es war der 11. Juli – fuhren wir mit der Seilbahn hinauf zum Schwarzsee, von wo man zur Hörnlihütte aufsteigt.

»Michel«, sagte ich, als wir den kleinen Schwarzsee mit der Kapelle sahen, »weißt du noch, vor zwei Jahren? – »Ja, natürlich.« Michel wußte es noch. Warum sollte er es auch nicht mehr wissen? Aber er wußte auch, was ich damit sagen wollte: Nimm mich mit in die Wand!

»Du weißt, daß es nicht geht. Das Fernsehen«, sagte er. Gewiß, ich wußte es, aber ich wollte es nicht glauben.

Dann kamen wir zur Hörnlihütte. Ausgangspunkt für die meisten Touren am Matterhorn. Auch für die Nordwand. Aber das Treiben in der Hütte hat mit Bergsteigen nicht viel zu tun.

Die Männer der Eurovision beherrschen mit ihren Apparaten und mit ihrem hektischen Getriebe jeden Raum. Nur wenige Freunde treffen wir an. Unter ihnen Toni Hiebeler, der mir auf den Kopf zusagt, daß ich in die Nordwand ginge. Aber ich mußte es leider verneinen. Auch der Zermatter Othmar Kronig war da. Die Eurovision hatte auch ihn verpflichtet. Aber nicht für die Nordwand, sondern für schwere Tragarbeit auf dem Hörnligrat. Da stellte Michel fest, daß die Fernsehmänner andere Sorgen hatten, als die Zusammensetzung der Nordwand-Seilschaften zu prüfen.

Michel sprach mit Kronig. Ob er nicht Lust habe, mit ihm und mir die Nordwand zu machen! Ja, auch mit mir.

Aber Othmar hatte Bedenken. Er sei nicht sehr gut trainiert und er habe sich verpflichtet, für das Fernsehen zu tragen. Bergsteiger sind jedoch Männer, die sich stets etwas einfallen lassen können, wenn sie wollen. Der Wirt der Hörnlihütte sprang für Othmar ein. Und ich sah

210

mich schon in der Nordwand. Beschwingt vor Glück und Freude, sprang ich hinab nach Schwarzsee, fuhr nach Zermatt, um dort meine Nordwand-Ausrüstung zu holen. Am Abend war ich wieder in der Hütte.

Michel, Hilti von Allmen und Michel Darbellay waren indessen am Wandfuß, um die Verhältnisse zu studieren und den Zugang zu spuren.

Die Wand schaue nicht sehr rosig aus, sagten sie. Aber sie wurde ja auch schon im Winter durchstiegen, dachte ich. Jetzt oder nie.

Und es gab auch noch weitere Sorgen für mich. Daisy Voog, die Bezwingerin der Eiger-Nordwand, sei auch in der Gegend. Die Matterhorn-Nordwand stehe auch auf ihrer Wunschliste. Am Eiger war sie schneller als ich, diesmal wollte ich es sein...

Ein schöner Abend kam. Das Wetter war schön, alles war schön und gut, und meine Gedanken waren mir schon Stunden vorausgeeilt. Oben in der Wand waren meine Gedanken schon...

Am 13. Juli waren wir zwei Stunden nach Mitternacht auf den Beinen, wohl noch schlaftrunken, jeder Handgriff wurde fast automatisch ausgeführt. Das Frühstück schmeckt zu so früher Stunde freilich nicht. Einige Bissen nur, ein wenig Kaffee, fertig. Im matten Licht der Hüttenküche verabschieden wir uns von den Freunden. Hände werden gedrückt, gute und liebe Worte sind zu hören...

Dann stehen wir draußen in der Nacht. Am Himmel sehe ich die Sterne, keine Wolke. Nur weit oben, kaum zu erkennen, eine dunkle Masse mit schwachen Konturen. Das ist unser Berg, das Matterhorn. Und rechts, wo die Riesenmasse am dunkelsten ist, ahne ich die Nordwand. Es ist nicht Angst, was ich in diesen Augenblicken empfinde, aber doch eine unendliche Spannung. Wie immer am Beginn der ganz großen Tage am Berg, ich kenne das. Noch stärker als beim Fallschirmspringen ist dieses Gefühl, diese Spannung, die einfach dazugehört wie der Fels zum Berg. Ohne sie wäre das Bergsteigen nicht so großartig. – Wir reden nicht viel. Allein unsere Tritte und unser Atem sind zu hören.

Der Weg bis zum Wandfuß ist nicht einfach. Ich bin froh, daß die Freunde am Tag zuvor Stufen geschlagen haben.

Eine Stunde später stehen wir am Beginn der Nordwand. Ich bin ruhig, wie Michel und Othmar. Jeder seilt sich an. Die Haken und das übrige Eisenzeug werden verteilt. Wir sind zu einem Ganzen vereint. Wir sind eine Gemeinschaft, in der jeder für den andern da sein muß. Auch das ist schön, ich liebe es.

Die Zusammensetzung unserer Seilschaft ist etwas außergewöhnlich: Michel bildet den Mittelmann. Aber er klettert als Erster. Auf diese Weise gehen von ihm zwei Seilstränge aus: einer zu Othmar, einer zu mir. Nach etwa 35 Metern schlägt er mit dem Pickel einen Standplatz aus dem Eis, dann einen Haken in das Eis, worauf Othmar und ich gleichzeitig nachsteigen können. Michel muß uns beide also gleichzeitig sichern. Das ist eine harte Arbeit. Und ziemlich gefährlich. Aber wir vertrauen darauf, daß sich Michel immer einen ganz sicheren Stand schafft. Erst dann kann man das wagen.

Das Einstiegseisfeld ist an die vierhundert Meter hoch und etwa 55 Grad steil. Aber auf dem Eis befindet sich eine harte Schneeauflage, die zügiges Steigen erlaubt. Es wird hell. Die Schatten der Nacht verkriechen sich hinab in das Tal von Zermatt, wo sich jetzt die vielen Festgäste vielleicht gerade im Bett drehen. Aber ich beneide sie nicht. Ich bin glücklich, denn ich bin in der Nordwand, mit Michel und einem lieben Kameraden. Die Freundschaft am Berg, sie ist herrlich. Die letzten fünfzig Meter des Eisfeldes sind gefährlich und anstrengend zu begehen. Blankes Eis, das matt schimmert, wie ein unreiner Bergkristall. Michel muß nach jedem halben Meter eine Stufe in das Eis schlagen, das ist anstrengend. Othmar und ich haben es leichter. Dann kommt die ekelhafte Querung zum sogenannten Schrägcouloir. Wir verfolgen jede Bewegung von Michel. Wir sprechen kein Wort, schauen ihm gespannt zu. Hier darf er nicht stürzen, denke ich, denn die Haken am Stand gefallen mir nicht. Aber Michel wird auch nicht stürzen, hämmert es in mir . . .

Und in der Tat, er klettert auf dem scheußlichen Gelände, als würde er sich nirgendwo sicherer fühlen.

Schnaufend komme ich dann zum Ende der bösen Traverse. Ich spüre Michel, ich spüre seine Kraft und seine Güte. Ich sehe seine guten Augen, wir umarmen uns. Ohne ihn wäre die Wand für mich bestimmt zu kalt und zu feindlich, als daß ich in ihr bestehen könnte. So aber ist alles wild und schön hier, aufregend, abenteuerlich.

An sich hätten wir jetzt – es ist Mittag –, nach all den Anstrengungen, eine Rast sehr wohl verdient. Aber wir dürfen nicht rasten, weil eine Biwaknacht nicht vorgesehen ist in unserem Programm. Weder genügend Verpflegung noch die richtige Biwakausrüstung haben wir mit, um in dieser Wand ein Biwak auf uns nehmen zu können.

Weiter!

Das Schrägcouloir verlangt ebenfalls harte Arbeit. Bei normalen Sommerverhältnissen sind hier die größten Felsschwierigkeiten zu überwinden. Jetzt aber liegt auf dem Fels auch noch Schnee. Das ist eine Arbeit für harte Männer. Aber ich wollte es ja so.

Erst vier Stunden später ist dieses Ungeheuer unter uns.

»Michel, jetzt müssen wir nach rechts!« ruft Othmar. Aber Michel glaubt das nicht. Er hat zwar keine Routenbeschreibung dabei, und er hat auch die Wand nie richtig studiert, aber er hat einen Dickschädel, der ihm einsagt, daß es nicht nach rechts, sondern direkt weitergeht. Und er klettert gerade weiter, wir dann auch, denn was Michel sagt und macht, muß auch von uns nachgemacht werden. Jetzt beginnt uns die Zeit auf den Nägeln zu brennen, denn unser Höherkommen wird gehemmt durch die zunehmende Höhe des Schnees.

Wieder kommt eine kurze Steilstufe. Diesmal rate ich Michel, daß er queren soll, nach links. Aber Michel läßt sich am Berg auch von mir nichts sagen. Er klettert gerade weiter, als würde er die Route auswendig kennen.

Dann beginnt es monoton anstrengend zu werden. Verschneiter Fels. Eis, vereister Fels und wieder Eis. Stunde um Stunde, Meter für Meter. Meine Begeisterung wird zusehends abgelöst von Müdigkeit und von der Sorge, ob wir heute noch den Gipfel erreichen. Zweifel kommen in mir auf.

Dann, schon in den Abendstunden, sehe ich über uns nur noch eine Steilstufe, darüber Himmel, der längst nicht mehr blau, sondern von Nebeln und Wolken behangen ist. Der Gipfelgrat? Wir alle hoffen es. Michel kämpft verbissen um die letzten zwanzig Meter. Er kommt nach vielen Anstrengungen auch hinauf. Aber gleich darauf höre ich seinen enttäuschten Ruf: die Wand gehe oberhalb noch weiter! Das trifft mich, denn jetzt habe ich genug von der Wand. Ich habe genug von Strapazen, von Gefahren, von Höhe und dem unendlichen Abgrund, der unter uns gähnt. Jetzt möchte ich wieder in das richtige Leben treten, jetzt möchte ich wieder Frau sein, die Frau von Michel. Aber das gefahrlose Leben ist hier so weit von uns entfernt, unendlich weit, wie das All. Was uns hier umgibt, das ist ein scharfer Wind, der winzige Schneeflocken durch den Raum treibt, Kälte, Eis und Fels, das alles im Verblassen des Tages. Und zwei gute Menschen sind um mich. Das ist viel in dieser Welt, in der sich kein Leben lange halten kann. Automatisch klettere ich weiter zu Michel. Er hält mich an den Schultern, aber er sagt nichts. Was soll er auch sagen? Daß wir biwakieren müssen?

Nein, wir klettern weiter. Dort oben muß die wirklich letzte Steilstufe sein! Bald stehen wir unter ihr. Es ist dunkel geworden. Aber Michel *ist nicht zu halten. Noch diese fünfzehn Meter hohe Stufe, dann müsse der Gipfelgrat kommen.*

Michel geht die Stufe an. Seine Bewegungen sind nicht mehr so schnell und exakt wie am Morgen, das sehe ich, aber er klettert und klettert. Nach einer Stunde etwa ist die Stufe unter ihm. Aber Michel sieht keinen Gipfelgrat. Er sieht nichts, nur Fels und Eis vor sich. Michel bindet das Seil an einem Haken fest und kommt zurück. Zu dritt stehen wir auf einem winzigen Absatz. Hier müssen wir biwakieren.

Einige Haken singen in den Fels, dann setzen wir uns auf den abschüssigen Absatz. Ich sehe den Abgrund nicht mehr, aber ich weiß, daß es fast zwölfhundert Meter sind. In meinem Rucksack ist ein kleiner Biwaksack für die Beine. Michel hat einen großen Biwaksack für zwei Personen dabei. Er versucht ihn aus dem Rucksack zu ziehen . . . da . . . ein Schrei . . . »merde!« – ein kurzes, gräßliches Rauschen, der schützende Sack ist weg. Im Abgrund. Wir sind niedergeschlagen.

Aber hier ist nicht der Platz, um sich tiefster Verzweiflung hinzugeben. Das wäre hier das Ende. Eine lange Nacht. Oft schon habe ich Nächte am Berg verbracht, aber das ist die längste.

Unser Proviant ist bescheiden. Etwas Schokolade, etwas Tee. Trotz der Kälte spüre ich die Wärme Michels, das beruhigt.

Tausend Gedanken durchziehen meinen Kopf. Ich denke an die Männer, die erstmals durch diese Wand stiegen. An Franz und Toni Schmid. Und ich denke an das Leben, das noch schöner sein wird nach diesem Abenteuer. Ich denke und warte und denke, Stunde um Stunde. Die Kälte frißt sich bis in das Mark der Knochen. Endlich weicht die Nacht.

Michel sagt einige belanglose Worte und steigt weiter, hinauf über die Stufe und verschwindet bald in dichtem Nebel.

Dann wird das Seil straff, das Zeichen, daß wir ihm folgen sollen. Michel ist oben! Bald auch wir, zuerst Othmar, dann ich. Wir umarmen uns. Ich bringe kein Wort über die Lippen. Und bald kann ich mich nicht mehr halten. Ich weine. Wie ein kleines, glückliches Mädchen, dem alle Schönheiten der Welt zu Füßen gelegt werden. Ich weine und bin glücklich, unendlich glücklich. Und ich wußte nicht, daß das Leben so schön sein kann . . .

Yvette Vaucher eilt in den Jahren danach von Berg zu Berg, von Erfolg zu Erfolg. Beide nehmen an der Internationalen Himalaya-Expedition 1971 zum Mount Everest teil: 1975 gelingt Yvette schließlich auch eine Begehung der Eigerwand.

Der Sommer 1966 ist denkbar schlecht. Es gibt nach dem Matter-

214

horn-Rummel im »Jahr der Alpen« zwar viele Nordwand-Anwärter, aber nur drei Seilschaften wagen den Einstieg und kommen durch.
Die erste Seilschaft des Jahres bilden die Österreicher Klaus Hoi und Fritz Walcher. Sie haben sehr schlechte Verhältnisse (20 cm Pulverschnee) und müssen stets mit Steigeisen klettern. Am Abend des 16. Juni beziehen sie ein Biwak in Höhe der Hörnligratschulter und erreichen am nächsten Tag den Hörnligrat etwas unterhalb des Gipfels.
Die nächsten Bewerber: die Tschechin Sylvia Kysilková, der Deutsche Gerhard Baur und der Japaner Mitsumasa Takada, der die beiden in Zermatt kennenlernte. Am 10. August verlassen sie um 2.00 Uhr die Hörnlihütte. Bei Sonnenaufgang sind sie auf dem Einstiegseisfeld. Baur klettert voraus, läßt die Tschechin und den Japaner gleichzeitig nachkommen. Am Beginn des Schrägcouloirs stürzt Baur durch das Ausbrechen eines Blockes 50 Meter in die Seile, ist bewußtlos. Nachdem sich sein Zustand etwas bessert, setzt die Seilschaft den Aufstieg fort, wobei Takada die Führung übernimmt. In der Mitte des Couloirs muß biwakiert werden. Sylvia Kysilková und Gerhard Baur verbringen die Nacht in Seilschlingen sitzend. Am nächsten Tag (11. August) übernimmt Baur wieder die Führung. Bei Sonnenuntergang haben sie es geschafft.
Sylvia Kysilková übersteht später in der Eiger-Nordwand harte Abenteuer, erreicht aber nie den Gipfel. Mitsumasa Takada bezwang vor einem Jahr die Eiger-Nordwand mit seinem Landsmann Tsuneaki Watabe, der dabei ums Leben kam. Gerhard Baur besteigt 1975 den Kangchenjunga-Westgipfel (8433 m). –
Die klassische Schmid-Route ist »ausgeschöpft«. Es kann hier nur noch Wiederholungen geben. So führt wenige Tage nach Kysilková der Deutsche Klaus Werner die Wahlmünchnerin Daisy Voog durch die Wand, ohne Biwak.
Ein Jahr später gibt es noch ein feminines Novum: Die erste Frauen-Seilschaft. Um 3 Uhr des 18. Juli 1967 steigen die Japanerinnen Michiko Imai und Yoshiko Wakayama in die Wand. Vor ihnen klettern ihre Landsleute Takio Kato und Akira Okuyama, der filmt. Im Schrägcouloir biwakieren sie. Am nächsten Tag erreichen sie um 20 Uhr den Gipfel und steigen dann zur Solvayhütte ab.
Michiko Imai ist 1969 dabei, als die Japaner-Route in der Eiger-Nordwand gemacht wird. Mit Takio Kato und vier weiteren Kameraden. Yoshiko Wakayama heiratet 1973 Chosuce Okamara. Die Hochzeitsreise ist am Italienischen Grat zu Ende: beide stürzen tödlich ab.

»Direttissima«

Das »Jahr der Alpen« (1965) ist erst wenige Wochen alt, da gibt es an der Nordwand schon wieder Betrieb. Mitten im Winter. Aber es geht nicht um die zweite vollständige Winterbegehung, es geht um eine Direktroute, eine Direttissima, wie sie in fast jeder großen Wand erzwungen wurde.

Der italienische Bergführer Walter Bonatti ist entschlossen, die über vierzig Jahre alte Direttissima-Idee zu verwirklichen. Walter Bonatti ist 35 Jahre alt, bergsteigerischer Vollprofi und einer der erfolgreichsten Alpinisten überhaupt. Um nur seine bedeutenden Unternehmungen zu erwähnen, bräuchte man einige Buchseiten. Bonnatis spektakulärste Tour ist zweifellos die Bezwingung des Dru-Südwestpfeilers 1955, allein in sechs Tagen. Der »Bonattipfeiler« gehört zu den größten und schwierigsten Anstiegen der Alpen. Und nun – zehn Jahre später – will Bonatti einem der berühmtesten und vielleicht schönsten Alpenberge seine Handschrift aufzwingen. Der von Bonatti geplante Anstieg ist bereits im September 1928 erstmals versucht worden. Und zwar von den Täscher Bergführern Kaspar Mooser und Victor Imboden. Ihr Versuch endete etwa 450 m oberhalb des Bergschrunds, in Höhe des dritten Biwaks von Walter Bonatti. Schon eine Woche vor dem geglückten Unternehmen befand sich Bonatti in der Wand. Mit den Italienern Gigi Panei und Alberto Tassotti. In der Zeit vom 10. bis 13. Februar war die Dreierseilschaft bis in die Höhe des zweiten Bonatti-Biwaks vorgedrungen; sie mußte dann schlechten Wetters wegen den Rückzug antreten: am 14. Februar war der erfolglose Versuch am Wandfuß beendet.

Am 18. Februar verläßt Walter Bonatti mit drei Freunden – unter ihnen der Genfer Journalist Guido Tonella – Zermatt. Sie fahren mit der Seilbahn zum Schwarzsee, dann mit Ski bis zur Endstation des Hörnlilifts, von wo ab zu Fuß auf dem Sommerweg zum Hotel Belvédère aufgestiegen wird. Dort bleiben die drei Begleiter zurück. Anschließend überwindet Bonatti den östlichen Abbruch des Matterhorn-Gletschers, quert auf dem Gletscherplateau nach Westen, um am Fuße der Nordwand, kurz unterhalb des Bergschrunds, erstmals zu biwakieren. Am 19. Februar beginnt die eigentliche Durchsteigung. Gleich oberhalb des Bergschrunds ein 55 Grad steiles Eisfeld. Anschließend eine kombinierte Steilzone aus Fels und Schnee. Bonatti kommt nur langsam voran, weil er sich auf einen echten Alleingang nicht einläßt. Er sichert sich, wie wenn er von einem Kameraden begleitet wäre. Nur komplizierter, zeitraubender: in jeder schwierigen Seillänge schlägt er Haken, nach jeweils 40 Metern muß er am Seil entlang wieder zurück, um die Haken und Karabiner einzusammeln, dann mit Hilfe des Seiles erneut hinauf zum höchsten Punkt. Etwa 300 Meter oberhalb des Wandfußes verbringt der Alleingänger die zweite Nacht. Am 20. Februar bewältigt Bonatti auf die gleiche Weise nur 150 Höhenmeter. Der Fels erweist sich als steil, abschüssig, schwierig. Das schwere Ausrüstungsmaterial muß nach jeder Seillänge nachgezogen werden, was ebenfalls sehr viel Zeit in Anspruch nimmt.

Am 21. Februar erreicht Bonatti das obere Ende des sehr steilen Mittelstücks, wo die vierte Nacht verbracht wird. Am 22. Februar schließlich gelangt er 250 Meter unterhalb des Gipfels auf den Zmuttgrat, über den er kurz nach 15.00 Uhr den italienischen Gipfel erreicht. Der Abstieg erfolgt über den Liongrat. In etwa 3900 Meter, etwas oberhalb der Luigi Amèdée-Hütte, mußte die fünfte Nacht verbracht werden; erst am 23. Februar trifft er in Breuil ein.

Laut Bonatti befand sich die erste ganz schwierige Stelle vor dem zweiten Biwak; die »Traverse der Engel«, wie er den Quergang auf dem dachziegelartigen Fels nannte; die zweite Schlüsselstelle der Nordwand-Diretissima überwand er kurz vor dem vierten Biwak, ein sehr ausgesetzter Überhang.

Auch wenn es sich bei diesem Unternehmen wieder um Bonattis »schwierigste Tour« handelte, die »Schwierigkeiten ungeheuer« waren, »denn die Nordwand ist furchtbar« (Bonatti), so kann von einer »Direttissima« freilich nicht die Rede sein. Es ist eben *auch* ein Nordwandanstieg, der künftig, wenn er bis zum Gipfel vollendet ist, vielleicht als »Bonatti-Route« bezeichnet wird. Eine wirkliche Direttissima ist an der Matterhorn-Nordwand gar nicht mehr zu eröffnen, weil die Schmid-Führe im obersten Wanddrittel geradezu in idealer Gipfelfallinie den höchsten Punkt erreicht. Eine Direttissima müßte in den unteren zwei Wanddritteln zwischen den beiden Anstiegen verlaufen und im obersten Drittel die Schmid-Führe benützen.

Das alles schließt nicht aus, daß Walter Bonatti wieder eine großartige

Leistung vollbrachte. Auch wenn Wiederholer seiner Route kaum mehr als zwei Tage brauchen werden.

Nach diesem Aufsehen erregenden Unternehmen stellt Walter Bonatti die Bergsteigerwelt vor ein Rätsel – er steigt auf keinen Berg mehr. Im Auftrag einer italienischen Illustrierten durchstreift er die Jahre danach als Bildberichter die wildesten und einsamsten Teile unserer Erde.

Walter Bonattis Nachfolger lassen nicht lange auf sich warten. Die Bonatti-Route erhält vom 12. bis 13. August 1966 ihre zweite Begehung durch die Polen Ryszard Berbeka, Jan Stryczynski, Ryszard Szafirski und Adam Zyzak. Die dritte Begehung glückt wenig später den Slowaken Milan Kriššak und Juraj Weinciller vom 27. bis 29. August bei winterlichen Verhältnissen. Sie haben im oberen Wanddrittel einen Meter Neuschnee. Nach einem Biwak am Wandfuß erreichen sie das erste Bonatti-Biwak gegen 16.00 Uhr.

Dabei werden teilweise Schwierigkeiten im V. Grad überwunden. Am nächsten Tag halten sich die Slowaken zuerst stark nach links (IV), bewältigen eine 5 Meter hohe Wandstufe (V–VI), klettern dann wieder rechtshaltend hinauf und beziehen um 14.00 Uhr das zweite Biwak. Am 29. August kommen sie auf den Gipfel und verbringen die Nacht in der Solvayhütte.

Dann bekommt auch die Bonatti-Route ihr Drama. Sieben dramatische Nordwandtage im Winter:

Anfang März 1967 kommen die tschechischen Bergsteiger Jozo Psotka, Milan Kaláb, Ján Durana und Stanislav Lednár nach Zermatt, quartieren sich im »Hotel Bahnhof« bei Paula Biner ein.

Die Wetterlage ist unbeständig. Ein Tag nach dem anderen vergeht, ohne daß sich daran etwas änderte. Sie warten – bis zum 11. März. Schwer beladen brachen sie dann in Richtung Hörnlihütte auf. Doch auch während der nächsten Tage hält sie das schlechte Wetter in der Hütte. Als jedoch am 14. März ein tiefblauer Himmel die Gipfel überspannt, entschließt sich die Gruppe, am nächsten Tag den Aufstieg zu beginnen.

Das trifft dann auch zu. Gegen 9.30 Uhr überschreiten sie den Bergschrund und kommen in den folgenden Seillängen trotz einer unangenehmen Rauhreifschicht auf den Felsen relativ schnell höher. Um 19.00 Uhr liegen etwa 300 Meter der Wand unter ihnen. Sie biwakieren dort, wo auch Walter Bonatti seine erste Freinacht verbrachte.

Schönes Wetter erwartet die Männer am Morgen des 16. März. Vor ihnen ist die Schlüsselstelle des Anstiegs, der etwa 600 Meter lange, leicht nach links ansteigende »Engelquergang«. Doch gegen 15.30 Uhr schlägt das Wetter um. Es beginnt in dichten Flocken zu schneien. Was tun? Es gibt nur zwei Möglichkeiten – nach unten oder nach oben. Noch haben sie erst die Hälfte der Querung, könnten also zurück, was weiter oben nahezu ausgeschlossen ist. Psotka, der Vater des Unternehmens, entschließt sich aber zum Biwak an Ort und Stelle. Dieser Entschluß schien gut gewesen zu sein, denn um 23.00 Uhr hört es auf zu schneien. Dafür wird es bitterkalt.

Am nächsten Morgen beginnt die Seilschaft noch während der Dämmerung mit dem Weiteraufstieg. Bald haben sie den großen Quergang hinter sich und bewältigen im Anschluß noch einen Pfeiler. Auf dem Pfeilerkopf – er befindet sich bereits im oberen Wandteil – werden sie von der Nacht überrascht. Gegen Mitternacht schlägt das Wetter endgültig um. Die Tragödie nimmt ihren Anfang. Fast ohne Licht kommt der Morgen (18. März). Wolkenfetzen jagen über die Wand.

Auch unten in Zermatt scheint das gewohnte Leben wie ausgelöscht. Die Temperaturen liegen bei 40 Grad minus, der Sturm wütet bis zu 200 Stundenkilometer. Die Seilbahnen ruhen. Im Büro von Hermann Petrig kommen die Führer zusammen und sprechen über eine eventuelle Rettungsaktion. Unbeteiligt klingt die Stimme des Radiosprechers: »Ein Schneesturm hält seit 48 Stunden vier Tschechoslowaken in der Matterhorn-Nordwand gefangen . . .«

Und wie sieht es oben in der Wand aus? Auf einem kleinen Kocher werden Tee und Suppe zubereitet.

Es vergeht der Tag. Die Nacht wird noch länger. Aber der anbrechende Morgen (19. März) bringt etwas mehr Licht. Die Viererseilschaft schiebt sich langsam höher. Lednár hat die Spitze übernommen, gesichert von Psotka.

Um 12.45 Uhr haben sie die vierte Seillänge dieses Tages hinter sich gebracht. Lednár versucht einen Standhaken zu schlagen. Einmal ertönt der vertraute Klang, ein zweites Mal noch, und dann – plötzlich scheint sich die ganze Wandstelle in Bewegung zu setzen.

»Achtung!« – kann Lednár noch den Freunden zurufen, und schon stürzt er in die Tiefe. Steine poltern durch die Flanke – ein dunkler Schatten saust an den Sichernden vorbei. Nur im Unterbewußtsein nimmt Psotka den Ruck des Seiles wahr. Er hat ihn gehalten – nach siebzig Metern. Aber was ist mit dem Freund geschehen? Mit zitternden Händen befestigt Psotka das Seil, mit trockener Kehle, keines Wortes mächtig, klettert er hinunter – zu ihm. Er weiß zu gut, was ihn an der Stelle, wo der Freund liegt, erwartet.

Nach einigen Minuten steht er neben dem leblosen Körper. Beim Sturz hat sich der Steinschlaghelm gelöst, Stanislav Lednár schlug mit dem Kopf hart auf. Zweifellos hätte da auch ein Helm nicht viel geholfen, so aber war es ein augenblicklicher Tod. Auch Kaláb und Durana klettern vorsichtig heran, stehen ratlos da, können die Realität der Situation nicht recht fassen.

Aber sie sind in einer Höhe von 3900 Meter, jeden Augenblick kann wieder das Unwetter einsetzen. Die letzten Proviantreste sowie der Brennstoff für den Kocher stürzten mit Lednárs Rucksack über die Wand in den Abgrund.

Ein trauriger, ein furchtbarer Sonntag, dieser 19. März.

Nachdem sie die Leiche des Freundes waagerecht an den Fels gebunden haben, nehmen sie um 14.00 Uhr das letzte Teilstück in Angriff. Psotka führt nun die Seilschaft. Er kennt das Spiel über dem Abgrund seit vielen Jahren, doch noch nie hat ihm ein Berg so viel abverlangt.

Gegen 19.00 Uhr sind sie noch etwa 250 Meter vom Grat entfernt. Seit 120 Stunden fast kein Schlaf, kein richtiges warmes Essen, ununterbrochene Schwierigkeiten – und der Tod des Freundes.

Die Tschechoslowaken kämpfen den Kampf ihres Lebens. Drei halbvereiste Gestalten schmiegen sich an den Fels, als könnten sie von ihm Hilfe erwarten.

In Zermatt stehen die Führer auf Abruf bereit. Morgen soll ein Hubschrauber die Wand anfliegen und nachsehen, ob es dort überhaupt noch Leben gibt.

Das gibt es noch. Und dieses Leben heißt Jozo Psotka. Er rauft der Wand Meter für Meter ab. Er führt noch immer, der eisenharte Mann aus Bratislava. Er zwingt seinen Körper dem Gipfel entgegen – er wundert sich selbst, daß er überhaupt noch etwas wollen und auch tun kann. Die anderen steigen apathisch nach. Aber sie steigen. Am Nachmittag quälen sie sich die letzten Meter zum Zmuttgrat hoch, wo die Bonatti-Route endet.

Ihr Leidensweg ist aber noch nicht zu Ende. Kriechend, um vom Sturm nicht mitgerissen zu werden, suchen sie einen Biwakplatz.

Der siebte Tag. Es stürmt unvermindert weiter. Um wenigstens etwas geschützt zu sein, queren sie fünfzig Meter unterhalb des Gipfeldaches hinüber zum Schweizergipfel.

Hinlegen und schlafen, nichts als schlafen, das sind die Gedanken von Kaláb und Durana. Aber Psotka ist unerbittlich. Er erlaubt keine Rast, sucht den Abstiegsweg, sichert die Freunde, arbeitet dabei wie eine Maschine.

Es geht schon wieder der Nacht entgegen, als plötzlich gegen 19.00 Uhr wie eine übernatürliche Erscheinung die Solvayhütte aus dem Nebel taucht. Jetzt taumelt auch Psotka, er hat Tränen in den Augen, kann aber nicht weinen, und zum erstenmal denkt der 33jährige Ingenieur und Assistent an der Technischen Hochschule beruhigt an seine Frau und die Kinder zu Hause.

Aber da steht ja ein Mensch.

Es ist der Stuttgarter Kurt Hoffmann. Als er von der Not der Bergsteiger hörte, war er allein über den tiefverschneiten Hörnligrat aufgestiegen, um Hilfe zu leisten. Er fragt nicht nach den Ereignissen in der Nordwand. Er schüttelt ihnen nur die Hände und beglückwünscht sie. Und hilft, wo er kann.

*

Zu dem Zeitpunkt, da die Bergsteiger die Solvayhütte erreichen, nehmen in Zermatt die weiteren Geschehnisse einen raschen Verlauf.

Zum Glück kommt der 22. März endlich mit einem klaren Morgen. Nach gewissenhaften Vorbereitungen startet um 13.55 Uhr ein von Bruno Bagnoud gesteuerter Hubschrauber mit den Bergführern Hermann Petrig und René Arnold an Bord. Der Pilot ist sich der Gefährlichkeit des Unternehmens voll bewußt. Aber er will helfen.

Über die Solvayhütte hält Bagnoud seine Maschine ruhig auf einem Punkt. René Arnold wagt den Sprung auf den 2 bis 3 Meter tiefer verlaufenden Grat.

In der Hütte findet er den schneeblinden Durana und Milan Kaláb mit seinen Erfrierungen. Von ihnen erfährt er, daß Psotka und Hoffmann abgestiegen seien, um am nächsten Tag mit Lebensmitteln und Medikamenten wieder aufzusteigen.

In kürzester Zeit fliegt Bagnoud Durana und Kaláb auf den Theodulgletscher, von wo aus der weitere Transport in das Zermatter Krankenhaus erfolgt.

Mit der Präzision einer Maschine läuft diese Rettungsaktion ab. Ein geradezu ideales Vorbild für die Kombination Mensch und Technik bei schwierigen Bergrettungen.

Noch hängt aber die Leiche von Stanislav Lednár in der Wand. Man will bessere Verhältnisse abwarten und dann die Bergung des Verunglückten durchführen.

Anfang Juli 1967 ist es soweit. Nach zweitägigen Vorbereitungen, bei denen die Wetterverhältnisse der Bergungsmannschaft große zusätzliche Schwierigkeiten bereiten, werden am 4. Juli René Arnold und der Grindelwalder Bergführer Ruedi Kaufmann um 9.47 Uhr mit dem Stahlseil parallel über zwei Winden von der Schulter des Hörnligrates aus in die Nordwand geseilt. Sie erreichen um 12.35 Uhr die am Fels angefrorene Leiche. Um 13.30 Uhr beginnen die Zurückgebliebenen auf dem Grat mit dem Aufziehen, und um 15.00 Uhr haben sie die Leiche auf der Gratschulter.

Das alles geschieht im Rahmen einer großangelegten Aktion (25 Rettungsleute) unter SAC-Rettungschef Erich Friedli.

*

Knapp zwei Wochen später sind wieder tschechoslowakische Bergsteiger auf der Bonatti-Route: Valentin Kanyár aus Prag und Milan Vacik aus Strakonice. Ihnen glückt vom 21. bis 23. Juli 1967 die fünfte Begehung bei sehr schlechtem Wetter in dreißig Stunden reiner Kletterzeit. Seit Jahren haben polnische und tschechoslowakische Bergsteiger im Geschichtsbuch des Alpinismus einen festen Platz. Ihre großartigen Leistungen sind nicht mehr wegzudenken. Besonders Tschechoslowaken trifft man überall in den Alpen und auch schon in den Weltbergen an.

Die tschechische Seilschaft folgt nicht genau Bonattis Route. Sie meidet die große Rechts-Links-Schleife und somit den heiklen, berüchtigten »Engelsquergang«, dessen linkes Ende sie auf einer Direktvariante erreicht. Kanyár und Vacik bewerten hinterher die Schwierigkeiten mit dem V. und VI. Grad (»überaus« und »äußerst schwierig«). Eine weitere tschechische Seilschaft, Jan Jursa und Wladislaw Mlčoch, die sich hinter Kanyár und Vacik befand, mußte die Durchsteigung wegen des schlechten Wetters abbrechen.

Die »Erst«-Möglichkeiten sind nun auch auf der Bonatti-Route ausgeschöpft. Bis auf die »erste« Frau, die ganz bestimmt noch kommen wird, irgendwann.

*

1968 machen Italiener am Matterhorn von sich reden: Allessandro Gogna und Leo Cerruti, zwei der jungen Avantgardisten, die sich dagegen wehren, daß die letzten, unberührten Wandabbrüche der Alpen mit Hakengalerien gespickt und im Rahmen spektakulärer Unternehmungen im Expeditionsstil bezwungen werden. Vor allem Gogna ist ein feuriger Verfechter des klassischen Alpinismus, wie ihn unsere Väter noch pflegten.

Ihr Ziel ist die Zmuttnase, die Gogna als »letztes Matterhorn-Problem« bezeichnet. Die Zmuttnase bildet den obersten Teil der Nordwestwand, die bisher unbeachtet geblieben ist.

Die Wand teilt sich in drei Abschnitte auf: Der erste, etwa 450 Meter hoch, ist eine Mischung aus Fels und Eis mit einer durchschnittlichen Neigung von 70°. Der zweite Abschnitt verläuft über etwa 500 Meter und besteht aus einem felsigen Vorsprung mit ganz besonderer Felsschichtung, deren Dächer und Platten besonders abweisend sind. Der dritte Abschnitt schließlich ist weniger ausgeprägt und von geringerer Schwierigkeit.

Alessandro Gogna und Leo Cerruti können ihre Idee im Sommer 1969 nach mehrtägigem härtestem Einsatz verwirklichen. Aber es ist keine Nordwand-Route, keine Direttissima.

*

Ähnlich verhält es sich mit der Japaner-Route, die Anfang Juli 1972 von Masahiro Furukawa, Masaru Miyagawa und Yoshinori Okitsu in acht Tagen bezwungen wird.

Die drei Japaner klettern rechts (westlich) der Bonatti-Route und links (östlich) des Gogna-Anstiegs. Nach Überwindung der ersten Wandhälfte benützen sie den steilen, teilweise senkrechten, kantenartigen Abbruch, der die westliche Begrenzung der eigentlichen Nordwand bildet. Dieser Steilkante war Walter Bonatti 1965 links ausgewichen. Furukawa, Okitsu und Miyagawa bezwingen sie direkt, gelangen nach Überwindung äußerster Schwierigkeiten oberhalb der Zmuttnase in einer Höhe von etwa 4350 Meter auf den Zmuttgrat. Ihr Anstieg hat eine Wandhöhe von rund 1000 Metern. Man könnte die Japaner-Route auch als Matterhorn-Nordkante bezeichnen.

Aber über ihre Einzelheiten herrscht bis Mai 1976 Schweigen. Masahiro Furukawa glückt eine knappe Woche nach der Nordkante zwar noch eine Alleinbegehung der Schmid-Route (13.–14. Juli 1972), aber am 1. August stürzt er mit seinem Freund Masaru Miyagawa in der Eiger-Nordwand tödlich ab.

Schließlich kann ich Yoshinori Okitsu, den dritten Mann der Seilschaft, in Gwatt (Schweiz) ausfindig machen. Er lebt dort als Kunsttischler, mit einer Schweizerin verheiratet. Yoshinori Okitsu machte mir die wichtigsten Angaben: Am 29. Juni überwanden sie die ersten

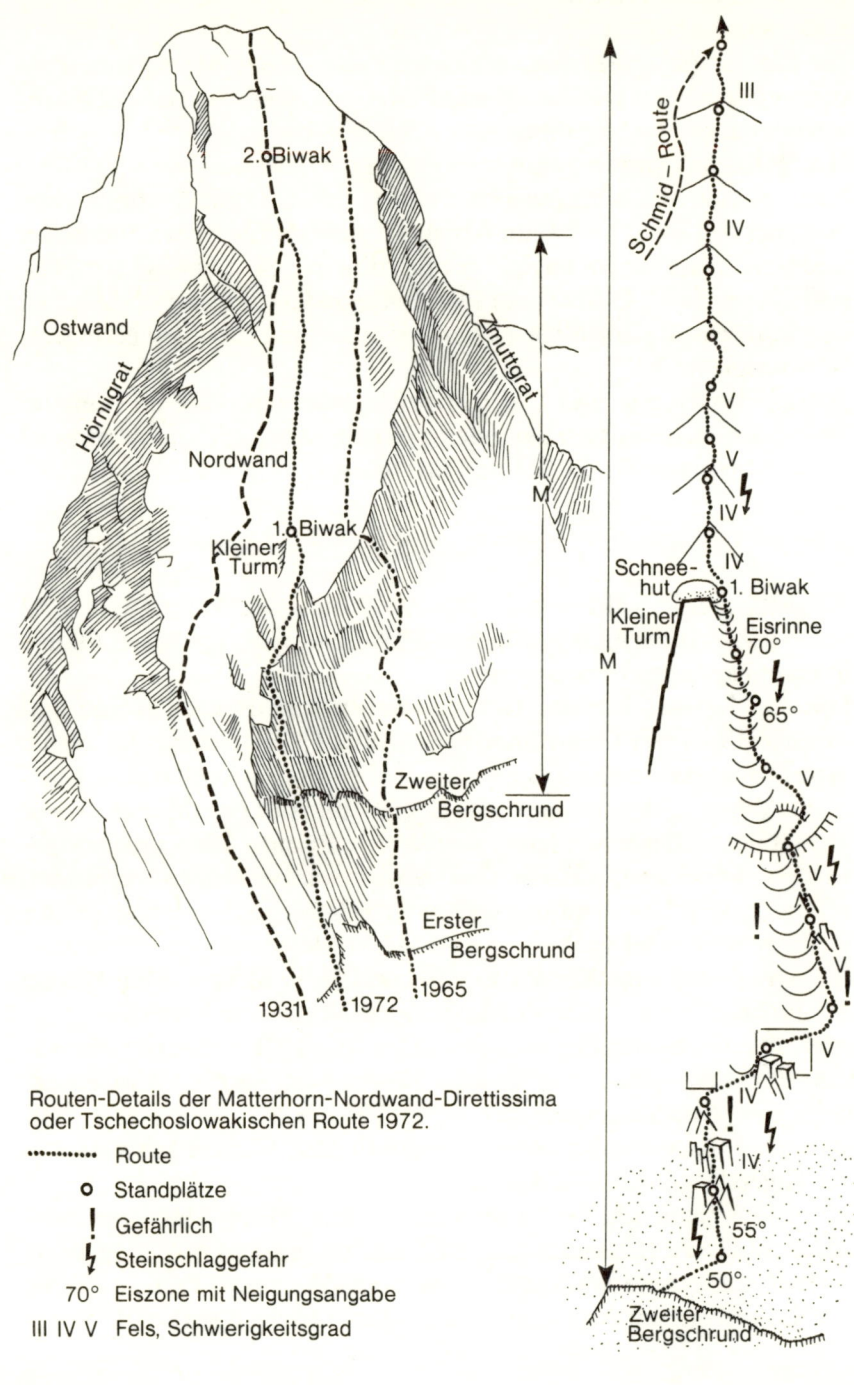

Routen-Details der Matterhorn-Nordwand-Direttissima
oder Tschechoslowakischen Route 1972.

••••••••••	Route
○	Standplätze
!	Gefährlich
⚡	Steinschlaggefahr
70°	Eiszone mit Neigungsangabe
III IV V	Fels, Schwierigkeitsgrad

elf Seillängen auf dem steilen, zuletzt felsdurchsetzten Eisfeld, da begann es zu schneien. Fürs Biwak hatten sie so gut wie keinen Platz; stehend oder am Seil hängend verbrachten sie die Nacht. Am 30. Juni waren die drei Japaner von einer Winterlandschaft umgeben. Sie kletterten ein Stück weiter, stiegen aber bald wieder zurück zum Biwakplatz. Am dritten Tag (1. Juli) erreichte die Dreierseilschaft den Beginn der Hauptschwierigkeiten. Ständig mußten Haken geschlagen werden. Nach sieben Seillängen erreichten sie einen guten Biwakplatz. Der vierte Tag (2. Juli) war ein reiner Wartetag, es herrschte von früh bis spät Schneefall. Der fünfte Tag (3. Juli) verlief ähnlich, es schneite immer noch. Erst gegen Abend konnten sie dem Berg eine weitere Seillänge abringen. Dritte Nacht auf dem zweiten Biwakplatz, etwa 140 Meter unterhalb des Riesendachs der Nordkante. Am sechsten Tag (4. Juli) kamen die Japaner fünf Seillängen weiter. Direkt unter dem Riesendach fanden sie einen Biwakplatz für die sechste Nacht. Während der Nacht verschlechterte sich das Wetter erneut, aber sie waren durch den Dachvorsprung einigermaßen geschützt. Am siebenten Tag (5. Juli) bezwangen sie unter Benützung vieler Haken und Bohrhaken das Felsdach. Starker Schneefall. Rückzug zum letzten Biwakplatz. Am achten und letzten Tag (6. Juli) besserte sich gegen 10 Uhr das Wetter. Sie stiegen weiter und erreichten noch am gleichen Tag den Gipfel. Die Japaner hatten 120 normale Felshaken geschlagen und dreißig Bohrhaken gesetzt.

Knapp zwei Wochen nach den Japanern – August 1972 – haben es vier Tschechoslowaken auf eine echte Direttissima abgesehen: Zdislav Drlík, 34, Heizer aus Vysoké Tatry, seit drei Jahren Bergsteiger, erstmals in den Alpen; Leoš Horka, 29, Elektro-Monteur aus Ostrava, der 1961 mit Bergsteigen begonnen hat, 1969 die Anden und Alpen besuchte; Bohumil Kadlčik, 21, Student aus Ostrava, seit vier Jahren Bergsteiger, erstmals in den Alpen; und Fáclav Prokeš, 35, Arbeiter aus Přerov, seit 1961 Bergsteiger, aber erstmals in den Alpen.

Für tschechoslowakische Bergsteiger ist es seit 1968 schwierig, ins westliche Ausland zu reisen, nicht zuletzt auch eine Frage der Devisenbeschaffung. Ein Alpenbesuch hat für Bergsteiger aus den östlichen Ländern ganz andere Bedeutung wie zum Beispiel für einen Alpinisten aus Bayern. Wenn leistungsfähige Kletterer aus der Tschechoslowakei endlich in den Alpen sind, wollen sie meist ihre Spuren hinterlassen, denn niemand weiß, wann sie wiederkommen können. Und die vier Tschechoslowaken wissen, wo der Matterhorn-Nordwand noch eine neue Route aufzuzwingen ist, eine Direktroute, eine

Direttissima: rechts (westlich) der Schmid-Route von 1931 und links des Bonatti-Anstiegs von 1965. Zwischen beiden Routen befindet sich ein etwa 350 Meter breiter, unberührter Wandstreifen, der sich nach oben verjüngt.

Genau in Fallinie des italienischen Gipfels steigen die vier Männer am frühen Morgen des 11. August 1972 in die Wand. Erster Bergschrund, bei dem es noch keinerlei Probleme gibt. Knapp hundert Meter weiter oben der zweite Bergschrund, Beginn des hier verkürzten Einstiegseisfeldes. 50 Grad, eine Seillänge schräg rechts aufwärts. Links von ihnen schlagen die ersten Steine ein. Dann geht es gerade hinauf. Das Eis wird steiler, 55 Grad. Die dritte Seillänge führt bereits über sehr schwierigen Fels (IV). Direkt über ihnen abweisende Felsdächer, sie weichen auf etwa siebzig Meter rechts aus. Der Fels wird steiler, schwieriger (V, »überaus schwierig«), über vier ganze Seillängen hinweg. Danach erreichen die vier Kletterer eine erschreckend steile Eisrinne. Aber sie bildet die einzige Möglichkeit des Fortkommens. Zuerst eine Seillänge 65 Grad, dann ist die Rinne 70 Grad steil. Rechts kracht Steinschlag, links ist die Steilrinne von einem Felsturm begrenzt. Der Tag geht zur Neige, als das erste Wanddrittel unter ihnen liegt. Auf dem Turm befindet sich eine Art Schneehut, zwischen Turm und Wand ist Raum, etwas Schnee – ein relativ guter Biwakplatz. Die Tschechoslowaken können mit sich zufrieden sein. Auch das Wetter ist gut.

Das Licht des neuen Tages ist noch nicht zu erkennen, da sehen sie tief unten auf dem Matterhorn-Gletscher zwei winzige Lichtpunkte, die sich dem Nordwandfuß nähern. Es sind die Stirnlampen der Schweizer Bergführer Kurt Güngerich und Heinz Leuzinger, die heute auf der Schmid-Route durch die Nordwand klettern.

Am zweiten Tag ist hinsichtlich des Routenablaufs für die vier Tschechoslowaken alles klar. Über ihnen zieht ein ausgeprägter Felspfeiler schnurgerade in Richtung Gipfel, gespickt mit senkrechten Stufen, schwierigen Stellen. Zwölf Seillängen, die sie, Zug um Zug, in direkter Linie bezwingen. Zuerst zwei Längen sehr schwierig (IV), dann zwei Längen überaus schwierig, anschließend wieder IV; die letzten siebzig bis achtzig Meter ihrer Direktroute sind nur noch III (»schwierig«). Rechts des Pfeilers hören sie immer wieder Steinschlag krachen. Am Spätnachmittag erreicht die tschechoslowakische Viererseilschaft 250 Höhenmeter unterhalb des Gipfels die Schmid-Route, auf der sie nach etwa hundertzwanzig Metern die zweite Biwaknacht verbringen. Am Vormittag des dritten Tages (13. August) erreichen Zdislav

Drlík, Leoš Horka, Bohumil Kadlčik und Václav Prokeš den Gipfel.

Die Matterhorn-Nordwand hat ihre echte, reinrassige Direttissima! Auch wenn die letzten 250 Meter – ohnehin das leichteste Stück der Route – von Toni und Franz Schmid bereits einundvierzig Jahre früher begangen worden sind. Aber es gibt genügend Beispiele in der alpinen Erschließungsgeschichte, die zeigen, daß sich heutige Direktanstiege durch verschiedene Routenkombinationen ergaben.

Die Nordwand-Direttissima hat bis heute – Mai 1976 – keine Wiederholung bekommen. Die Direttissima wartet also noch auf ihre ersten Winterbezwinger, auf den ersten Alleingeher, auf die erste Frau.

*

Im Rahmen der Bearbeitung dieses Buches korrespondierte ich mit dem Zermatter Kurdirektor Constant Cachin, mit dem ich seit 1961 eine fast freundschaftliche Verbindung pflege. Constant Cachin ist nicht nur Kurdirektor, er hat auch großes Interesse an der bergsteigerischen Sache. Früher, vor gut einem Jahrzehnt, wußte er über die Nordwand bestens Bescheid. Im März 1976 schreibt mir Constant: »Was die Nordwand-Begehungen betrifft, führen wir keine Statistik oder Nachträge. Über Weihnachten und Neujahr waren es nicht weniger als sechs Seilschaften, die Silvester in der Nordwand oder auf dem Gipfel feierten. Die kommen und gehen, ohne daß wir etwas darüber erfahren.«

Das geschwundene Öffentlichkeitsinteresse schließt natürlich nicht aus, daß auch die tausendste Nordwand-Durchsteigung jedem Begeher eindrucksvolle, oft abenteuerliche Erlebnisse vermittelt, ob auf der alten Schmid-Route, auf den Spuren Bonattis, der Japaner oder auf der Direttissima.

Nordwand-Begehungen

Schmid-Route

Ausstieg, Bemerkungen

31. 7. – 1. 8. 1931
1 Franz Schmid   *Deutschland*   Italienischer Gipfel
Toni Schmid

16. – 18. 7. 1935
2 Ludwig Leis   *Deutschland*   Gipfelkreuz
Sepp Schmidbauer

24. 7. 1935
3 Arthur Bauer   *Deutschland*   Italienischer Gipfel
Hermann Steuri   *Schweiz*

25. 7. 1935
4 Hans Ellner   *Deutschland*   Schulter
Ludwig Steinauer

12. 7. 1946
5 Berchtold Hediger   *Schweiz*   Italienischer Gipfel
Alfred Sutter mit
Alexander Graven und
Alexander Taugwalder

27. 6. 1949
6 Raymond Simond   *Frankreich*   Schweizer Gipfel
Gaston Rébuffat

1. 8. 1949
7 Reinhard Hürlimann   *Schweiz*   Italienischer Gipfel
André Roch

22. 7. 1953
8 Sepp Jöchler   *Österreich*   100 m unter Schweizer Gipfel
Enst Senn   am Hörnligrat

25. 7. 1954
9 Leo Forstenlechner   *Österreich*   Schweizer Gipfel
Sepp Larch
Hans Willenpart

228

26. 7. 1956		
10 Kurt Diemberger Wolfgang Stefan	*Österreich*	Italienischer Gipfel
1. 8. 1958		
11 Diether Marchart Günther Stärker	*Österreich*	Oberes Ende der Schulter
9. 7. 1959		
12 Herbert Raditschnig Hans Zach	*Österreich*	Italienischer Gipfel
17. – 18. 7. 1959		
13 Fredy Hächler Alois Strickler	*Schweiz*	Schweizer Gipfel
22. 7. 1959		
14 Diether Marchart	*Österreich*	Italienischer Gipfel: 1. Alleinbegehung
20. – 21. 7. 1960		
15 Walter Almberger Adolf Huber Franz Huber Adolf Weißensteiner Gerhard Jungwirth Gernot Urschler	*Österreich*	Oberes Ende der Schulter 50 m unter dem Italienischen Gipfel auf dem Zmuttgrat
26. 7. 1961		
16 Felix Kuen Johann Rietzler	*Österreich*	Oberes Ende der Schulter
14. – 15. 8. 1961		
17 Giuseppe Andreani Piero Nessi	*Italien*	Schulter
20. – 21. 8. 1961		
18 Stanislaw Biel Jan Mostowski	*Polen*	Italienischer Gipfel
24. – 25. 8. 1961		
19 Radovan Kuchař Zdeno Zibrin	*ČSSR*	Scharte zwischen den beiden Gipfelpunkten
30. 8. 1961		
20 Piero Nava Jean Bich Pierino Pession	*Italien*	Italienischer Gipfel

229

29. – 30. 8. 1961
21 Tom Carruthers   *Großbritannien*   Italienischer Gipfel
   Brian Nally

8. – 9. 9. 1961
22 Fredy Affolter   *Schweiz*   Italienischer Gipfel
   Robert Boegli
   Bernard Meyer
   Martial Perrenoud

24. – 25. 9. 1961
23 Nick Baumann   *Schweiz*   Italienischer Gipfel
   Robert Übelhör   *Deutschland*
   Rasso Eggert
   Erich Krempke   *Österreich*

20. – 22. 1. 1962
24 Adolf Huber   *Österreich*   1. Winterbegehung bis zur Schulter.
   Franz Huber
   Hubert Sedlmayr

3. – 4. 2. 1962
25 Hilti von Allmen   *Schweiz*
   Paul Etter

3. – 5. 2. 1962
   Erich Krempke   *Österreich*
   Leo Schlömmer

3. – 5. 2. 1962
   Werner Bittner   *Deutschland*   1. vollständige Winterdurchsteigung
   Rainer Kauschke   in der angeführten
   Peter Siegert   Reihenfolge der Seilschaften.

18. – 19. 3. 1962
26 Zbigniew Jurkowski   *Polen*   2. Winterbegehung bis zur Schulter.
   Jan Mostowski
   Andrzej Nowacki

3. 7. 1962
27 Michel Darbellay   *Schweiz*   Gipfel nach 6 Stunden Kletterzeit.
   Christophe Vouilloz

23. – 24. 7. 1962
28 Helmuth Drachsler   *Österreich*   Einstieg etwa 4.30 Uhr. Vom Ende des
   Walter Gstrein   Schrägcouloirs direkt zum Schweizer
   Gipfel. Biwak in ca. 4200 m Höhe.
   Gipfel um 12.00 Uhr.

26. 7. 1962		
29 Kurt Walter	*Deutschland*	Einstieg 3.00 Uhr. Wegen Wettersturz
Otto Wintersteller	*Österreich*	gegen 14.00 Uhr 2 Seillängen unter dem
		Gipfel zum Hörnligrat; 17.00 Uhr Sol-
		vayhütte. Verhältnisse durchwegs sehr
		schlecht.
2. – 3. 8. 1962		
30 Karl Frehsner	*Österreich*	Details unbekannt.
Rolf Walter		
5. 8. 1962		
31 Anselm Biffiger	*Schweiz*	Aufbruch gegen 5.00 Uhr in der Hörnli-
Sepp Loretz		hütte bei sehr unsicherem Wetter.
		Schneetreiben und Vereisung während
		des Durchstiegs. Gegen 16.00 Uhr am
		Gipfel. A. Biffiger, Bergführer, starb am
		18. 7. 1964 beim Hinüberqueren zum
		Zmuttgrateinstieg durch Steinschlag.
13. 8. 1962		
32 Eckert Gundelach	*Deutschland*	Einstieg 5.00 Uhr. Adolf Thum wurde
Adolf Thum		durch Steinschlag am Oberschenkel ver-
		letzt. Deshalb den obersten Teil der
		Wand mit der Seilschaft Eisner-Badura
		als Viererseilschaft durchstiegen; um
		21.00 Uhr Schweizer Gipfel.
13. 8. 1962		
33 Heinz Badura	*Österreich*	Einstieg gegen 5.00 Uhr, Ende des Ein-
Reinhard Eisner		stiegseisfeldes um 6.30 Uhr. Am Hörn-
		ligrat losgetretener Steinschlag verletzte
		A. Thum und R. Eisner. Wollten zur
		Schulter hinausqueren, war aber durch
		zu viel Eis und Schnee unmöglich. Muß-
		ten bei schlechtesten Verhältnissen
		durchsteigen; oberster Wandteil als Vie-
		rerseilschaft mit Gundelach-Thum (32.
		Begehung).
19. – 20. 8. 1962		
34 Konrad Scharnreiter	*Österreich*	Nach einem Biwak vor der Hörnlihütte
Gerhard Werner		Einstieg um 3.30 Uhr. Die Querung zum
Mathias Hofpointner		Schrägcouloir vereist, wie in der Folge
Pit Schubert	*Deutschland*	die ganze Wand. Deshalb um 19.30 Uhr
		zur Schulter und Nächtigung in der Sol-
		vayhütte. Am 20. 8. wieder in die Nord-
		wand gequert, gegen 12.30 Uhr Gipfel.

27. – 28. 8. 1962

35 Heinz Pokorski   *Deutschland*   Aufbruch 1.30 Uhr Hörnlihütte. Zu-
Jordi Pons   *Spanien*   gang in schlechtesten Verhältnissen,
Einstieg erst um 5.00 Uhr, 6.00 Uhr
Ende des Einstiegseisfeldes. Schrägcouloir wegen dicker Wassereisschicht un-
begehbar. Direktaufstieg links des Couloirs. Biwak fast am Ende der Variante.
Aufbruch gegen 7.00 Uhr, wenig später
wieder auf Originalroute. Pokorski wird
durch Steinschlag leicht verletzt. Gegen
13.00 Uhr Italienischer Gipfel (20 Stunden Kletterzeit); erster Spanier in der
Nordwand.

30. 8. 1962

36 Rainer Göschl   *Österreich*   Um 6.00 Uhr Bergschrund. Das Eis war
Viktor Heiß   glashart. Danach blieben die Steigeisen
während der ganzen Tour im Rucksack.
Ausstieg zum Zmuttgrat, der zwei Seillängen unter dem Gipfel erreicht wurde;
um 18.00 Uhr Gipfel.

9. 9. 1962

37 Helmut Wagner   *Österreich*   Gegen 5.00 Uhr Einstieg. Verhältnisse
Ewald?   sehr gut, blank war nur die letzte Seil-
länge des Eisfeldes.
Um 16.00 Uhr Gipfel.

September 1962

38 Branko Brednar   *Jugoslawien*
Anton Sazonov

25. 7. 1963

39 Nadja Fajdiga   *Jugoslawien*   1. Begehung durch eine Frau bis zur
Ante Mahkota   Hörnligratschulter.

15. – 18. 8. 1963

40 Giovanni Brignolo   *Italien*   Einstieg um 3.30 Uhr. Am Abend
Giuseppe Castelli   schwerer Wettersturz; nach drei Biwaks
Andrea Mellano   erreichen sie bei winterlichen Verhält-
Romano Perego   nissen am Nachmittag den Gipfel.

26. – 27. 7. 1964

41 Hans Etschmann   Um 3.30 Uhr Aufbruch Hörnlihütte.
Sepp Valazza   Biwak 200 m unter dem Gipfel. Im
Biwak schwerer Wettersturz. Ausstieg
Zmuttgrat um 7.00 Uhr.

1964

Es herrschen sehr schlechte Wand- und Wetterverhältnisse, so daß nur eine Begehung bekannt wird. In der Folge muß auf eine durchgehende Begehungszahl verzichtet werden.

September 1964 Dieter Drescher Helmuth Larcher	*Italien*	Wegen schlechter Verhältnisse gezwungen zur Schulter zu queren und über sie auszusteigen.
13. – 14. 7. 1965 Yvette Vaucher Othmar Kronig Michel Vaucher	*Schweiz*	Erste vollständige Begehung durch eine Frau. Biwak wenige Meter unterm Gipfel.
14. 7. 1965 Hilti von Allmen Michel Darbellay	*Schweiz*	Begehung im Auftrag der Eurovision im Rahmen der Hundertjahrfeierlichkeiten der Matterhorn-Erstbesteigung.
5. 8. 1965 Peter Haag Karl Hauschke	*Deutschland* *ČSSR*	Einstieg 4.00 Uhr. Die Seilschaft biwakierte nach dem Schrägcouloir. Am nächsten Tag wurde gegen 12.00 Uhr der Gipfel erreicht.
4. – 6. 8. 1965 Tsuneaki Watabe Hattori Yoshino	*Japan*	Erste japanische Begehung. Dieser Durchsteigung ging ein Versuch voraus, bei dem der Gefährte von Watabe erkrankte. Erstes Biwak am Beginn des Schrägcouloirs. Etwas rechts seines oberen Endes wurde ein zweites Mal biwakiert. Am 6. 8. standen die Japaner gegen 12.00 Uhr auf dem Italienischen Gipfel. Kurze Zeit später stürzte Tsuneaki Watabe auf tragische Weise in der Eigerwand tödlich ab. Sein Partner war Misumasa Takada.
12. 8. 1965 Armin Erdenkäufer Otto Sigl Wulf Scheffler Gerd Uhner	*Deutschland*	Um 3.00 Uhr wurde eingestiegen, in etwa ²/₃ Wandhöhe schlossen sich die Seilschaften, von Erdenkäufer geführt, wegen schlechter Verhältnisse zusammen. Um 11.00 Uhr des 13. 8. stieg die Viererseilschaft 200 m unterhalb des Gipfels am Hörnligrat aus.

21. – 22. 8. 1965
Werner Haim   *Österreich*   Alle drei Bergführer. Wettersturz in
Felix Kuen   Höhe der Schulter, Schneefall, Biwak,
Adolf Sager   Ausstieg direkt am Gipfel.
                                     Werner Haim anschließend 10 Wochen
                                     in der Klinik; Erfrierungen zweiten und
                                     dritten Grades.

16. – 17. 6. 1966
Klaus Hoi   *Österreich*   Sehr schlechte Verhältnisse (20 cm Neu-
Fritz Walcher   schnee). Biwak in Höhe der Hörnligrat-
                                     schulter. Ausstieg um 10.00 Uhr des
                                     zweiten Tages etwas unterhalb des Gip-
                                     fels auf dem Hörnligrat.

25. – 26. 7. 1966
Richard Hoyer   *Österreich*   Winterliche Verhältnisse. Staublawinen
Peter Nemec   auf dem Einstiegseisfeld. Total vereistes
                                     Schrägcouloir, die ganze Wand wird mit
                                     Steigeisen durchgeklettert. Dafür über-
                                     haupt kein Steinschlag. Biwak in Höhe
                                     der Hörnligratschulter. Gegen 12.00
                                     Uhr des zweiten Tages auf dem Gipfel.
                                     Im November 1969 kommen Hoyer und
                                     Nemec am Dhaulagiri IV (7660 m) um.

?. 8. 1966
Michael Dacher   *Deutschland*   Begehung in $7^{1}/_{2}$ Stunden Kletterzeit.
Ludwig Wimmer

10. – 11. 8. 1966
Sylvia Kysilkowa   *ČSSR*   Zweite vollständige Begehung durch
Gerhard Baur   *Deutschland*   eine Frau. Einstieg 2.00 Uhr. Biwak in
Mitsumasa Takada   *Japan*   Höhe der Hörnligratschulter. Am zwei-
                                     ten Abend auf dem Gipfel.

13.–14. 8. 1966
Jaroslav Budin   *ČSSR*   Aufstieg ohne Schwierigkeiten. Am
Ján Ďurana   zweiten Tag gegen 14.00 Uhr er-
Valentin Kanyár   reichten sie den Gipfel.
Miloš Matias
Ivan Tichy

14. 8. 1966
Daisy Voog   *Deutschland*   Dritte Begehung einer Frau.
Klaus Werner   Einstieg 1.30 Uhr. Vor ihnen eine
                                     Schweizer Seilschaft, deren Namen un-
                                     bekannt bleiben. Im oberen Wandteil

234

Steinschlag, der das Seil an mehreren
Stellen beschädigt. Abends ist die Seilschaft in der Solvayhütte.

14. 8. 1966
Wolfgang Schwarz   *Österreich*   Etwa gleicher Begehungsablauf wie bei
Albrecht Thausing   der Seilschaft Voog-Werner (oben).

4. – 7. 2. 1967
Jiro Endo   *Japan*   Zweite vollständige Winterbegehung.
Takao Hoshino   Erstes Biwak in etwa 3600 m. Wetter-
Masatsuga Konishi   verschlechterung ($-20°$); zweites Biwak am Beginn des Schrägcouloirs.
Aufbruch am 6. 2. um 8.00 Uhr bei starkem Wind. Drittes Biwak am Beginn der
Gipfelwand ab 16.00 Uhr. Weiteraufstieg um 8.00 Uhr des 7. 2. Ausstieg 60
m unterhalb des Italienischen Gipfels auf
den Zmuttgrat, 17.55 Uhr, wo bei $-30°$
das vierte Biwak bezogen wird. Am
Abend des 9. 2. in der Hörnlihütte.

10. – 12. 2. 1967
Mick Burke   *Großbritannien*   Dritte vollständige Winterbegehung.
Dougal Haston   7.30 Uhr Bergschrund, 18.00 Uhr Beginn Schrägcouloir. Gutes Wetter, sehr
kalt, Biwak. Zweites Biwak (ab 17.00
Uhr) am Ende des Rechtsquergangs
oberhalb Schrägcouloir. Am dritten Tag
um 14.21 Uhr der Gipfel.

4. – 11. 6. 1967
Noda Ejzi   *Japan*   Am Tag des Einstiegs war die Wand tief
Torii Shigeyuki   verschneit. Sechs Tage (andauernd heftige Schneestürme) benötigten sie zum
Durchstieg. Im Abstieg ereignete sich
dann der Absturz, bei dem Torii Shigeyuki tödlich verunglückte. Noda Ejzi
kam ins Zermatter Krankenhaus.

30. 6. 1967
Franz Hawelka   *Österreich*   Um 1.00 Uhr Aufbruch Hörnlihütte.
Toni Schramm   Zügige Durchsteigung bei gutem Wetter,
um 16.00 Uhr Italienischer Gipfel.

30. 6. 1967
Zweierseilschaft   *Italien*   Namen und Details unbekannt.

16. – 17. 7. 1967
Fritz Eske   *Deutschland*   Die Viererseilschaft, Mitglieder der
Günther Kalkbrenner   „DDR-Nationalmannschaft", erreichen
Kurt Richter   nach 16 Stunden Kletterzeit den Gipfel;
Günther Warmuth   wenig später stürzen sie in der Eiger-
                                     Nordwand tödlich ab.

18. – 19. 7. 1967
Takio Kato   *Japan*   Okuyama ist Kameramann, wird von
Akira Okuyama   Kato durch die Wand geführt, um die
                                     nachfolgenden zwei Frauen Imai und
                                     Wakayama als »erste Damenseilschaft«
                                     zu filmen. Einstieg 3.00 Uhr, Biwak im
                                     Schrägcouloir, um 20 Uhr der Gipfel.

Michiko Imai   *Japan*   Erste Begehung durch eine Frauenseil-
Yoshiko Wakayama   schaft; gleicher Ablauf wie oben.

20. 7. 1967
Günther Kroh   *Deutschland*   Details unbekannt.
Günther Strobel

21. 7. 1967
Dietmar Bachstein   *Deutschland*   Schnelle, problemlose Durchsteigung;
Walter Rudolph   am frühen Nachmittag bereits wieder im
                                     Hotel Belvédère bei der Hörnlihütte.

21. 7. 1967
Viererseilschaft   *Japan*   Namen und Details unbekannt.

28. – 29. 7. 1967
Zweierseilschaft   *Schweiz*   Namen und Details unbekannt.

28. – 29. 7. 1967
Max Friedwanger   *Österreich*   Nach Überwindung des Schrägcouloirs
                                     steigt der Salzburger Alleingeher in
                                     Richtung Schulter, stürzt 50 m ab, wird
                                     durch Selbstsicherung gehalten. Mit
                                     einer Schweizer Seilschaft Biwak 60 m
                                     unterhalb der Schulter.

Sommer 1968
Takio Kato   *Japan*   Name des Begleiters
?   und Details unbekannt.

13. 7. 1968
Wilhelm Bertl   *Österreich*   Verhältnisse sehr schlecht. Deshalb am
Kurt Reha   Spätabend Ausstieg zur Schulter.

236

Juli 1968
Jack Sangnier   *Frankreich*   Versuch des dritten Alleingangs und
                                                 Durchstieg mit Schweizer Seilschaft.

Juli 1968
Zweierseilschaft   *Schweiz*   Namen und Details unbekannt.

?. 8. 1968
Dennis D. Eberl   *USA*   Kurz unter dem Gipfel Hochgewitter
Graham R. Tompson   und Sturm. Beim weiteren Aufstieg
                                                 große Schwierigkeiten durch orkanarti-
                                                 gen Wind, der sie fast aus der Wand riß.

5. 7. 1969
Erich von Gunten   *Schweiz*   Bis auf Schulterhöhe gute Verhältnisse,
Ernst Müller   ab Schulter Pulverschnee, gegen Abend
                                                 leichter Schneefall (zum Teil Gewitter).
                                                 Biwak auf dem Gipfel.

6. 7. 1969
Giuseppe Ferrari   *Italien*   12 Stunden Kletterzeit, weitere Details
Andrea Sioli   unbekannt.

13. 7. 1969
Paul Betschart   *Schweiz*   Sehr schnelle Durchsteigung.
Sepp Zurfluh   1.00 Uhr Hörnlihütte ab, fahren bereits
                                                 um 18.00 Uhr wieder ins Tal.

13. 7. 1969
Zweierseilschaft   *Schweiz*   Namen und Details unbekannt.

20. 7. 1969
Fritz Feller   *Schweiz*   Hörnlihütte ab 0.30 Uhr, Einstieg 1.30
Hans Grossen   Uhr, Gipfel 13.15 Uhr. Bereits um
                                                 19.15 Uhr wieder in der Hörnlihütte.

28. 7. 1969
Hans Bär   *Schweiz*   Gute Verhältnisse, rascher Durchstieg:
Edy Furger   Einstieg gegen 2.30 Uhr, Ausstieg etwa
                                                 18.30 Uhr. Ihnen folgte ein japanischer
                                                 Alleingeher.

28. – 29. 7. 1969
Alleingeher   *Japan*   Am ersten Tag folgte er der Seilschaft
                                                 Bär-Furger (oben), die ihn im Abstieg
                                                 von der Schulter aus in der Wand bei den
                                                 Biwakvorbereitungen beobachtete; sein
                                                 genauer Ausstieg wurde nicht bekannt.

9. 8. 1969
Albrecht Bösch   *Schweiz*   Um 1.30 Uhr ab Hörnlihütte. Bei guten
Hansruedi Klauser   Verhältnissen und schönem Wetter, um
Andreas Scherrer   18.00 Uhr der Gipfel.
Ernst Scherrer

Sommer 1969
Ron Lake   *Großbritannien*   Details unbekannt.
Pete Scott

Sommer 1969
? Fujikota   *Japan*   Details unbekannt.
? Matsui

Sommer 1969
Graham Dingle,   *Neuseeland*   Details unbekannt.
Murray Jones

Sommer 1970
Leo Breitenberger   *Italien*   Details unbekannt.
Jörgl Mayr

28. – 29. 7. 1970
Janez Kunstelj   *Jugoslawien*   Details unbekannt
Bine Mlač

13. – 14. 7. 1972   Vermutlich vierte Alleinbegehung. Bi-
Masahiro Furukawa   *Japan*   wak 400 m unterhalb Gipfel; Ausstieg
                              am Morgen des zweiten Tages.

15. 7. 1972
Hansruedi Kallen   *Schweiz*   Einstieg 6.00 Uhr. Wettersturz, 18.00
Richard Steiger   Uhr Gipfel. Biwak.

11. – 12. 8. 1972
Zdeněk Brabec   *ČSSR*   Erreichen nach 20 Stunden Kletterzeit
Petr Schnabl   den Gipfel.

11. – 12. 8. 1972
Jiří Novák   *ČSSR*   Ähnlicher Begehungsablauf wie bei der
Josef Rakoncaj   Seilschaft Brabec-Schnabl.

12. 8. 1972
Kurt Güngerich   *Schweiz*   Aufbruch Hörnlihütte 2.00 Uhr. Blan-
Heinz Leuzinger   kes Einstiegseisfeld, Vereisung im
                              Schrägcouloir und in der Gipfelwand
                              Gewitter.

12. – 13. 8. 1972
? Kozel, ČSSR Erreichen nach 30 Stunden Kletterzeit
? Pašek den Gipfel.

11. – 12. 7. 1973
Jean-Jacques Claeyman Belgien Erste belgische Durchsteigung bei wech-
Vincent Dewaele selndem Wetter. Biwak 300 m unter dem
Gipfel, um 11.30 Uhr des zweiten Tages
der Gipfel.

14. 8. 1973
Ueli Buholzer Liechtenstein Aufbruch Hörnlihütte 0.00 Uhr. Ganze
Heinz Starkl Schweiz Wand verschneit und vereist, dafür kein
Steinschlag. Auf dem Gipfel mußte ein
Biwak aufgeschlagen werden.

August 1973
Heinrich Perner Österreich Details unbekannt.
Peter Perner

22. 8. 1973
Alfred Imitzer Österreich Besteigung unter sehr schwierigen Ver-
Emmerich Kerschbaumer hältnissen. Fels eisüberzogen, Sicherung
problematisch. Trotzdem schon um
17.00 Uhr am Gipfel; schweres Gewitter. Biwak im Abstieg.

12. – 13. 7. 1974
Volker Auras Deutschland Aufbruch 3.15 Uhr Hörnlihütte. Stein-
Paul Nigg Schweiz schlag vom Hörnligrat im Schrägcouloir.
Biwak in Höhe der Schulter. Gipfel um
7.30 Uhr des zweiten Tages. Es handelte
sich um eine Führungstour.

31. 7. – 1. 8. 1974
Peter Habeler Österreich Einstieg gegen 5.00 Uhr. Querung zum
Reinhold Meßner Italien Schrägcouloir stark vereist. Leichter
Schneefall, Graupelschauer, um 10.00
Uhr Gewitter, starker Schneefall, Lawi-
nen. Ausstiegsversuch zur Schulter
scheitert; um 13.30 Uhr erreichen sie
kurz unterm Gipfel den Hörnligrat.
Dann der Gipfel.

4. – 5. 8. 1974
Paul Gschwandl Österreich Am Beginn des Schrägcouloirs Wetter-
Rupert Pirchl sturz, Biwak. Ausstieg am Hörnligrat,
oberhalb der Schulter.

239

13. 8. 1974
Ivor Ganahl   *Schweiz*   Einstieg 2.30 Uhr, Gipfel 20.30 Uhr.
Egon Pracht   *Deutschland*   Wand stark vereist, bis auf zwei Seillän-
                                       gen alles mit Steigeisen. Jeder Standplatz
                                       konnte mit mindestens zwei Sicherungs-
                                       punkten versehen werden, auf jeder
                                       Seillänge mindestens eine Zwischensi-
                                       cherung. Außer einem faustgroßen
                                       Brocken absolut kein Steinschlag.

12. – 13. 8. 1974
Seilschaft   *Japan*   Seilschaft wird von Ganahl-Pracht
                                       (oben) beobachtet.

Sommer 1974
Wayne McIlwraith   *Neuseeland*   Details unbekannt.
Stewart Conway
Jan Ross   *Australien*

17. – 19. 7. 1975
Eric Tones   *Großbritannien* Waren schon vom 20. – 24. 2. 1975
Eddie Birch   wegen Filmaufnahmen in der Wand –
Leo Dickinson   Rückzug. Film jetzt vollendet.

21. – 24. 7. 1975
Keiji Suzuki   *Japan*   Biwak nach dem Einstiegseisfeld. Ge-
Hiroshi Umeno   witter, Hagel. Zweites Biwak im Schräg-
                                       couloir. Drittes Biwak im Abstieg.

22. – 24. 7. 1975
Friedrich Berger   *Österreich*   Biwak im Schrägcouloir und 100 m
Franz Berger   unterm Gipfel.

27. 7. 1975
Mario Carrara   *Italien*   Sehr stark vereiste Wand; erreichen den-
? Fassi   noch am ersten Tag den Gipfel.
? Marconi

28. – 29. 7. 1975
Jörgl Mayr   *Italien*   Biwak 100 m unter dem Gipfel bei
Luis Vonmetz   Hochgewitter, Blitzgefahr und Schnee-
                                       gestöber, am Morgen der Gipfel.

31. 7. – 1. 8. 1975
Rudi Christ   *Deutschland*   Ab Hörnlihütte 1.30 Uhr. Biwak etwas
Kurt Ringhofer   *Österreich*   unterhalb der Schulter gerade beim Be-
Alois Rey,   *Schweiz*   ginn des großen Rechtsquerganges.
Karl Schuler   Gipfel am Mittag des 1. August. In der

Gipfelwand starker Steinschlag vom Hörnligrat und Gipfel.
Kurt Ringhofer war als Führer von seinem Gast Rudi Christ engagiert.

28. 12. 1975 – 1. 1. 1976
Gerold Gröbl — *Deutschland*
Heinz Zembsch
Pierre Biedermann — *Schweiz*
Erwin Burn
Peter Gyger
Walter Keusen

Vierte vollständige Winterbegehung. Am Ende des Einstiegseisfeldes erstes Biwak, zweites am Ende des Schrägcouloirs, drittes in der Gipfelwand, viertes auf dem Zmuttgrat.

1. 1. – 2. 1. 1976
Franz Kröll, — *Österreich*
Wolfgang Lackner
Egon Oboyes
Otto Wiedmann
Hans Engel — *Deutschland*
Hans Hillmaier

Fünfte vollständige Winterbegehung. Einstieg 2.00 Uhr, Biwak am Beginn der Gipfelwand, 12.30 Uhr Gipfel, $18^1/_2$ Stunden Kletterzeit, kürzeste Winterbegehung.

Bonatti-Route

19. – 22. 2. 1965
1 Walter Bonatti — *Italien*

Aufstieg auf der Route des Versuches von Mooser-Imboden 1928; an ihrem höchsterreichten Punkt verbringt Bonatti das dritte Biwak. Viertes am Beginn der Gipfelwand. Am fünften Tag erreicht der Alleingeher den Zmuttgrat 200 m unterhalb des Gipfels.

12. – 13. 8. 1966
2 Ryzard Berbeka — *Polen*
Jan Stryczynski
Ryszard Szafirski
Adam Zyzak

Die vier Polen haben am Bergschrund beträchtliche Schwierigkeiten. Biwak am zweiten Platz von Bonatti. Um 14.00 Uhr des zweiten Tages erreichen sie den Gipfel, sind um 20.00 Uhr in der Solvayhütte.

27. – 30. 8. 1966
3 Milan Krissak — *ČSSR*
Juraj Weincziller

Einstieg trotz winterlicher Verhältnisse (1 m Neuschnee) nach einem Biwak am Wandfuß. Wandbiwak am ersten Biwakplatz von Bonatti. Nach einem weiteren Biwak in der oberen Wandhälfte am Spätnachmittag des 29. 8. der Gipfel.

15. – 21. 3. 1967
4 Ján Durana   *ČSSR*   Zweite Winterbegehung.
Milan Kaláb   Oberhalb der Hauptschwierigkeiten
Jož Psotka   stürzt der Seilerste Stanislav Lednár
durch Ausbrechen eines Felsblockes
70 m, ist sofort tot. Die übrigen drei
Tschechoslowaken kämpfen sich bei
Schneesturm durch; sie erleiden Erfrierungen.

21. – 23. 7. 1967
5 Valentin Kanyár   *ČSSR*   Die Seilschaft läßt den Engelsquergang
Milan Vacik   durch eine Direktvariante rechts liegen
und überwindet auf dieser neu ge-
wählten Route Schwierigkeiten des V.
und VI. Grades.

Japaner-Route

29. 6. – 6. 7. 1972
Masahiro Furukawa   *Japan*   Die drei Japaner bezwangen den kan-
Masaru Miyagawa   tenartigen Steilabbruch, der die rechte,
Yoshinori Okitsu   westliche Begrenzung der Nordwand
darstellt, in 8 Tagen. Der Anstieg ver-
läuft also rechts der Bonatti-Route und
links der Zmuttnase (Gogna-Route). Es
wurden 120 normale Felshaken und 30
Bohrhaken geschlagen, dazu einige Eis-
sicherungsmittel benützt. Wiederholungen der Japaner-Route wurden bis Mai
1976 keine bekannt.

Tschechoslowakische Route

11. – 13. 8. 1972
1 Zdislav Drlik   *ČSSR*   Direktanstieg zwischen Schmid-Route
Leoš Horka   (1931) und Bonatti-Route (1965). Die
Bohumil Kadlčik   Eispartien haben eine Neigung von teil-
Václav Prokeš   weise 65 bis 70°. Im Fels waren Schwierigkeiten des IV. und V. Grades zu über-
winden. Die Viererseilschaft biwakierte
500 m über dem Wandfuß und in der
Gipfelwand, bereits wieder auf der
Schmid-Route, auf der sie die letzten
250 m bis zum Gipfel überwand.

242

Die Toten der Nordwand

19. August 1933
1 Gustl Kröner   *Deutschland*   Gustl Kröner, Traunstein, ist in Begleitung des Pforzheimers Walter Stösser. Kröner wird als Seilerster wenige Meter oberhalb des Bergschrunds durch Steinschlag getroffen (es gab noch keine Schutzhelme).

25. Juli 1963
2 Richard Lentner   *Deutschland*   Lentner steigt mit Georg Haider um 6.00 Uhr (zu spät) in die Wand ein. Ca. 20 Meter über dem oberen Rand des Einstiegseisfeldes erlitt Richard Lentner eine Schädelverletzung durch Steinschlag, der er nach geglücktem Rückzug am Wandfuß erliegt.

18. 7. 1964
3 Anselm Biffiger   *Schweiz*   Biffiger glückte 1962, zusammen mit Sepp Loretz, die 31. Begehung der Schmid-Route. Am 18. 7. 1964 wollte er den Zmuttgrat begehen und wurde am Nordwandfuß bei der Überquerung des Matterhorngletschers durch Steinschlag aus der Nordwand tödlich getroffen. Anselm Biffiger war Bergführer.

19. 3. 1967
4 Stanislav Lednár   *ČSSR*   Lednár ist mit drei Kameraden auf der Bonatti-Route, um die zweite Winterbegung auszuführen. Die Hauptschwierigkeiten sind bereits überwunden, da stürzt Lednár durch das Ausbrechen eines Felsblockes 70 m und ist auf der Stelle tot. Seine Kameraden erreichen bei Sturm den Gipfel. Die Leiche Lednárs kann erst im Juli 1967 im Rahmen einer großangelegten Rettungsaktion geborgen werden.

11. 6. 1967
5 Torii Shigeyuki   *Japan*   Nach geglückter Durchsteigung unter
                                                  sehr schlechten Bedingungen, 6 Tage
                                                  Schnee und Sturm, stürzte Shigeyuki im
                                                  Abstieg, vermutlich durch Erschöpfung,
                                                  ab. Sein Seilgefährte konnte im Kran-
                                                  kenhaus geheilt werden.

8. (?) 8. 1970
6 Josef März   *Deutschland*   Josef März aus Hohenpeissenberg und
7 Hans Will   Hans Will aus Oberhausen, beide 23
                                                  Jahre alt, reisten am 4. 8. von Bayern in
                                                  die Schweiz. Japanische Bergsteiger
                                                  konnten vom Hörnligrat aus ihren Ab-
                                                  sturz aus der Nordwand, in der sie eine
                                                  Höhe von etwa 4200 Meter erreicht hat-
                                                  ten, beobachten. Wegen eines Wetter-
                                                  sturzes konnten die Japaner das Unglück
                                                  erst am 10. 8. in Zermatt melden; am 11.
                                                  8. wurden die beiden Leichen am Nord-
                                                  wandfuß geborgen.

ca. 27. 8. 1973
8 ?   *Deutschland*   Details unbekannt.
9 ?

8. 1973
10 ?   *Polen*   Bei der Bergung der beiden Deutschen –
11 ?   8. und 9. Opfer – fand man im Berg-
                                                  schrund zwei weitere Leichen, die als
                                                  polnische   Bergsteiger   identifiziert
                                                  werden konnten.

244

100   v.Chr. Das Augsttal wird nach Kaiser Augustus benannt. Er läßt eine Straße über Col d'Hèrens, Zermatt, am Hörnli vorbei und über den Theodulpaß bauen, der den Namen Augstpaß erhält.

1581   Erstmalige Erwähnung des Matterhorns oder Mont Silvius, also Mont Cervin.

1682   Erste Erwähnung des Matterhorns unter diesem Namen.

1792   Saussure und Coutett besteigen das Kleine Matterhorn. Er bestimmt trigonometrisch die Höhe des Matterhorns: 4477 m.

1859   Carrel unternimmt als Alleingänger den ersten Versuch am Matterhorn.

1865   Matterhorn-Erstbesteigung: Edward Whymper, Charles Hudson, D. R. Hadow und Francis Douglas mit Michel Auguste Croz und Peter Taugwalder und Sohn am 14. Juli.
Matterhorn-Erstbegehung des Italienischen Grates am 17. Juli: J. A. Carrel, J. B. Bich.

1868   Erste Matterhorn-Überschreitung (Breuil-Zermatt): Tyndall, J. und D. Maquignaz.

1871   Erste Damenbesteigung: Lucy Walker und Begleiter.

1875   Schweizer Grat: Erste Winterbesteigung, G. Corona, J. Jos. und J. P. Maquignaz, J. A. Carrel, L. Meynet.

1876   Erste führerlose Besteigung, Cawood, Cust, Colgrove.

1879   Zmuttgrat-Erstbegehung (weitgehend in der Westwand): W. Penhall, F. Imseng, L. Zurbriggen.
Zmuttgrat (direkt): A. F. Mummery, A. Burgener, J. Petrus, A. Gentinetta.
Penhall-Couloir und Westwand: W. Penhall, F. Imseng, L. Zurbriggen.

1880   Furggengrat (Erster Versuch): A. und B. Burgener; erklären die Überhänge als unüberwindbar.
Bau der Hörnlihütte.

1882   Italienischer Grat: Erste Winterbegehung, Gebrüder Sella, Carrel und drei weitere Führer.

1891   Bau der Eisenbahn nach Zermatt.

1899   Furggengrat: G. Rey, J. und D. Maquignaz mit Seilhilfe von oben.

1911   Furggengrat: Erste Begehung unter Umkletterung der Überhänge. Piacenza, J. Carrel, J. Gaspard.
Bau des Hotels Belvédère.

1917   Errichtung der Solvayhütte.

1923   Nordwand: 1. Versuch durch A. Horeschowsky und F. Piekielko; Ausstieg zur Hörnlischulter.

1928   Nordwand: Durchsteigungsversuch rechts der späteren Schmid-Führe durch K. Mooser, V. Imboden (450 m); wird 1965 von Walter Bonatti vollendet.

1929	Westwand: 1. Alleinbegehung durch F. Herrmann.

1929   Westwand: 1. Alleinbegehung durch F. Herrmann.
Furggengrat: Erster Abstieg (Abseilen), R. Blanchet, K. Mooser.

1931   Nordwand-Erstbegehung: Franz und Toni Schmid.
Südwand-Erstbegehung: E. Benedetti, L. Carrel, M. Bich.

1932   Ostwand-Erstbegehung: E. Benedetti, L. Carrel, M. Bich, G. Mazzotti, A. Gaspard.

1941   Furggengrat: Erste vollständige Begehung A. Perino, L. Carrel, G. Chiara.

1948   Zmuttgrat: Erste Winterbegehung, E. Petrig, Masson.

1953   Furggengrat: Erste vollständige Winterbegehung: W. Bonatti, Bignami.
Südostwand-Erstbegehung: L. Maquignaz, L. Carrel, I. Muzzi.

1959   Nordwand: Erste Alleinbegehung, Diether Marchart.
Ostwand: Erste Winterbegehung, Stanislaw Biel, Jan Mostowski.

1962   Nordwand: Erste Winterbegehung bis zur Schulter, A. Huber, F. Huber, H. Sedlmayr.
Erste vollständige Winterbegehung, H. v. Allmen, P. Etter, E. Krempke, L. Schlömmer, W. Bittner, R. Kauschke, P. Siegert.
Direkte Westwand-Erstbegehung: G. Ottin, R. Daguin.

1963   Nordwand: Erste Damenbegehung bis zur Schulter, Nadja Fajdiga mit Ante Mahkota.

1965   Matterhorn-Nordwand: Der Italiener Walter Bonatti eröffnet vom 18.–22. Februar eine neue Route im westlichen Wandteil, allein; Bonatti-Route.
Nordwand, Schmid-Route: Erste vollständige Damenbegehung am 13.–14. 7. durch Yvette Vaucher mit Othmar Kronig und Michel Vaucher.

1965   Pic-Muzio-SSO-Wand: Erste Begehung 11.–13. 8. durch Annibale Zucchi und Giuseppe Lanfranconi, Italien. Der Pic Muzio (4187 m) bildet die oberste Erhebung des Furggengrates.
Matterhorn-Briefmarke anläßlich des 100. Jahrestages der Erstbesteigung und als Beitrag zum Jahr der Alpen.

1966   Einweihung der neuen Hörnlihütte des Schweizer Alpenclubs mit 45 Schlafplätzen.
Matterhorn-Besteigungsrekord durch die Zermatter Führer René Arnold und Sepp Graven. Sie bezwangen den Gipfel an einem Tag zweimal im Auf- und Abstieg auf vier Routen: Furggengrat, Abstieg Hörnligrat; Zmuttgrat, Abstieg über den Italienischen Grat nach Breuil.
Fallschirm-Absprung parallel zur Matterhorn-Nordwand durch Walter Leindecker und Erich Felbermayr, Österreich.

1969   Erstbegehung im klassischen Stil der heutigen „Gogna-Route" vom 14.–17. 7. 1969 durch Alessandro Gogna und Leo Cerruti, Italien. Routenverlauf über die Zmuttnase in der Nordnordwestwand, eine der felstechnisch schwierigsten Matterhorn-Routen.
Kinderbegehung des Hörnligrates im September durch Vater Arthur Clarkson und Sohn Roy Clarkson, 8 Jahre, aus England. Vater und Sohn verunglückten tödlich kurz unter dem Gipfel.

1971   Südwand: Erste Winterbegehung am 23. 12. durch die Brüder Arturo und Oreste Squibonal, Italien.

1972   Nordwand, Japaner-Route: Erstbegehung des kantenartigen Abbruchs als rechte, westliche Nordwand-Begrenzung vom 29. 6.–6. 7. durch die Japaner Masahiro Furukawa , Masaru Miyagawa und Yoshinori Okitsu.

1972 Nordwand: Tschechoslowakische Route. Erstbegehung 11. – 13. 8. durch Zdislav Drlík, Leoš Horka, Bohumil Kadlčik, Václav Prokeš, Tschechoslowakei. Direktanstieg zwischen Schmid-Route (1931) und Bonatti-Route (1965); 250 m unterhalb des Gipfels mündet er in die Schmid-Route.

1974 Nordwestwand: Erste Winterbegehung der Gogna-Route in der zweiten Januar-Hälfte durch Edgar Auberson, Schweiz, und Tomas Gross, Tschechoslowakei/Schweiz.
SOS-Station bei der Solvayhütte eingerichtet durch die Schweizerische Rettungsflugwacht (SRFW).
Besteigungsrekorde: Etwa 3500 Bergsteiger erreichten auf verschiedenen Routen den Gipfel; ein Österreicher benötigte für den Hörnligrat im Auf- und Abstieg 2$^{1}/_{2}$ Stunden.

1975 Erste Skibefahrung der Ostwand durch Toni Valeruz, Italien, ab Höhe der Hörnligratschulter.

1976 Nordwand: Fünfte vollständige und zugleich kürzeste Winterbegehung (18$^{1}/_{2}$ Stunden) durch drei Zweierseilschaften aus Österreich und Deutschland (siehe Nordwand-Begehungen).

Ein Dankeschön
der Bergrettung

Das Matterhorn ist längst als Meilenstein in die Geschichte des Alpinismus eingegangen. Auf seinen Graten und in seinen Wänden hatte es zahllose Erfolge gegeben, für viele Alpinisten waren es Sternstunden, oft von Härte und Dramatik begleitet. Dieses Buch berichtet darüber.

Das Matterhorn war aber auch Schauplatz tragischer Ereignisse, die Männer auf den Plan riefen, über deren Einsatz nur selten berichtet wird. Bergführer und Männer der Schweizerischen Rettungsflugwacht (SRFW).

Gerade in den letzten Jahren waren am Matterhorn bewundernswerte Rettungsaktionen geglückt. So am 10. März 1973, als sich der Schweizer René Mayor, 38 Jahre alt und Domherr des Simplon-Hospiz, mit gebrochenem Arm in der Nordwand befand. Weiteraufstieg oder Rückzug waren unmöglich – nur wenige Jahre zuvor wäre Mayor verloren gewesen. Denn Direktrettungen in Steilwänden aus der Luft sind erst seit Anfang der siebziger Jahre möglich. Und eine herkömmliche Rettungsaktion hätte Tage gedauert. SRFW-Pilot F. Cardinaux von der Air Zermatt startete mit Flughelfer Hans Brantschen im Helikopter HB–XDA vom Typ SA 315 Lama um 14.30 Uhr in Zermatt – um 16.10 Uhr setzte die Maschine in Zermatt zur Landung an, mit dem verletzten René Mayor. Was sich dazwischen abspielte, steht nicht einmal im Einsatz-Rapport (Nr. 5235). Für die Retter war es eine von ungezählten Aktionen, für Mayor war es die Rückkehr ins Leben.

Dann der Einsatz Nr. 7170 am 22. August 1974. Vier Männer waren in der Nordwand in Not. Text des Einsatz-Rapports: „Die vier Bergsteiger waren infolge Schneefalls und schlechter Witterung in der Nordwand blockiert. Sie wurden durch Kameraden via Rufverbindung auf die bevorstehende Hilfe vorbereitet". Dann heißt es unter „Zweck des Fluges" nur noch „Windenoperation". Bei den vier Alpinisten handelte es sich um die Franzosen Francis Thomas, Dominique Marquis, Pierre Beghin und um den Spanier Marinez Gregorio Ariz. Der SRFW-Helikopter HB–XDI, ebenfalls eine Lama, kam mit Pilot J. Jolivet und den beiden Flughelfern Beat Perren und Karl Kathriner zur Hilfe. Der ganze Einsatz dauerte fünfzig Minuten. Ein Jahr später – am 13. Juli 1975 – wurde bereits der Einsatz Nr. 8429 ausgeführt. Der Italiener Paolo Moretti befand sich mit einem Kameraden in der Nordwand. Beide stürzten etwa hundert Meter in den Abgrund – wie durch ein Wunder hatte sich das Seil irgendwo verfangen, die Kletterer blieben am Seil hängen. Paolo Moretti mit schweren Prellungen und einigen Rippenbrüchen, sein Kamerad hatte nur leichte Abschürfungen. SRFW-Pilot Siegfried Stangier startete mit den Flughelfern Beat Perren und Pierre Geiger um 11.55 Uhr – nach vierunddreißig Flugminuten standen die beiden Italiener auf sicherem Boden.

Wir können die Rettungsmänner nur bewundern. Denn ohne sie wäre die Zahl der Matterhorn-Opfer um einiges höher.

Literatur

Ohne die angeführte Literatur wäre es nicht möglich gewesen, das Buch zu schreiben. Und auch nicht ohne die kameradschaftliche Mithilfe fast aller Begeher der Nordwand, denen mein tiefer Dank gilt. Ganz besonders zu danken habe ich den Herren Franz Schmid, Sepp Schmidbauer, Hermann Steuri, Hans Ellner, Alexander Graven, Diether Marchart, Alois Strickler, Walter Almberger, Alfred Horeschowsky und Georg Huber, die so freundlich waren und Manuskriptteile lasen; nicht zuletzt gilt mein Dank meinem Freund Gaston Rébuffat und der Nymphenburger-Verlagshandlung, die den Abdruck aus „Sterne und Stürme" genehmigten, Herrn Dr. Hans-Fritz von Tscharner, dem erfahrenen Matterhorn-Chronisten, der mich in allen Fragen des Manuskriptes freundschaftlich beraten hatte, und Herrn Erich Tippach, der in Zermatt wichtige Erkundigungen einholte.

Toni Hiebeler

Allmen, Hilti von: Die Erstbegehung der Nordwand des Matterhorns im Winter in „Der Bergsteiger", Jg. 29. *Bauer, Dr. Arthur:* Die Bezwingung der Matterhorn-Nordwand in Rekordzeit in Deutsche Allg. Ztg., 1935, Nr. 370, Beiblatt. *Bauer, Dr. Arthur:* Wie wir die Matterhorn-Nordwand bezwangen, in Chemnitzer Beobachter, Nr. 212/1935. *Baumeister, Hans:* Jugend in Fels und Eis – Toni Schmid (S. 289), München 1934. *„Berge der Welt":* Notizen über Fabelbegehungen der Nordwand (Gandolfo, Primi, Brunner): Bd. 1950, Bd. 1951. *„Berge der Welt":* Lebensbild über André Roch, Bd. 1948. *Bernardi, Alfonso:* Matterhorn-Nordwand – die ersten Italiener, „Der Bergkamerad", Nr. 4/23. *Blanchet, E. R.:* Eine Erkundungsfahrt in die Matterhorn-Nordwand, Deutsche Alpenzeitung, 1929. *Bonatti, Walter:* Große Tage am Berg, Rüschlikon 1972. *Braunstein, Dr. Josef:* Zur Ersteigungsgeschichte des Matterhorns, in Alpenfreund, 1925. *Brunhuber, Sepp:* Wände im Winter, zur Geschichte des Winterbergsteigens, München 1951. *Carruthers, Tom:* The Matterhorn North Face, in Mountain Craft, Nr. 54/1962. *Deffeyes, Albert:* Comment nous avons réussi le tour de la Tôte du Cervin (Umrundung des Gipfelmassivs) in Die Alpen 1947, Febr. XXIII., Nr. 2. *Dübi, Heinrich und Montandon, Paul:* Zum Matterhornunglück vom 14. Juli 1865, in Die Alpen 1929. *Fietz, Hermann:* Alexander Taugwalder 1897–1952, Sonderbeilage zu Die Alpen, 1954. *Flaig, Walther:* Das Matterhorn wird verschachert, in Der Bergsteiger 1935/36. *Gos, Charles:* Alpinisme Anecdotique Neuchatel-Paris 1934. *Herzog, Maurice:* In Annapurna über G. Rébuffat (S. 9), Wiesbaden, 1955. *Hoek, Henry:* Matterhorn, Österr. Alpenzeitung, Folge 1156, 1935. *Horeschowsky, Alfred:* Versuch auf die Matterhorn-Nordwand, Österr. Alpenzeitung, Folge 1022, 1924. *Imfeld, Xaver:* Aus den Walliser Bergen, SAC-Jahrbuch, Band 15, 1879–80. *Jöchler, Sepp:* Matterhorn-Nordwand, Bericht vom ersten Durchstieg einer österreichischen Seilschaft, in Der Bergsteiger, 21. Jg./

1953–54, München. *Lagarde, Jacques:* La Face Nord du Cervin, Alpinisme, Jg. 6, 1931. *Marchart, Diether:* Allein durch die Matterhorn-Nordwand, 1. Alleingang, in Der Bergkamerad, 20. Jg. *Mazzotti, Giuseppe:* Das Buch vom Matterhorn, Berlin 1935 und 1942. *Nava, Piero:* La Nord del Cervino, in „Revista Mensile" – CAI Nr. 11–12/1961. *Nessi, Piero:* Parete Nord del Cervino im Jahresbericht der Sektion Como des CAI, 1959–61. *Oechslin, Dr. Max:* Matterhorn-Nordwand, in „Die Alpen", 1946, Bd. 8. *Raditschnig, Herbert:* Matterhorn-Nordwand 1958, in Der Bergsteiger Nr. 1/27. *Rébuffat, Gaston:* Sterne und Stürme, München, 1955. *Rey, Guido:* Das Matterhorn, München 1959 (11. Aufl.). *Schmid, Franz und Schmidbauer, Sepp:* Nordwand, Kletterfahrten am Matterhorn, Graz–Wien–Leipzig 1936. *Schmid, Franz:* Ruhmestat am Matterhorn, in Münchner Illustrierte Presse, Jg. 8, 1931. *Schmid, Toni:* Matterhorn-Nordwand, Zeitschrift des Deutsch-Österr. Alpenvereins, Band 63, 1932. *Schmid, Toni:* Über die Matterhorn-Nordwand, Erster Durchstieg, in Die Alpen, Jg. 7, 1931. *Schmidbauer, Sepp:* Die Nordwand des Matterhorns zum zweiten Mal durchklettert, in Österr. Alpenzeitung, Jg. 57, 1935. *Schmidkunz, Walter:* Die große Wand des Matterhorns, in Der Bergsteiger, Jg. 1, 1931. *Sedlmayr, Hubert:* Matterhorn-Nordwand, Versuch einer Winterbegehung, in Der Bergsteiger, Jg. 29/1961–62. *Stefan, Wolfgang:* Drei Nordwände im Wallis, in Österr. Alpenzeitung, 74. Jg./1956. *Steuri, Hermann:* Bericht über die dritte Begehung, im Sport, Zürich (Nr. 110, 1935. *Stösser, Walter:* Nachruf über Gustl Kröner, in Österr. Alpenzeitung, 55. Jg., 1933. *Tscharner, Hans-Fritz von:* Zermatt-Chronik in Berge der Welt 1950, 1951; Journal der SSAF Nr. 8/59, Nr. 8/60, Nr. 11/62. *Uttendoppler, Willy:* Drei Münchhausen in der Matterhorn-Nordwand, in Der Bergkamerad, Nr. 4/21. Jg. *Whymper, Edward:* Berg- und Gletscherfahrten, Braunschweig 1922 (4. Aufl.). *Wundt, Theodor von:* Dämon Matterhorn, in Alpenfreund 1920. *Wundt, Theodor von:* Das Matterhorn und seine Geschichte, Berlin 1896.

Bildquellennachweis

Register

Kursiv gesetzte Ziffern verweisen auf Abbildungen

Affolter, F. 146, 230
Alleinbegehung, erste 246
Allmen, H. v. 76/77, 79, 155ff.,
  163, 190ff., 209, 231, 233,
  246
Almberger, W. 135f., 229
Anderegg, M. 27
Andreani, G. 139, 229
Arnold, R. 222, 246
Auberson, E. 247
Augsttal 245
Augstpaß 245
Augustus, Kaiser 245
Auras, V. 239
Ausrüstung 153, 159

Bachstein, D. 236
Badura, H. 231
Bär, H. 237
Bauer, A. 96ff., 228
Baumann, N. 147f., 230
Baur, G. 215, 234
Begehungszeit, kürzeste 201
Benedetti, E. 30, 83f., 246
Berbeka, R. 218, 241
Bergschrund 13, 80, 163
Bertl, W. 236
Betschart, P. 237
Bich, J.-B. 28, 229, 245
Bich, M. 30, 83f., 246
Biedermann, P. 203ff., 241
Biel, S. 139ff., 229, 246
Biffiger, A. 231, 243
Bignami 246
Biner, B. 134, 155
Biner, J. 106
Bittner, W. 162, 190ff., 231,
  246
Boegli, R. 146, 230
Bonatti, W. 73, 150, 190ff.,
  216ff., 241, 245f.
Bonatti-Route 80, 209, 218,
  240f., 246
Bösch, A. 238
Brabec, Z. 238
Brandt, F. 46ff., 62
Brehm, H. 47, 64

Breitenberger, L. 238
Brignolo, G. 208, 232
Brunhuber, S. 149
Brunner, J. 107
Buhl, H. 107
Buholzer, U. 239
Burgener, A. 29, 245
Burgener, B. 245
Burke, M. 202f., 235
Burn, E. 203ff., 241

Cachin, C. 227
Cardinaux, F. 249
Carrara, M. 240
Carrel, J.-A. 28, 245
Carrel, J. J. 30, 245
Carrel, L. 30, 83f., 121, 246
Carruthers, T. 141ff., 230
Castelli, G. 208, 232
Cattelino 150
Cawood 245
Cerruti, L. 222f., 246
Chiara, G. 30, 246
Christ, R. 240
Claeyman, H.-J. 236
Clarkson, A. 246
Clarkson, R. 246
Clemenz, J.-A. 14
Col de Valpelline 7
Colgrove 245
Conway, S. 240
Corona, G. 245
Coutett 245
Croz, M. A. 9ff., 67, 245
Cust 245

Dacher, M. 234
Daguin, R. 246
Damenbegehungen, erste 245f.
Darbellay, M. 163, 201f., 209,
  230, 233
Deffeyes, A. 121
Dewaele, V. 236
Diemberger, K. 72, 119f., 229
Dingle, G. 238
Direttissima 80, 216, 226
Douglas, F., Lord 9ff., 67, 245

Drachsler, H. 230
Drescher, D. 233
Drlík, Z. 225ff., 242, 247
Durana, J. 218ff., 242

Eberl, D. D. 237
Eggert, R. 147f., 230
»Egon« 93
Einstiegseisfeld 76, 78, 170,
  172
Eisner, R. 231
Ejzi, N. 235
Ellner, H. 100ff., 228
Endo, J. 202, 235
Engel, H. 176, 205f., 241
Erdenkäufer, A. 233
Ertl, H. 46ff., 62
Eske, F. 235
Etschmann, H. 232
Etter, P. 76/77, 79, 155ff.,
  190ff., 231, 246

Fabelbegehungen 105f.
Fajdiga, N. 167, 207, 246
Fassi 240
Felbermayr, E. 246
Feller, F. 237
Ferrari, G. 237
Forstenlechner, L. 117f., 121ff.,
  228
Frehsner, K. 231
Friedli, E. 222
Friedwanger, M. 236
Fujikota 238
Furger, E. 237
Furggengrat 29, 65, 73, 74/75,
  80, 161, 164, 245f.
Furukawa, M. 223, 225, 238,
  242, 246

Ganahl, I. 240
Gandolfo, G. 106
Gaspard, A. 84, 246
Gaspard, J. 30, 245
Geiger, P. 249
Gentinetta, A. 29, 245
Gipfelmassiv-Umrundung 121

Gogna, A. 222f., 246
Gogna-Cerruti-Route *80*, 246
Göschl, R. 232
Graven, A. 104f., 228
Graven, S. 246
Gröbl, G. 203ff., 241
Gross, T. 247
Grossen, H. 237
Gschwandl, P. 239
Gstrein, W. 230
Gundelach, E. 231
Güngerich, K. 226, 239
Gunten, Erich von 237
Gyger, P. 203ff., 241

Haag, P. 233
Habeler, P. 239
Hächler, F. 126f., 229
Hadow, D. 9ff., *67*, 245
Haider, G. 207f.
Haim, W. 234
Haston, D. 202f., 235
Hawelka, F. 235
Hediger, B. 104f., 228
Heiß, V. 232
Herrmann, F. 45, 246
Hiebeler, T. 151ff., 189ff.
Hillmaier, H. 205f., 241
Hochgewitter 61
Hodler, F. 67
Hoffmann, K. 221
Hofpointner, M. 231
Hoi, K. 215, 234
Horeschowsky, A. 31ff., *70*, 245
Horka, L. 225ff., 242, 247
Hörnligrat *65, 74/75, 80, 161, 166*
Hörnligrat-Schulter 32
Hörnlihütte *65*, 245
Hoshino, T. 202, 235
Hotel Bahnhof 134
Hotel Belvédère 30, 245
Hoyer, R. *172*, 234
Huber, A. 135f., 184ff., 229, 231, 246
Huber, F. 135f., 184ff., 229, 231, 246
Huber, G. 198ff.
Hudson, Ch. 9ff., *67*, 245
Hürlimann, R. 112ff., 228

Imai, M. 236
Imboden, V. 39ff., *70*, 216, 245
Imitzer, A. 239
Imseng, F. 29, 245
Italienischer Gipfel 228, 230, 232
Italienischer Grat *68/69, 173,*

Japaner-Route *80, 174*, 223, 225, 242, 246
Jolivet, J. 249
Jones, M. 238
Jöchler, S. *71*, 114ff., 228
Jos, J. 245
Jungwirth, G. 135f., 229
Jurkowski, Z. 198f., 230

Kadlčik, B. 225ff., 242, 247
Kaláb, M. 218ff., 242
Kalkbrenner, G. 235
Kallen, H. 238
Kanyár, V. 222, 242
Kato, T. 236
Kaufmann, R. 222
Kauschke, R. *162*, 190ff., 231, 246
Kerschbaumer, E. 239
Keusen, W. 230ff., 241
Kinderbegehung 246
Kinshofer, T. 151ff., *165*
Klassische Route *80*
Klauser, H. 238
Konishi, M. 202, 235
Kozel 239
Krempke, E. 147f., 155ff., *162, 165*, 230f., 246
Kriššak, M. 218, 241
Kroh, G. 236
Kröll, F. 205f., 241
Kröner, G. 84f., 243
Kronig, M. 49, 55, 89
Kronig, O. *167*, 209ff., 233, 246
Kuchař, R. *72*, 140f., 229
Kuen, F. 138, 229, 234
Kurz, M. 145
Kysilková, S. 215, 234

Lackner, W. 205f., 241
Lagarde, J. 63
Lake, R. 238
Lanfranconi, G. 246
Larch, S. 117f., 228
Larcher, H. 233
Lednár, S. 218ff., 243
Leindecker, W. 246
Leis, L. 87ff., 228
Lentner, R. *73*, 207f., 243
Leuzinger, H. 226, 239
Lichtenegger, S. 102
Liongrat 28, *68/69*
Loretz, S. 231

Mahkota, A. *167*, 207, 246
Maquignaz, A. 29
Maquignaz, D. 29, 245
Maquignaz, G. 105
Maquignaz, J. 245

Maquignaz, L. 246
Marchart, D. *72*, 124f., 128ff., 229, 246
Marconi 240
März, J. 244
Masson 246
Matsui 238
Matterhornarchiv 102
Matterhorn-Briefmarke 246
Matterhorn-Erstbesteigung 245
Matterhorn-Gletscher *165*
Matterhorn, Kleines 245
Matterhorn-Nordkante 223
»Matterhorn-Peter« 9
Matterhorn-Überschreitung 245
Matterhorn-Verpachtung 105
McIlwraith, W. 240
Mayer, G. 198
Mayr, J. 238, 240
Mazeaud, P. 152ff.
Mazzotti, G. 84, 246
Mellano, A. 208, 232
Menthon, B. von 38
Merendi, R. 150
Meßner, R. 239
Meyer, B. 146, 230
Meynet, L. 245
Miyagawa, M. 223, 225, 242, 246
Mont Cervin 245
Mont Silvius 245
Mooser, K. 39ff., *70*, 216, 245
Mostowski, J. *72*, 139ff., 198f., 229f., 246
Müller, E. 237
Mummery, A. F. 28, 245
Muzzi, I. 246

Nava, P. 145, 229
Nally, B. *72*, 137f., 141ff., 198ff., 230
Nemec, P. 234
Nessi, P. 139, 229
Nigg, P. 239
Nordkante *80*
Nordwand 32, *65, 72, 74/75, 80, 163, 165, 168*, 246
Nordwand-Begehungen 228
Nordwand-Direttissima 209
Nordwand-Erstbegehung 246
Nordwestgrat 28
Nordwestwand *80*, 247
Novak, J. 238
Nowacki, A. 198f., 230

Oboyes, E. 205f., 241
Okitsu, Y. 223, 225, 242, 246
Olympische Goldmedaille 82

254

Ostwand *65, 74/75, 80,* 83,
161, 164, 166, 246
Ostwand-Erstbegehung 246
Ottin, G. 246

Panei, G. 216
Pašek 239
Penhall, W. 29, 245
Penhall-Couloir 29, 245
Perego, R. 208, 232
Perino, A. 30, 246
Perner, H. 239
Perren, B. 249
Perrenoud, M. 146, 230
Pession, P. 145, 229
Petrig, E. 246
Petrus, J. 29, 245
Pfann, H. 31
Piacenza, M. 30, 245
Pic-Muzio-SSO-Wand 246
Piekielko, F. 33ff., 245
Pirchl, R. 239
Pius XI., Papst 30
Pokorski, H. 151ff., 232
Pons, J. 232
Pracht, E. 240
Primi, B. 106
Prokeš, F. 225ff., 242, 247
Psotka, J. 218ff., 242

Raditschnig, H. 126, 229
Rakoncaj, J. 238
Ratti, A. 30
Rébuffat, G. 108ff., 228
Reha, K. 236
Rey, A. 240
Rey, G. 29, 245
Richter, K. 235
Rietzler, J. 138, 229
Ringhofer, K. 240
Rittler, L. 47, 64
Roch, A. 111ff., 228
Ross, J. 240
Routen *80*
Rudolph, W. 236

Sager, A. 234
Sangnier, J. 237
Saussure 245
Schäfer, K. 102
Scharnreiter, K. *169,* 231
Scheffler, W. 233
Scherrer, A. 238
Scherrer, E. 238
Schlömmer, L. 137f., *162,*
189 ff., 231, 246
Schmid, F. 46ff., *70,* 228, 246
Schmid, T. 46ff., *71,* 228, 246
Schmidbauer, S. 87ff., 228
Schmid-Route 228ff.

Schnabel, P. 238
Schönthaler, K. 137f.
Schrägcouloir 32, 54, *76, 78,*
168, 171, 172, 175
Schramm, T. 235
Schubert, P. *169,* 231
Schuler, K. 240
Schwarz, A. 198
Schwarz, W. 234
Schweizergrat *65,* 245
Scott, P. 238
Sedlmayr, H. 184ff., 231, 246
Seiler, A. 30
Sella 245
Senn, E. 114ff., 228
Shigeyuki, T. 235, 244
Siegert, P. *162,* 190, 192ff.,
231, 246
Sigl, O. 233
Simond, R. 108ff., 228
Sioli, A. 237
Smith, R. 137f.
Solvayhütte 30, 101, 245
Squibonal, A. 246
Squibonal, O. 246
SRFW 249
Stangier, S. 249
Stärker, G. 124f., 229
Starkl, H. 239
Stefan, W. 72, 119f., 229
Steiger, R. 238
Steinauer, L. 100ff., 228
Steinschlaghelme 119
Stephens, L. 27
Steuri, H. 96ff., 228
Stösser, W. 84f.
Strickler, A. 126f. 229
Strobel, G. 236
Stryczynski, J. 218, 241
Südostwand 29
Südostwand-Erstbegehung 246
Südwand *73,* 83, 246
Südwand-Erstbegehung 246
Südwestgrat 28, *68/69*
Sutter, A. 104f., 228
Suzuki, K. 240
Szafirski, R. 218, 241

Takada, M. 215, 234
Tassotti, A. 216
Taugwalder, A. 104f., 228
Taugwalder, P. Sohn 9ff.,
245
Thausing, A. 234
Thum, A. 231
Tompson, G. R. 237
»Traverse der Engel« 217
Tschechoslowakische Route *80,*
242, 247
Tyndall 245

Übelhör, R. 147f., 230
Uhner, G. 233
Umeno, H. 240
Urschler, G. 135f., 229

Vacik, M. 222, 242
Valazza, S. 232
Vaucher, M. *167,* 209ff., 233,
246
Vaucher, Y. *167,* 209ff., 233,
246
Vonmetz, L. 240
Voog, D. 215, 234
Vouilloz, Ch. 201f., 230

Wagner, H. 232
Wakayama, Y. 236
Walcher, F. 215, 234
Walker, L. 245
Walter, K. 231
Walter, R. 231
Warmuth, G. 235
Watabe, T. *171,* 233
Weincziller, J. 218, 241
Weinciller, J. 218, 241
Weißensteiner, A. 135f., 229
Werner, G. *169,* 231
Werner, K. 215, 234
Westwand 45, 245f.
Westwand-Erstbegehung 246
Whymper, E. 9ff., 245
Wiedmann, O. *176,* 205f., 241
Wigg 87ff.
Will, H. 244
Willenpart, H. 117f., 228
Wilson, E. 106
Wimmer, L. 234
Winterbegehung *175, 176,* 196,
246
Winterbergsteigen 149
Wintererstbegehung *76/77, 78*
Wintersteller, O. 231
Wyss-Dunant, E. 8

Yoshino, H. 233

Zach, H. 126, 229
Zembsch, H. 203ff., 241
Zibrin, Z. 72, 140f., 229
Zmuttgrat 28, *73, 74/75, 80,*
245f.
Zmuttnase *73, 80,* 223
»Zmuttzähne« 29, *80, 172*
Zucchi, A. 246
Zurbriggen, A. 29
Zurbriggen, L. 245
Zurfluh, S. 237
Zyzak, A. 218, 241

Reiz und Gefahren der berühmtesten und berüchtigten Kletterwand der Alpen, Triumph und Tragik ihrer Bezwinger — packend geschildert und dokumentiert von Toni Hiebeler.

Bevor die 1800 m hohe Nordwand am 3970 m hohen Eigergipfel im Berner Oberland 1938 erstmals durchstiegen wurde, waren ihr schon neun Menschen zum Opfer gefallen...

Erschütternd und packend sind die Abenteuer, die von Menschen zwischen Gipfel und Abgrund erlebt und gemeistert wurden.

Hier wird in Wort und Bild anschaulich dargestellt, warum diese Wand so verlockend und gefährlich zugleich ist. Toni Hiebeler, dem 1961 die erste Winterbesteigung gelang, schildert den menschlichen Wagemut und die Abenteuerlust jener, die sie durchstiegen haben, beschreibt die glücklichen Augenblicke des Erfolgs und die dramatischen Ereignisse, die so viele zum Aufgeben zwangen und für manche mit dem Tode endeten.

Mehr als 60 Abbildungen und eine Chronik der wichtigsten Begehungen von der Erstbesteigung bis zur Gegenwart vervollständigen diese authentische Dokumentation.

Toni Hiebeler: **Eigerwand.** Von der Erstbesteigung bis heute. 256 Seiten mit rund 60 Schwarzweißfotos. Personen-, Orts- und Sachregister. Format und Ausstattung wie „Matterhorn".

Bertelsmann Lexikon-Verlag, Gütersloh